美国国家体能协会
篮球力量训练指南

美国国家体能协会（National Strength and Conditioning Association）

［美］ 贾维尔·吉勒特（Javair Gillett） 　　　　　　　主编

比尔·布尔戈斯（Bill Burgos）

朱昌宇 译

STRENGTH TRAINING FOR
BASKETBALL

人 民 邮 电 出 版 社

北 京

图书在版编目（CIP）数据

美国国家体能协会篮球力量训练指南 / 美国国家体能协会，（美）贾维尔·吉勒特，（美）比尔·布尔戈斯主编 ；朱昌宇译. -- 北京 ：人民邮电出版社，2022.12
ISBN 978-7-115-57914-0

Ⅰ. ①美… Ⅱ. ①美… ②贾… ③比… ④朱… Ⅲ.
①篮球运动－体能－身体训练－美国－指南 Ⅳ.
①G841.2-62

中国版本图书馆CIP数据核字(2022)第037649号

版权声明

免责声明

作者和出版商都已尽可能确保本书技术上的准确性以及合理性，并特别声明，不会承担由于使用本出版物中的材料而遭受的任何损伤所直接或间接产生的与个人或团体相关的一切责任、损失或风险。

内 容 提 要

  本书由美国国家体能协会联合多位篮球体能训练领域的专家共同打造，旨在为篮球教练、运动员、体能训练师等相关领域的从业人士提供关于篮球力量训练的专业知识和科学训练方法。书中既分析了篮球运动和不同位置球员的特点与训练需求，还提供了涉及力量测试、爆发力测试、速度和灵敏性测试、有氧测试等针对篮球运动员的体能评估方法，并基于此提供了针对全身、上半身、下半身以及核心的强化练习。此外，本书还提供了针对不同位置球员在赛季后、休赛季、赛季前和赛季中的训练计划设计方法和示例，以帮助篮球教练、体能训练师指导运动员科学训练，不断获得更好的成绩。

◆ 主　　编　[美]美国国家体能协会
　　　　　　　（National Strength and Conditioning Association）
　　　　　　贾维尔·吉勒特（Javair Gillett）
　　　　　　比尔·布尔戈斯（Bill Burgos）
　　译　　　朱昌宇
　　责任编辑　林振英
　　责任印制　周昇亮
◆ 人民邮电出版社出版发行　　北京市丰台区成寿寺路 11 号
　　邮编　100164　　电子邮件　315@ptpress.com.cn
　　网址　https://www.ptpress.com.cn
　　廊坊市印艺阁数字科技有限公司印刷
◆ 开本：700×1000　1/16
　　印张：18　　　　　　　　　2022 年 12 月第 1 版
　　字数：359 千字　　　　　　2025 年 11 月河北第 7 次印刷
　　著作权合同登记号　图字：01-2020-0519 号

定价：158.00 元
读者服务热线：(010)81055296　印装质量热线：(010)81055316
反盗版热线：(010)81055315

目录

前言

帕特里克·尤因（Patrick Ewing）

作为美国男子职业篮球联赛（NBA）的前球员和教练，现在是大学生教练的我，深刻明白力量训练的重要性。力量训练定义描述了运动员如何获得成功并保护自己免受伤害。此外，力量训练为运动员克服日常训练和比赛中的压力打下了坚实的基础。

力量训练可以为更好地完成蹲、推、拉等动作做准备。篮球是一项涉及大量肢体接触的体育运动。因此，篮球运动员必须做好接受这种接触性运动的准备。一位训练不佳的运动员会经常受伤，受伤后的恢复期也会更长。毕竟，作为团队中的一员，篮球运动员必须尽自己的一份力量，确保球队健康发展，并确保球队能够保持胜率。

总而言之，一个成功的体能训练计划非常重要，该训练计划应包括新的科学理念和获胜的态度。后者包括团队纪律、运动员良好的性格，以及篮球运动员在球场内外进行全面的篮球力量训练会达到的成效。

简介

贾维尔·吉勒特（Javair Gillett）和比尔·布尔戈斯（Bill Burgos）

篮球场上经常上演展现力量的绝技。运动员必须以坚强的意志和强健的体魄面对他们的竞争对手。运动员在比赛的第四节的力量表现应与第一节相同。一位训练有素的运动员通常看起来很强壮。一支获胜的队伍应以强大的气势结束比赛。"力量"这个词经常在评估中被提及，对一位篮球运动员而言，它可能有多种含义，但真正让篮球运动员变得强大的是什么呢？一名篮球运动员需要什么样的力量和多大的力量呢？

什么是力量？

- 牛顿第一运动定律指出，一个物体将保持静止或匀速直线运动，直到外力改变它的状态。
- 牛顿第二运动定律指出，物体的加速度取决于物体的质量和作用在物体上的外力。
- 牛顿第三运动定律指出，每一个作用力都有一个大小相等、方向相反的反作用力。

根据牛顿运动定律，广义地说，力量就是产生或施加力的能力。

与教科书上的定义略有不同，从教练的经验角度来看，力量也可以用一种实用的方式来描述，即以下方面的能力：

- 在不出问题的前提下，承受一定的负荷；
- 克服障碍；
- 产生力量；
- 抵抗攻击；
- 具备一定的忍耐力；
- 在逆境中展现韧性。

篮球运动是动态的，运动员需要在不断变化的环境中迎接各种各样的挑战。因此，力量的实施是复杂的。它不是由举重训练决定的，也不是由一个人能举起的重量决定的。对于篮球运动员来说，在球场上才能更好地发挥力量的作用。抗阻训练对篮球运动员很重要，因为它会引起中枢神经系统和周围神经系统及骨骼肌的变化，从而增强肌肉力量。随着篮球运动员的力量水平不断在专项抗阻训练中得到增强，他们将能更好地适应在训练或比赛中经历的高压、高负荷。

本书旨在为教练或体能训练专业人员提供参考资料，帮助他们科学地进行抗阻训练计划设计，从而改善运动员在篮球场上运用力量的方式。为了真正发挥出运动潜能，篮球运动员需要一个精心设计的抗阻训练计划，并以此优化力量。有效的抗阻训练计划将提高运动员在球场上的运动表现水平，改善运动员的跳跃能力，提高运动员的加速和减速的效率，并加快运动员变换方向的速度。

　　本书还从篮球比赛和力量需求的角度出发，提出并提供了致力于篮球专项力量发展的最合适的方法。本书提供了基于专项运动训练结构和练习选择的一般和具体指导方针，以及抗阻训练计划示例，可以帮助运动员优化力量，并将其成功地应用到篮球场上。

第1部分

专项运动抗阻训练原则

第 1 章

抗阻训练的益处

比尔·布尔戈斯（Bill Burgos）

篮球项目要求运动员在不断变化的环境中，以不同的力量、角度和速度，在不同的时间段进行多平面的运动。抗阻训练的适应性可以帮助运动员满足篮球项目在生理和力学方面的要求，进而优化运动表现。抗阻训练将会改善体成分、力量、爆发力、变向能力和速度等身体素质。最终，抗阻训练的目标是帮助运动员最大限度地提高这些身体素质，从而改善整体运动表现，并将其应用到篮球场上。

减少伤害

抗阻训练的一般目的是通过在运动时增加外力以增强运动员的力量和爆发力。无论什么运动，运动员进行抗阻训练都有多方面的好处。首先，抗阻训练可以帮助运动员降低受伤的可能性。抗阻训练有助于预防肌腱损伤。运动中导致肌腱损伤的一个重要因素是过高的训练负荷[18]。抗阻训练可以帮助运动员适应更高的运动负荷。超负荷原则指出，为了增大肌肉的尺寸、力量或爆发力，肌肉必须被迫承担比它习惯的更高的负荷[17]。运动员将承担比当前阈值更高的特定负荷，并逐渐适应。为了进一步提高，运动员必须逐渐承担更高的负荷。因此，在整个大周期训练中，适当地引入抗阻训练计划并逐步增加负荷，有助于运动员更有效地承受运动量（运动负荷）和减少过度使用性损伤的风险。

沃尔夫（Wolff）定律指出，骨骼会适应它所受到的压力。在篮球比赛中，运动员的身体组织会受到很大的力学应力和应变。如果在着陆阶段骨头没有承受适当的负荷，它将更容易受伤。力学负荷会影响软组织和骨骼强度。在成长过程中，儿童更容易发生骨折。骨骼强度较高的儿童发生骨折的可能性较小。抗阻训练不会阻碍生长，相反，如果正确地进行抗阻训练，将改善峰值骨量并增强力量，以支持青春期骨骼的快速生长。此外，在青春期早期进行抗阻训练，对提高成年期峰值骨量也有良好的促进作用，并且这种骨量增长优势在训练终止后可能仍然存在。抗阻训练也被证明可以提高骨矿物质密度（BMD）。例如，杜兰蒂（Duplanty）及其同事们[19]报告称，每周至少进行一次外部抗阻训练可以改善长跑运动员的骨矿物质密度（BMD）。有趣的是，巴普蒂丝塔（Baptista）及其同事们[3]报告称，骨矿物质密度低于平均水平的儿童的垂直跳跃能力明显较低。因此，抗阻训练可以提高骨矿物质密度，降低受伤风险，并提升运动表现。

杜兰蒂及其同事们[19]研究了抗阻训练计划（每周一次）对长跑运动员的影响，发现有抗阻训练经验的长跑运动员比没有抗阻训练经验的长跑运动员的骨矿物质密度高。为了最大限度适应抗阻训练对骨骼的刺激，骨骼负荷需要被间歇性的承受并迅速地被应用，以产生高的骨应变。此外，骨细胞可以在重复负荷（如长跑）下脱敏，但在动态负荷（如多向运动）下会受到刺激[5]。这些事实表明篮球运动本身的压力足以强化骨骼。但是，动态抗阻训练计划能进一步增强骨骼强度，甚至重塑骨骼。

提高跳跃、加速和变向的能力

爆发型篮球运动员需要较高的肌肉弹性。反应性力量依赖于离心力量的发展、弹性能量的储存和释放及肌肉的反射特性。向心力的产生也与反应性力量指数相关[4]。增加反应性力量的训练涉及拉长-缩短周期，它是抗阻训练的另一种方式。敏捷性测试中的表现也可能与反应性力量有关。在另一项分析中，与速度较慢的运动员相比，敏捷的女运动员接触地面时的制动时间更短[59]。运动员在篮球场上快速移动的能力与其正确地与地面接触的能力密切相关。越强壮的运动员承受的地面反作用力越大。在许多情况下，篮球运动员必须迅速地停下来，向另一个方向移动。某些情况下，中锋会垂直跳起，争抢从篮筐中弹出的球。这要求运动员落地并再次快速起跳。下肢力量强的人在跳跃运动中有更高的峰值功率[10]。因此，强壮的运动员能够最大限度地减少与地面的接触时间，同时能够在第二次跳跃中接近最大跳跃高度。

在一场比赛中，篮球运动员会有各种各样的运动需求，这些需求给身体带来了巨大的力学压力。要理解抗阻训练对篮球运动员的重要性，教练必须明白运动员的柔韧性、爆发力和速度等属性在很大程度上受力量的影响。力学压力引起的神经肌肉适应与特定的抗阻训练变量有关，如负荷、组数、重复次数、节奏和休息时长。

每一种力量素质都是独特的，并且在预防损伤和达到最佳运动表现方面发挥作用。变向涉及多个与力量有关的因素，包括离心（制动）、等长（支撑）和向心（推进）阶段[59]。跳跃和切入等动作依赖于运动员有效吸收对方力量的能力，从而改变这些力量的方向并产生最大的向心功率。因此，快速减速和再次加速的能力与离心力量有关。与传统的抗阻训

感谢明尼苏达森林狼队提供此图

抗阻训练提高了篮球运动员跳跃、加速和变向的能力

练相比，加重式离心抗阻训练似乎更能改善肌肉结构、力量、爆发力和速度[12, 30]。因此，在篮球运动员的训练计划中，离心训练也发挥着不可或缺的作用。

　　拉长－缩短周期在反向动作活动中起着重要的作用。强壮的肌肉比虚弱的肌肉更容易收缩和储存弹性能量。储存在肌腱单元中的弹性能量是在离心阶段产生的。自然状态下，以这种形式储存的能量可以转移到向心、加速阶段。运动员在所谓的"过渡"阶段转移这种能量的能力越强，执行爆发性反向动作的能力就越强。例如，布里奇曼（Bridgeman）及其同事们[7]表明，下肢离心力量与整体的跳跃表现高度相关。抗阻训练可以增加离心力量，将离心抗阻训练与传统的注重向心力量的训练模式相结合，可以对跳跃表现产生积极的影响[41]。此外，尽管在执行组数失败的情况下，无论负荷如何，II型肌纤维（快缩肌纤维）都可以被募集，但是重负荷需要II型肌纤维的参与。重负荷训练似乎能更有效地激发神经适应，进而促进力量的提高[31, 45, 36]。因此，在篮球运动中，重负荷或爆发性抗阻训练是增加爆发力的有效手段。

　　肌肉结构影响运动员执行爆发性运动的能力。在观察动态运动时，如反向跳跃，跳跃高度、峰值力量及峰值速度与股外侧肌的厚度和腓肠肌的羽状角有关[32]。一般来说，抗阻训练可以改变肌肉厚度、羽状角和肌束长度[12, 32]。不管训练目标是什么，重要的是需在预防受伤和达到最佳表现之间架起桥梁。精心设计的抗阻训练计划与弹道式、高速的篮球专项运动相结合，可以优化肌肉结构，改善运动员在动态、爆发性运动（如篮球）中的表现。

增强躯干刚度

根据麦吉尔（McGill）[42]的研究，更大的躯干肌肉力量（即躯干刚度）可以增强机体承受负荷的能力并促进运动，还有助于将力量完全转移到肩部和髋关节，从而使下肢和上肢的力量更大、速度更快。毕竟，承受更大的外力和抵抗肌肉长度或关节位置变化的能力在切入、跳跃和与对手争夺篮板球等动作中非常重要。

等长训练提高了运动员在运动过程中承受外力的能力[6]。因此，肌肉等长动作有利于运动员保持姿势，促进力量从躯干转移到四肢，从而在预防损伤和改善运动表现中起着不可或缺的作用。例如，篮球运动员在比赛中可能不需要在球场上加快举起杠铃的速度，但有时必须推或拉对手以获得更好的位置。换句话说，运动员在向前或跳跃时仍然需要足够的力量来抵抗和克服相反的力量。这些相反的力量很难在受控的环境中复制。在篮球专项抗阻训练计划和规定的练习中，应该尝试模拟这样的环境。

增强力量

在特定的篮球训练场景中，负荷只是等式的一部分。对于篮球运动员来说，需要快速产生更大的力量，因此教练在实施动态、快速、有力的向心和离心动作训练时，也应该通过动态肌肉动作中力量发展的速率来监控运动的进程。缓慢发展的力量进程，虽然承受非常高的负荷，但不经常在篮球比赛中发生。例如，在3秒等长大腿中段拉（IMTP）练习中，运动员可能会在练习的后程产生极高的峰值力量，这不仅因为峰值力量是在练习的后程产生的，还因为它是静态的。因此，这种练习可能最终不会转移到特定的篮球场景中。以研究为指导，如果能更快地达到峰值力量，这种练习对篮球运动员可能更有帮助。例如，等长大腿中段拉练习中的峰值力量和发力率（RFD）被证明是影响线性冲刺运动表现的一个预测因素。在20米冲刺的前5米中平均力量和爆发力较高的篮球运动员（男性和女性）在等长大腿中段拉练习中的发力率明显更高[40]。因此，将等长大腿中段拉练习纳入抗阻训练计划，不仅可以监测训练进度，还可以让体能训练专业人员在举重室空间有限的情况下有效地提高运动员的初始加速度。让运动员了解为什么进行这样的训练，以及如何将训练成果应用到赛场上以表现得更好，以此增强训练的目的性和延续性。

增强爆发力

有目的地选择练习将给抗阻训练的成功带来重大影响。加速运动在篮球运动员的运动中占很大一部分。在一个典型的抗阻训练计划中，大多数练习都以向心收缩为重点。尽管经常强调主要训练，但个人训练计划后程的辅助练习也值得注意。例如，在杠铃臀推练习中，伸髋可以有效地提高水平力量的产生，改善臀大肌肥大，并提高运动员的直线冲刺速度[13]。

对于篮球运动员来说，抗阻训练旨在改善发力率，提高向心速度，从而增加爆发力。例如，坎贝尔（Campbell）及其同事们表明，有爆发力训练经验的运动员可以获得更大的峰值功率、更大的力量，并改善速度−时间曲线[10]。此外，弗罗斯特（Frost）及其同事们[23]让两组参与者分别进行为期8周的自由重量抗阻训练和气动抗阻训练（通过压缩空气施加阻力的训练）。与自由重量抗阻训练组（+22.5%）相比，气动抗阻训练组（+33.4%）在爆发力方面有更大的改善。因此，在抗阻训练计划中，尽管气动器械可能无法有效地优化运动员在某些方面的力量（如最大力量、离心力量），但它可以用于提升运动员在向心运动中的爆发力。为了最大限度增强运动员的力量和加快训练转化，教练需要知道什么样的训练模式最有效，以及什么时候在大周期中使用它们。

在传统的抗阻训练中，负荷是根据运动员1次最大重复重量（1RM）的百分比来预测的，而且通常不考虑动作速度。在整个大周期中，抗阻训练计划不应该只关注峰值力量。但是，在获得适当的力量和爆发力的情况下，可以根据负荷−爆发力−速度关系更多地关注运动员的努力程度和速度。在基于速度的抗阻训练中，负荷是根据运动过程中要达到的动作速度来预测的，而动作速度取决于训练的时间、运动员的训练时长和期望的训练效果。低负荷、高速度的训练已被证明可以提高运动员的反向跳跃能力[10]。此外，1RM深蹲的峰值向心速度与线性冲刺能力有关[20]。真正的1RM练习中的动作速度不会大于0.20米/秒。根据法斯（Fahs）[20]的研究，通过训练提高绝对力量时，平均向心速度应在0.15~0.30米/秒。另一方面，通过训练增强爆发力时，应使用较轻的负荷，平均向心速度应在1.0~1.5米/秒[40]。因此，在篮球运动中使用基于速度的训练可以鼓励运动员进行个性化的训练，减少疲劳对即将到来的训练和比赛的影响。

增强反应性力量

反应性力量指数（RSI）最常用的计算方法是用跳深运动的跳跃高度除以触地时间[4]。反应性力量反映了将力量转化为爆发性动作的能力，较强的反应性力量能使运动员在高压力下快速、准确地运动。"过渡阶段"是指离心肌肉动作产生的能量迅速转移到向心肌肉动作的阶段[17]。根据哈夫（Haff）及其同事们[29]的说法，过渡阶段是离心阶段和向心阶段之间的时间，此时速度为零。从本质上说，过渡阶段反映了运动员从离心阶段到向心阶段转变方向的能力。在过渡阶段花费的时间与反应性力量指数高度相关[4]。例如，在反向跳跃中，过渡阶段花费的时间增加会导致能量消耗增多、地面反作用力减小，从而阻碍反应性力量的运用。即使运动员能够快速地向地面施加较大的力量，比赛中必要的动作也常常会出现延迟或错误。在篮球运动中，运动员需要具备快速反应能力和认知加工能力，运动员在做出最终决定后，还需要加强稳定自身和储存弹性能量的能力，同时要处理信息和执行爆发性动作。例如，一位切入者可能需要停下来从中间切入，进而摆脱防守者。具有较强的力量将使切入者的切入更具有爆发性，并使其与防守者保持更远的距离。

丰富热身训练

抗阻训练也能显著改善肌肉的表现。索莱（Sole）及其同事们[58]得出结论：在比赛前进行长时间静态拉伸的热身运动会降低肌肉表现水平，使力量和爆发力减弱。研究证明，在比赛前将抗阻训练作为热身运动可以提高直线冲刺速度和灵敏性。麦克布赖德（McBride）及其同事们证明，以90%1RM的负荷进行1组深蹲练习后，可以减少40米冲刺跑所用时间[41]。更重要的是，采用50%1RM、60%1RM和90%1RM的负荷进行3次颈后深蹲练习后，10米灵敏性折返跑用时有减少的趋势[34]。教练们意识到，仅包含静态拉伸的热身运动会阻碍肌肉的表现。更适用的热身方法可以考虑使用传统的力量练习。兴奋后增强（PAP）是肌肉最大或接近最大收缩后爆发力和高速运动能力增强的一种生理现象。抗阻训练可以用于诱导产生PAP，如以90%1RM的近最大负荷重复4次练习后，反向跳跃能力会增强。增加收缩频率和负荷也能够引起PAP。实际上，埃尔南德斯-普雷西亚多（Hernández-Preciado）及其同事们报道了法式对比法的使用：在活动前进行PAP训练，运动员的基线反向跳跃水平和爆发力均有提高[33]。因此，在比赛前训练职业篮球运动员可以使他们在对抗对手时占优势。此外，抗阻训练不应仅被视为一种诱导疲劳的活动，还应被视为赛前改善运动表现的活动，尤其是对于参赛较多、出场频繁的高水平运动员。无论运动员水平如何，教练都应该了解其抗阻训练的技术和练习水平，并以尽量减少运动员疲劳的方式帮助运动员提高运动能力，为其比赛前或训练前的热身提供帮助。

提高有氧耐力和无氧耐力

相反地，在整个大周期中，其他的抗阻训练计划应该以引起疲劳为目的。例如，肌肉耐力抗阻训练与有氧耐力训练相结合已被证明可以提高有氧能力[21]。这种训练方式能使身体适应并对抗疲劳。例如，12分钟的双臂壶铃（16千克）甩摆练习可以改善最大摄氧量（$\dot{V}O_{2max}$）[13]。虽然最大摄氧量的改善并不影响整体的气体交换，但是可以改善血乳酸累积的开始点[21]。高训练量、低负荷的基于速度的训练可以为运动员提供一个较佳的环境，让他们可以在更长时间内承受更大的运动量，并满足运动所特有的新陈代谢需求。词典——*Merriam-Webster* 将力量定义为"抵抗攻击的能力"。考虑到这一点，篮球运动员必须在比赛过程中多次对抗进攻。在这些训练计划中，常用的器械有哑铃、壶铃、杠铃等。这些练习可以在一般准备阶段的休赛季开始执行。在这段时间里，很难在举重室里模仿比赛中的要求。此外，低负荷抗阻训练可以提高篮球运动员的整体体能水平，其训练效果优于其他形式的体能训练。

改善体成分

高强度的抗阻训练也会增加瘦体重，降低体脂率。体成分可以影响肌肉的运动表现。抗阻训练会增加运动后的能量消耗，影响新陈代谢，增加肌肉的横截面积，这表明它具有改善体成分的优势。最近，米切尔（Mitchell）及其同事们[44]、詹金斯（Jenkins）及其同事们[35, 36]、舍恩菲尔德（Schoenfeld）及其同事们[57]报告称，高负荷和低负荷训练都会引起肌肉肥大。肖勒瓦（Cholewa）及其同事们[11]报告称，参与高负荷或中等负荷抗阻训练的女性的瘦体重有所增加，体脂率有所降低。

抗阻训练带来的代谢压力有利于身体发育。高负荷抗阻训练和诱导疲劳的低负荷抗阻训练计划已被证明有利于线粒体中蛋白质的合成[28]。运动后恢复阶段的新陈代谢和激素反应也可能有助于肌肉的发展。训练有利于提高睾酮、生长激素和胰岛素样生长因子（IGF）的水平[37]。然而，研究最终并没有证明循环激素的变化会影响训练的适应性反应[66]。

选择合适的负荷和练习对代谢训练效果至关重要。肌肉要想生长，必须受到一定刺激。德弗雷塔斯（De Freitas）及其同事们[16]研究了几种不同的抗阻训练模式，这些模式的训练强度和训练量较大，可增强代谢压力并触发同化激素反应，具体如下。

1. 只做抗阻训练（中等重复）：负荷为70%1RM，重复10~12次。

2. 抗阻训练（重复直至不能坚持）：负荷为30%~50%1RM，重复25~35次。

3. 血流限制（100~200毫米汞柱）抗阻训练：负荷为20%~30%1RM，重复30次直至不能坚持。

4. 高强度间歇训练（HIIT）（骑行）：100%最大功率，4组，每组30秒。

运动员的年龄、训练水平和目标影响负荷和强度的设定，而且是决定适合运动员的抗阻训练模式的重要因素。例如，一位年长的、受伤的运动员可能无法承受过高的负荷。在康复过程中恢复功能时，血流限制抗阻训练或高强度间歇训练可以促进代谢，因此可能是适合该运动员的抗阻训练模式。相比之下，在较高负荷下获得的神经肌肉和力学适应可能对较年轻、健康的运动员更有益。

改善情绪、警觉性和记忆力

对于篮球运动员来说，运动不仅对肌肉的生长很重要，而且对身体健康也很重要。具体来说，激素（和其他物质）水平的上升可以改善精力和情绪。科斯蒂根（Costigan）及其同事们[15]发现，对于青少年来说，各种形式的运动对其认知能力和心理健康水平都有积极的影响。他们的研究结果表明，有必要将经过精心设计的训练计划纳入学生的课程。

运动可以提高内啡肽水平、增强线粒体的功能和下丘脑垂体-肾上腺反应，这有助于改善心理健康状况，因此有氧和抗阻训练都能对情绪产生积极影响（减少焦虑）（图1.1）[43]。无疲劳的运动方案可以在训练或比赛前改善运动员的精神状况，特别是在运动员失落或存在其他压力的情况下。在失落的日子里，交感神经系统的活动可以改善精力和整体情绪。目前还不清楚哪种类型的运动能改善认知能力，但如果轻度到中度的运动能提高警觉性和记忆力，那么可以在练习前专门设计某些类型的抗阻训练计划，以改善情绪、警觉性，以及记忆力。在比赛前，某些形式的运动，以及训练量或训练强度过大的抗阻训练可能毫无益处。例如，内托（Neto）及其同事们[46]发现，在篮球比赛前进行血流限制的低负荷抗阻训练对情绪有负面影响。

抗阻训练的其他好处

为了加快比赛后的恢复速度，一个常见做法是探索副交感神经活动的应用。积极的恢复也可能是有用的，因为运动员的情绪可能因输球、个人表现不佳，或是比赛或赛季中的生理压力而改变。诱导副交感神经系统反应的活动可能有助于减轻压力进而让人放松。研究表明，瑜伽或其他基于正念（指有目的、有意识地关注、观察当下的一切，但对当下的一切不做任何判断、分析、反应，只是单纯地观察它、注意它）的活动是一种通过减少副交感神经活动来减少压力和改善记忆的有效方法[24, 49]。虽然这不是一种抗阻训练技术，但如果在适当的时间使用这样的方法，可能有助于运动员在高强度的抗阻训练后恢复体内平衡和加快恢复速度。如果运动员想要避免受伤并在整个赛季中取得好成绩，就需要在积极地进行抗阻训练和积极地恢复之间保持平衡。

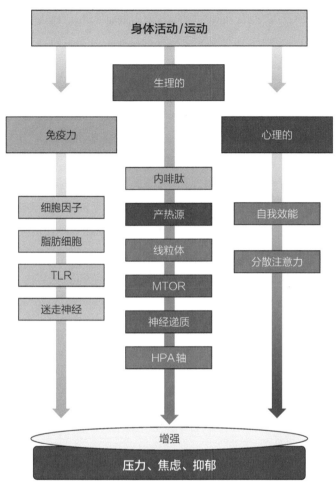

图1.1　运动与情绪。TLR=Toll样受体（参与非特异性免疫的一类重要蛋白分子），MTOR=哺乳动物雷帕霉素靶蛋白（细胞生长和增殖的重要调节因子），HPA=下丘脑－垂体－肾上腺

源自：K Mikkelsen et al., "Exercise and Mental Health," *Maturitas* 106 (2017): 48–56.

如引言所述，篮球运动员的抗阻训练涉及复杂的应用。通过同步训练模型进行代谢适应是必要的。抗阻训练涉及的学习和适应可以持续一生。抗阻训练有利于游离脂肪酸的使用，并有利于提高胰岛素敏感性。因此，抗阻训练可以有效地改善心脏代谢功能，降低患心血管疾病的风险[26, 22]。运动员应该知道如何调整抗阻训练方案可以影响代谢需求，并对心血管功能产生更大的影响。例如，拉塔美斯（Ratamess）及其同事们[51]发现，尽管俯卧撑消耗的氧气较少，但在俯卧撑的基础上增加一个侧向爬行可以显著增加平均耗氧量。此外，这些研究人员还表明，与中等负荷传统抗阻训练相比，波比跳和战绳练习有更高的代谢需求。相比有氧运动（如骑自行车、爬楼梯和跑步），经过调整的抗阻训练对于提升运动员在场上的表现水平效果更好，能促进新陈代谢，进而促进全身健康水平的提高，同时还有利于减重。

小结

力量在预防受伤和最大限度地提高赛场上的运动表现水平方面起着不可或缺的作用。抗阻训练是一种通过刺激中枢和外周系统来调节体能的训练形式，它利用外部阻力达到预期的训练效果，这对于改善生理机能和力量增强至关重要。从篮球运动表现来看，抗阻训练及其各种模式都能改善体成分、力量、爆发力、速度、肌肉耐力、灵敏性和变向能力。增强肌肉力量也可以降低受伤的风险。适应策略性设计的抗阻训练计划对整体健康、振奋精神和心理健康有积极影响。归根结底，抗阻训练有利于篮球运动员取得成功，能够使他们坚持整个赛季，也能让他们在赛后保持健康和高效的生活方式。

运动项目和运动位置的分析

史蒂夫·史密斯（Steve Smith）、罗比·西卡（Robby Sikka）和
泰勒·博施（Tyler Bosch）

　　篮球，类似于其他的团队运动或球场运动，可以被定义为非周期性、反应性和随机性运动。当连续的重复动作很少相同时，分析动作的过程就变得极具挑战性。例如，篮球中的动作通常不像骑行、划船或长跑等运动中的动作那样是预先设定好的、周期性的或可重复的。动作是对刺激的反应，教练要理解运动员在特定的场景下为什么以某种方式运动，这样才能确定其他的动作方式是否更有效或更成功。这一章介绍了篮球运动的基本动作和生理需求，并讨论了运动员和特定位置的注意事项。此外，本章概述了一些比赛中基于运动跟踪技术发展的需求。

一般生物力学分析

　　本节概述了篮球运动中主要的动作类别，这些动作类别有许多子类别。我们的目标是突出这些动作，并专注于分析篮球运动时如何思考它们。虽然站立和行走在每场比赛中占了相当大的比例[30]，但我们不会对此进行详细的讨论。

跳跃

　　跳跃被定义为运动员起跳并与地面脱离接触的动作或活动[26]。在篮球运动中，运动员可以采用几种不同的方式跳跃，通常根据情况选择具有针对性的跳跃方式。运动员在没有对手抢篮板球的情况下，通常会用双脚起跳和落地。然而，有对手争抢篮板球时常常伴随着许多不同的起跳和落地策略，这些策略都以比赛需求和环境为基础。运动员可能需要单脚起跳，一只手臂垂直伸展，另一只手臂水平伸展。球场上，进攻球员和防守球员都需要跳跃，但跳跃的角度和高度不同。因此，运动员需要具备能够从不同位置跳跃的力量，

以及应对不同落地位置的力量控制和稳定能力，从而尽量减少受伤的风险。大多数的跳跃是次最大强度的，由于篮球运动员独特的体型，低强度的跳跃也会给身体带来压力。

线性运动

篮球中的线性运动通常由跑步和球场上的向前或向后冲刺组成。生物学运动能力或素质（如速度），以及加速度和减速对于描述和划分这些运动非常重要。**速度**被定义为单位时间内物体或人运动的距离。**加速度**通常被定义为物体或人相对于时间的速度变化率。**减速**指的是运动员的速度降低，实际上是负加速。为了简化表达，减速被用于描述运动员的切入或变向动作。在篮球运动中，这些运动本质上主要是线性的，但大多发生于曲线环境中。这些运动很少以直线的方式完成，因为运动员在进攻时要努力创造空间和传球角度，在防守时要努力打破空间限制。此外，旋转头部和躯干以寻找球或进入某一空间的运动员常采用此类动作。这些微小但有意义的偏离纯线性的运动对篮球比赛至关重要。

在比赛中，进攻球员带球冲向篮筐、转换攻防、快攻，或者防守球员接近投篮球员时，都会迅速向前加速。防出（处于内线位置的球员以最快速度向外线移动，以补防外线空位的持球进攻球员）可能涉及最直接的、高强度的线性加速度。这个短暂的移动产生了爆发性的加速和减速。但在其他情况下，运动员在调整身体姿势以避开对手时，会选择一条曲线路径来开始或终止一些动作。此外，这些动作还包括一些旋转的组成部分，比如躯干与下肢的相对扭转。这些动作很少是站着发生的，它们发生在移动的过程中。在这种情况下，运动员会不断地感知对手，并相应地调整自己的动作。通过将高强度的加速动作与不同的减速技术相结合，运动员可以快速改变路线，使防守球员失去平衡。在篮球运动中，常见的线性减速模式包括跳步急停、突分急停、箭步急停、反向箭步（剪刀脚）急停和左右侧交叉步急停。其中，跳步急停、突分急停、箭步急停和左右侧交叉步急停等均与向前的线性动作有关。反向箭步（剪刀脚）急停与向后的线性动作有关，可以用脚跟抬起技术或T型急停技术来完成，这两种技术都是橄榄球防守后卫常用的技术。

加速和减速组合的动作一般被称为**变向**。变向涉及运动员的身体质量再次加速到相同或不同的运动方向或矢量。运动的两个方向或矢量可以是线性的、横向的，或是两者的组合。前面描述的所有减速模式都可以根据运动员周围情况的需要或反应，从一个运动矢量转换到另一个运动矢量。例如，从侧向滑步到直线加速或冲刺，就像进攻球员失误后的跑动，或者45度跑动切入摆脱防守球员一样。运动员需要有各种各样的线性运动策略，通过反复尝试，他们可以识别出比赛中不同情况下的成功策略。没有单一的答案或行动可以解决所有情况，答案仅取决于当时的各种情景。

侧向滑步是篮球运动中使用非常广泛的横向运动，也可以被认为是侧向加速运动。与其他运动或活动一样，它可以按运动强度进行分类。无论是有球状态下还是无球状态下，它都是常用的一种防守战术。当需要非常大的侧向加速度时，运动员通常在开始时使用交叉步，这样可以控制更多的场地，并让自己处于或回到所防守的运动员前面。侧翼掩护切入后的急停是常用的侧向减速策略。

上肢运动

上肢运动包括触球、传球和运球等动作或技术。触球动作具体指一侧或双侧上肢末端在水平面或垂直面的投射，以进行防守、抢篮板球和投篮等。上肢动作通常以球的运动为中心。与大多数团队球类运动一样，篮球运动中运动员对相关动作模式的理解和描述至关重要。因此，球成了大多数动作的关键。在进攻方面，持球运动员必须在运球、传球、持球、投篮或接球的同时完成这些动作。与其他运动项目相比，篮球场的规模相对较小，因此球可以随时随地被传给任何人。这些动作都将在了解球的动向的前提下完成。这是感知和行动之间的联系，竞争者之间感知到行动并在行动中相互感知[9]。运动员根据自己对环境的感知来执行动作，同时每一个动作都在不断地改变运动员的感知[9, 10, 11]。

防守球员进行侧向滑步

蒂姆·华纳（Tim Warner）/盖蒂图片社

篮球运动中的动作分析及这些技能的训练和发展需要大量的相关信息。运动员应能够以各种姿势进行冲刺、跳跃、切入和触球，有些动作技能是理想的，但大多数不是。教授合理力学策略的相互交织的发展计划与篮球的复杂本质，可以为运动员提供一个理想的学习环境，探索必要的篮球动作技能，以取得成功。致力于研究这一战略的学科被称为**生态动力学**，但它不在本章的探讨范围之内。尼古拉·伯恩斯坦（Nikolai Bernstein）是该学科的创始人之一，他将动作和运动项目解释为一种解决问题的活动，当中有许多可能的解决方案，通过不断重复，身心可以协调一致，最终根据当前的感知来确定最佳解决方案[4]。因此，在运动分析中，不仅需要描述运动员是如何运动的，而且还需要描述运动员为什么以某种方式运动。例如，运动员认为是什么促使自己做这个动作，是传球还是投篮？在运动分析中，教练应学会识别环境，鼓励运动员采用新的策略来评估、改进或发展新的运动技能，以便在比赛中成功地应用。

动作分析的发展

近代技术的进步使运动员在训练和比赛中都能受到监控。传感器的应用为了解篮球项目的动作提供了生动的实验场景。三轴加速度计、陀螺仪和磁强计微传感器已被用于跟踪运动。此外，本地定位摄像机系统或射频识别（RFID）等视觉跟踪也可用于提供有关运动员的加速度和运动模式的实时数据。体能训练专业人员、运动训练师和教练可以利用这些信息，将动作数据与他们依靠视觉观察和根据视频得到的数据进行比较。此外，来自视觉或RFID跟踪的坐标可以映射到可视化的结构和团队的战术策略中。

除了战术分析之外，量化在训练和比赛中出现的距离、速度和加速度也可以更深入地了解这项运动的要求，以及运动员训练和恢复的方式。许多团队已经开始使用战术周期策略，他们将运动员的身体需求与技术和战术需求结合在一起。可穿戴设备可帮助人们了解篮球运动员在不同级别的训练和比赛中的跳跃模式和运动量。随着时间的推移，积累的数据可用于为运动员制定个性化的训练和恢复计划，以保持其运动能力和运动表现。

一般生理分析

篮球运动员的理想特征，不论年龄、性别或技术水平，都是双重的。从第一个爆发性回合到最后一个爆发性回合，他们需要在疲劳指数或表现削弱程度较低的情况下多次展现出较高的爆发力。

能量产生

据报道，篮球运动中运动时间与休息时间的比例为1∶4~1∶5[6]，即1秒的高强度运动伴随着4~5秒的中、低强度运动。一般来说，高强度回合的持续时间少于10秒[6]。因此，篮球运动员实质上属于重复冲刺跑运动员的范畴，冲刺跑可以被定义为爆发性的、高强度的、持续时间短的运动回合，且两次回合之间不完全休息。广义上来说，使用跟踪数据时，冲刺跑被认为是持续时间超过1秒的运动回合，同时加速度通常被归类为速度增加，但所跑的距离不能少于1米。

在比赛的活跃阶段，当血乳酸浓度较高时，平均心率经常达到或超过最大心率的85%。在整个比赛过程中，多次暂停（休息）会引起心率大幅波动。在下半场，血液中游离脂肪酸浓度增加，这与脂溶活性增加相关[1]，表明身体正在进行有氧代谢。在一定程度上，这种游离脂肪酸浓度的增加，部分原因是累积性疲劳引起的运动强度降低。由于身体无法维持更高强度的运动，所以会更多地进行有氧代谢和脂肪酸氧化。据报道，男女篮球运动员的平均最大摄氧量分别为50~60毫升/（千克·分）和44~54毫升/（千克·分）[34]。上述研究表明，后卫的有氧代谢能力比中锋高。

从生理学上讲，能量主要通过三磷酸腺苷－聚合酶链式反应（ATP-PCr）系统和有氧系统产生。三磷酸腺苷－聚合酶链式反应系统为快速进行爆发力运动提供能量，而有氧系统对回合间的恢复至关重要。但是，比赛过程中随着每一次连续的高强度运动，有氧系统在总能量贡献方面逐渐占据主导地位[22]。这种向高比例有氧运动的转变是疲劳累积和运动强度降低的必然结果。从理论上讲，较高的有氧适能允许运动员承受较高水平的运动强度，同时减少对**无氧代谢**的依赖。有氧运动系统的稳定和较高的效率使运动员能够在不疲劳的情况下长时间保持较高水平的力量和爆发力，并补充三磷酸腺苷－聚合酶链式反应系统所需的基质。因此，如果教练能够通过提高三磷酸腺苷－聚合酶链式反应或糖酵解系统的功能水平，提高运动员适应能量需求的能力，那么运动员可以在更长的时间内做更多的高强度运动。高强度间歇训练不仅能提高骨骼肌的糖酵解能力[2]，还能提高运动员的有氧运动能力。由于篮球运动员会应用到三种能量系统，所以训练时应注重提高每一种能量系统的功能水平，并允许运动员保持灵活性和依赖所有系统。

人体测量学

在当今的体育环境中，人们常常会评论运动员的体型或体格。篮球运动中，"长"一词常用于描述运动员。教练和运动训练师可能会试图确定运动员的体型，以确定他们可以增加多少肌肉量，或者他们是否会继续长高。但是，这种方法并非始终有用。在20世纪20

年代早期，人们认为具有平均身高和平均体重是所有体育运动员的理想标准[7]。然而，随着体育运动的发展，每项体育运动都有与其相匹配的独特体型。在篮球运动中，拥有优越的高度（身高）和长度（臂展）是有利的。事实上，大学生和职业篮球运动员的平均臂展比他们的平均身高长5英寸（1英寸等于2.54厘米，余同）[19c]（普通人的臂展一般与身高相同）。图2.1介绍了一些少有的职业运动员臂展等于或小于身高的例子。在图2.1中，实线表示身高和臂展之间的线性关系，虚线表示臂展和身高相等。十年中，只有6名运动员的臂展低于他们的身高。这一独特的解剖学特征使得进攻（向对方篮筐投篮）和防守（防守区域）范围更大。此外，随着比赛和运动位置要求的变化，特定的受伤风险可能与较长或较短的臂展有关。本节后面将介绍更多示例。

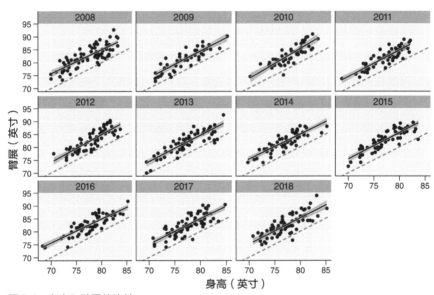

图2.1 身高和臂展的比较

在篮球运动中，不同的位置之间会有很多选择。这些差异产生于篮球运动中的位置要求。从历史上看，篮球运动中有5个明确的位置：控球后卫（PG）、得分后卫（SG）、小前锋（SF）、大前锋（PF）和中锋（C）。在大学生篮球运动员和职业篮球运动员中，中锋和大前锋的平均身高和体重都高于其他3个位置[19c, 29]。事实上，从2008—2016年五所实力雄厚的大学收集的大样本量数据来看，随着位置的变化，平均身高下降了2英寸，中锋平均身高为81.1英寸，控球后卫平均身高为73.2英寸，大前锋、小前锋和得分后卫的平均身高分别为79.5英寸、77.9英寸和75.2英寸[29]。在同一时间段（2008—2016年）内，来自球探联合会的NBA数据对比不同位置的大学生篮球运动员的数据[19c]，大多数位置的平均身高略高：中锋为82.2英寸，大前锋为80.0英寸，小前锋为78.3英寸，得分后卫为75.8英寸，而控球后卫为73.0英寸。不同位置的大学生篮球运动员和职业篮球运动员之间的体重差异更大。从2008年到2016年，大学生篮球运动员和职业篮球运动员的平均体重为250磅（1磅约为0.45千克，余同）。其中，大前锋的平均体重为233磅。大学生篮球运动员和职业篮球运动员体重区别最大的是在小前锋和得分后卫位置，在大学生篮球运动员中，小前锋和得分后卫的平均体重分别为202磅和195磅，而在职业篮球运动员中，小前锋和得分后卫的平均体重分别为215磅和203磅。职业篮球运动员中控球后卫和大学生篮球运动员中控球后卫的平均体重相似，为186磅。

　　表2.1汇总了相关数据。我们从网站上搜集了人体测量数据，并将其导入Rstudio，数据取自索尔费斯特（Solfest）及其同事们，并将数据的单位转换为英制单位进行比较。平均值和标准差是根据确定年份范围内运动位置来计算的。然后按照前面描述的方法分析数据[29]。简而言之，运动员的位置对人体测量变量有一定的影响。如果确定了位置的显著影响（$p < 0.05$），则使用Honest显著性差异检验对每个位置进行多重比较，使用Bonferroni校正，将显著性水平调整为0.01（校正$p = \alpha /$测试数量，即0.01=0.05/5）。从统计学上看，不同位置的职业运动员的身高、体重均有显著性差异（$p < 0.05$），而在大学生运动员中，仅控球后卫、得分后卫和小前锋这三者与大前锋和中锋在身高、体重上有显著性差异[29]。

表2.1　大学生运动员和职业联合试训运动员的人体测量数据*

场上位置	大学生运动员				
	控球后卫	得分后卫	小前锋	大前锋	中锋
体重（磅）	$187.7^b \pm 20.7$	$196.5^b \pm 15.2$	$202.6^b \pm 13.2$	$233.9^a \pm 18.3$	$253.0^a \pm 36.9$
身高（英寸）	$73.2^a \pm 1.5$	$75.2^a \pm 1.6^a$	$77.9^b \pm 1.5$	$79.5^{bc} \pm 1.1$	$81.1^c \pm 1.2$
身体质量指数（千克/米²）	$24.3^a \pm 1.8$	$24.4^a \pm 1.8$	$23.3^a \pm 1.5$	$25.9^{ab} \pm 1.7^{ab}$	$27.3^b \pm 4.0$
**体脂率（%）	$14.4^a \pm 3.8$	$12.4^a \pm 3.2$	$12.0^a \pm 3.1$	$14.8^a \pm 4.2$	$15.5^a \pm 4.9$
场上位置	职业联合试训运动员				
	控球后卫	得分后卫	小前锋	大前锋	中锋
体重（磅）	$185.3^a \pm 21.1$	$203.0^b \pm 12.1$	$215.4^c \pm 12.1$	$233.3^d \pm 15.5$	$250.8^e \pm 20.0$
身高（英寸）	$73.0^a \pm 1.9$	$75.8^b \pm 1.1$	$78.4^c \pm 1.1$	$79.9^d \pm 1.3$	$82.2^e \pm 1.43$
身体质量指数（千克/米²）	$24.5^a \pm 2.8$	$24.9^{ab} \pm 1.6$	$24.7^{ab} \pm 1.6$	$25.7^{bc} \pm 2.0$	$26.2^c \pm 2.3$
**体脂率（%）	$6.2^a \pm 1.8^a$	$6.7^a \pm 1.8$	$7.0^{ab} \pm 2.2$	$8.4^b \pm 2.7$	$8.6^b \pm 3.2^b$

*平均值 ± 标准差。平均值旁边的字母表示该值与其他位置有显著性差异。如果场上位置之间的字母不同，则使用Tukey Honest显著性差异测试，两者在$p < 0.05$时存在差异。

**表示两组之间测量体脂率的方法不同。对大学生运动员使用双能X射线吸收法（DXA），对职业联合试训运动员使用皮褶厚度测量法。这些值不能进行比较。

大学生运动员数据来自索尔费斯特及其同事们[29]。

职业联合试训运动员数据来自NBA高级统计[19c]。

这些数据表明，不同位置的大学生运动员之间的身高和体重范围大于球探联合会观察到的不同位置的职业运动员之间的范围。这种差异有两种可能的解释。首先，大学生运动员同一位置体型相似性的增加可能是由具有相似体型的有天赋的运动员进一步自我选择导致的（样本由被选中参加联合试训的运动员组成）。其次，大学生运动员不同位置间体型多样性的增加可能是球队或联盟的比赛风格多样导致的。无论哪种方式，无论身高如何，大多数篮球运动员都展现了一种独特的体型，他们有着相似的质量分布比例。但是，请注意，这些样本包括应邀参加NBA联合试训的运动员。虽然这些运动员被认为是最优秀的大学生运动员，但并不是所有人都能成为成功的NBA运动员。

在观察体型时还要考虑**体成分**（肌肉和脂肪相对于其总质量的分布）、**质量分布比例**（质量分布在哪里，如相对于髋部的腰部和腹部周围）和**质量与身高的关系**（即身体质量指数、瘦体重指数，见下一节）等重要因素。体成分和质量分布都会影响动作模式，并有可能影响身体对给定刺激的反应。在大学生运动员中，利用双能X射线吸收法（DXA）测量得出的体成分数据表明，尽管身高和体重不同，但不同位置的篮球运动员［12.0%（小前锋）至15.5%（中锋），表2.1］的体脂率没有显著性差异[29]。这一发现与职业联合试训运动员的数据相反，在职业联合试训运动员中，中锋和大前锋的体脂率明显高于得分后卫和控球后卫（$p < 0.05$）。值得注意的是，在这些人群中测量体脂率的方法是不同的，测量职业联合试训运动员时使用的是数字卡尺。皮褶厚度测量和双能X射线吸收法是两种具有不同效度与信度的方法，在解释表2.1中职业运动员和大学生运动员体成分的差异时，应持谨慎态度。

质量指数

不同位置的篮球运动员身高存在差异[3, 27, 29, 35]。身高是决定人的总质量的重要因素。一种比较不同位置的篮球运动员的质量的方法是个体身高指数。有3种指标可用于比较相对身高的总质量、脂肪质量和去脂肪质量。**身体质量指数**（BMI）通常用来评估人的总质量与身高的相对关系。它可以确定具体的身体分割点，并常用于一般健康情况的评估，身体质量指数>25千克/米²为超重，身体质量指数>30千克/米²为肥胖[19b]。然而，身体质量指数对运动人群来说是一个欠佳的指数，因为它没有考虑到体重的类型。许多运动员的瘦体重超过了正常值，因此仅根据他们的身体质量指数判断其体型，就会错误地将其归类为超重或肥胖。为了说明这一点，可用脂肪质量指数和去脂肪质量（或瘦体重加骨的重量）指数比较相对身高的脂肪质量和去脂肪质量。脂肪质量指数等于运动员的总脂肪质量（千克）除以身高（米）的平方［脂肪质量指数=总脂肪质量（千克）/身高（米）²］。去脂肪质量指数则等于运动员的去脂肪质量（千克）除以身高（米）的平方［去脂肪质量指数=去脂肪质量（千克）/身高（米）²］[31]。要获得脂肪质量和去脂肪质量的绝对测量值，教练首先应该测量运动员的体脂率。教练可以通过体脂率乘以身体质量计算绝对脂肪质量。最后，计算运动员的绝对去脂肪质量，即身体质量与脂肪质量之差。

这些指标可用于确定运动员相对身高的体重是否比其他位置的球员多（或少）。教练可以利用脂肪质量指数和去脂肪质量指数分别确定运动员是否有更多（或更少）的脂肪质量和去脂肪质量。当试图改变运动员的体重并确定哪些部位的脂肪需要减掉时，此信息可能很有用。例如，如果一个运动员的BMI比在同一位置上的其他运动员高，教练可能会问这是不是脂肪质量或瘦体重增加所致。使用脂肪质量指数和去脂肪质量指数，教练可以确定是哪种类型的质量导致较高的身体质量指数。较大的瘦体重（主要是肌肉的质量）可能意味着运动员没有必要改变体重，但较大的脂肪质量可能意味着运动员需要调整体重或身体质量。

这些指数对于理解增加关节承受力量的篮球动作是很重要的，如跳跃、切入和冲刺等。高脂肪质量指数的运动员承载的非功能性质量会导致内应力增加[14]。表2.1显示了大学生运动员和职业联合试训运动员各位置的平均身体质量指数值。这些数据表明，平均而言，大前锋和中锋的质量相对于身高来说更大。运动员理想的身体质量指数取决于球队的比赛风格和位置要求。在传统的半场进攻中，或者在喜欢放慢速度和将球传到内线的球队中，更大的身体质量是有益的。但是，如果这个团队强调运动、空间和速度，身体质量较低对所有运动员都是有益的，因为这可以使他们在运动中更有效率。

质量分布比例

质量指数可以用于深入了解运动员的体重（脂肪与肌肉的比例）与身高的比例，且它们与总体重相关。反映体型和体成分的一个概念是比较质量分布比例。这些比例可以让教练和运动员了解体内脂肪和瘦体重的分布，并确定特定的分布模式是否会妨碍运动或表现。计算这些比例，应先确定局部质量分布（例如，腿的质量、躯干的质量、手臂的质量等）。传统上，这种测量只能通过双能X射线吸收法来实现，但是其他的方法，如多频生物电抗阻分析和生物电抗阻谱也可以用于局部质量测量。此外，3D人体扫描仪或周长测量也可用于估计运动员局部身体体积的比例。例如，简单而常见的**腰臀比**。这一比例将腰围（可触及的最低的肋骨和髂嵴上缘之间的一半）与髋部和臀部的最宽周长进行比较，从而反映腹部脂肪的分布情况。相对于髋部脂肪较多的人而言，腹部脂肪较多的人（想想苹果和梨的形状）患代谢疾病和功能障碍的风险更高[5, 8, 17]，受伤的风险也更高[20, 24]。这些比例还有另一层含义：即使质量的分布发生变化，总质量也可能不变。

从运动表现的角度来看，部分实验室已经开始观察在各种运动中这些质量分布比例与动作模式之间的一些有趣的关系。上半身与下半身瘦体重比（躯干和手臂肌肉总质量与腿部肌肉质量之比）越高的运动员，往往会在较低（相对）制动力、较低推进力和较低推进发力率的反向跳跃中削弱力量的传递（未公布的数据）。此外，即使在总质量标准化之后，这种头重脚轻的质量分布也与计划和反应环境中的缓慢变向运动有关。

生理发展

随着人们对空间、进攻机会和高质量投篮的重视，各个级别的比赛已经发生了变化。这些变化更加强调所有位置的三分球投篮。2016年，在常规赛中只有3名中锋尝试过100次以上的三分球投篮。在2016—2017赛季和2017—2018赛季，分别有10名和11名NBA中锋球员进行超过100次的三分球投篮的尝试，其中8名球员的三分球投篮超过200次[13b]。随着比赛规则的改变，各个位置的篮球运动员的体型也发生了变化。图2.2a~2.2c和图2.3a~2.3c显示了传统位置球员及体型较大和较小球员的身高、体重和臂展的纵向平均值。在这两种情况下，身高在2008—2018年的变化大致相同。但有些位置球员的体重一直呈下降趋势，特别是大前锋，其平均体重减少了近20磅。类似地，大个子球员（中锋、大前锋）有变高的趋势，控球后卫的臂展上也有上升的趋势。臂展的增加在图2.3c中表现得更为明显，图中显示体型较小球员（小前锋和后卫）的平均臂展增加了2英寸。

相对于普通人和其他运动项目的运动员来说，篮球运动员的体型比较独特。即使在要求较大体型的位置，篮球运动员也趋向于又高又瘦的体型。这样的体型特点可以让运动员在短时间内发挥出较强的爆发力，以便在每场比赛中可以多次掌控较大的空间。在比赛中多次做爆发性动作时，过大的体重会增加关节承受的压力。比赛的发展对某些位置产生了

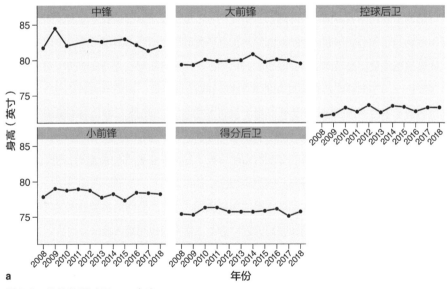

图2.2 传统位置球员：a. 身高

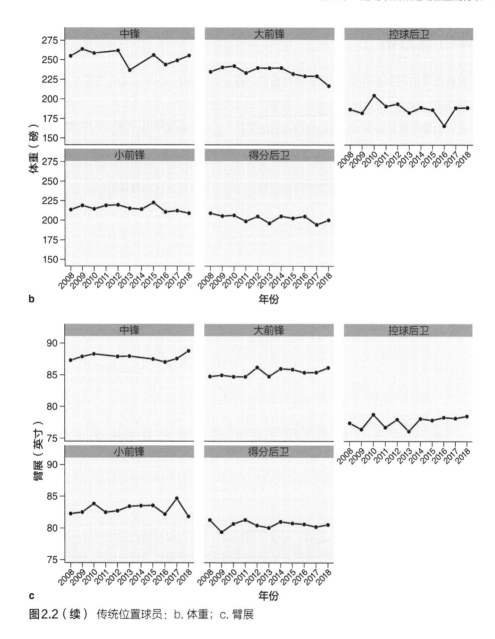

图2.2（续） 传统位置球员：b.体重；c.臂展

影响，一些位置（如大前锋）变得相对不那么重要，而另一些位置（如后卫和小前锋）变得越来越重要。最后，请注意，本部分所提供的大多数数据都是平均值，表2.1中所示的标准差显示了每种体型的变化范围较大。每个运动员都略有不同。从运动员的运动表现和战术两方面考虑体型比确定运动员需要达到的标准体重或指标更可取。

具体位置分析

篮球比赛的时间长短取决于比赛的水平，高中和职业比赛的时间范围是32~48分钟。在比赛期间，每位运动员移动的距离一般在1.5~3英里（1英里约为1.6千米，余同）[26, 30, 34]。当考虑到大学生或职业运动员在一个特定的赛季（包括季前赛和季后赛）可能参加的比赛数量时，一些运动员可能会在一个赛季中总共移动250~300英里。而在青少年篮球运动中，

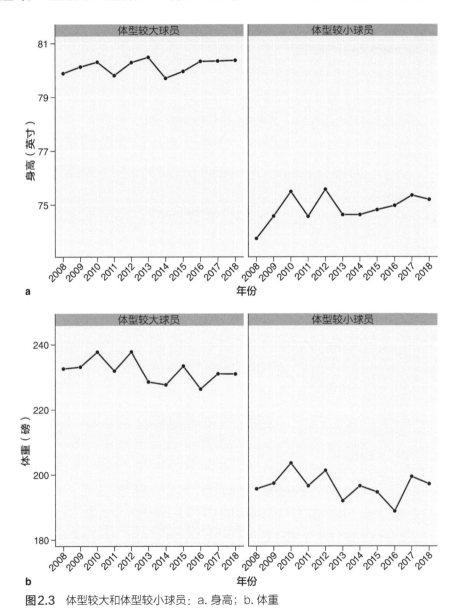

图2.3 体型较大和体型较小球员：a. 身高；b. 体重

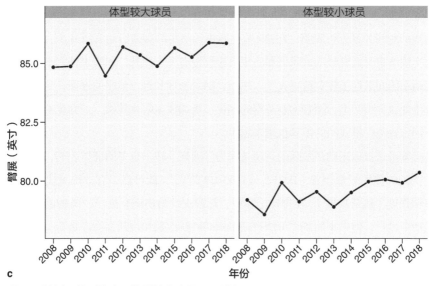

图2.3（续） 体型较大和体型较小球员：c. 臂展

当在一天中进行多场比赛时，运动员在练习赛和低水平比赛中移动的距离往往比这更大。

　　一项对大学生篮球跟踪数据的分析表明，**高代谢距离**，或不超过20%的最大速度移动距离，通常都在总距离的5%~15%之间。后卫通常处于这一范围的上端，而且运动员的高代谢距离一般为总距离的10%。篮球运动员的最高速度可能在12~18英里/时。最高速度通常出现在攻防转换情况下，运动员每场比赛通常会进行50~80次的短距离冲刺跑。最大加速度和减速度可达到12~18英尺/秒²。跟踪和运动数据显示，运动员可能会在慢速（0~4英里/时）区中花费总时间的70%~80%，在4~12英里/时的中速区花费总时间的10%~15%，在12英里/时以上的高速区花费总时间的5%~10%，最高速度区耗时占总时间的比例为1%~2%。然而，角速度和加速度可能更为常见。篮球运动员在比赛中的加速和减速次数变化范围很大，但高速加速次数通常占他们在比赛中总加速次数的10%[26, 30, 34]。

　　在比赛中，与前锋和中锋相比，后卫的站立和行走可能更少，冲刺跑和高强度侧向滑步更多[1, 30]。后卫也能达到更高的最大速度，并在更长的时间内保持速度。对大学生运动员的分析表明，他们花了34.1%的时间跑步和跳跃，56.8%的时间步行，以及9.0%的时间站立[19]（译者注：总和缺少0.1%为小数点第二位四舍五入省略）。通常，运动员以高于12英里/时的速度移动的距离只有10~15英尺（1英尺约为0.33米，余同），最多为20~30英尺。如此快地变换速度和方向导致了篮球运动中较快的加速和减速。这种模式在中锋身上可能有所不同，他们经常在10~20英尺的距离内保持较高的速度和加速度，总加速次数比后卫少。与前锋和中锋相比，后卫的这种活动类型的变化可能观察到更高的血乳酸浓度和心率反应[30]。

比赛的时间关系分析表明，在第4节比赛中运动员的高速活动有所减少。这种变化可能与比赛快结束时血乳酸浓度降低和心率反应较慢有关。此外，相较于低水平运动员，高水平运动员的间歇性工作负荷更大[30]。然而，随着篮球和进攻策略的发展，这种情况可能正在发生变化。事实上，随着比赛节奏的加快，更加注重防守转换，三分球的使用越来越多，不同位置动作模式间的差异也越来越小。

还必须考虑篮球运动员跳跃的运动量和力学因素。越来越多的证据表明，使用市场上可以购买到的惯性测量装置（IMU），如G-VERT[18, 28]，能可靠、有效地量化跳跃和落地的频率和强度（跳跃高度）。在排球比赛中，起跳次数与伤病有关[32]。类似的研究尚未在篮球运动中进行，但未来的研究可能有助于阐明跳跃次数和跳跃强度或负荷与损伤之间的关系。比赛期间，跳跃次数在100~200次是常见的，且在训练期间会有显著的变化。在训练中，重负荷日可能会重复1 000次投篮。随着比赛的发展，前锋和中锋投三分球的次数越来越多，投篮的练习也越来越频繁，跳跃次数也随之增多。

了解每位运动员跳跃的独特力学因素是很重要的。单腿跳跃和落地会引起髋关节和膝关节屈曲，刺激产生较大的膝关节力量和膝关节力矩，因此产生的负荷是双腿跳跃和落地的两倍[16, 33]。因此，根据情况指导运动员练习单腿和双腿跳跃技术，这样可以减少总的跳跃负荷。虽然还没有得到验证，但是这些数据可以在赛季中通过佩戴在四肢上的可穿戴设备收集。不良的落地姿势，如腿僵硬落地或下肢动态外翻，可能使运动员遭受损伤和额外的生物力学负荷[12, 23]。例如，落地错误评分系统（LESS）或Y平衡等筛查工具可以提供额外的负重以测量跳跃负荷值，并可用于制定指导策略以预防损伤。在赛季前的落地错误评分系统或Y平衡测试中，得分较高的运动员与得分较低的运动员相比，每一次跳跃都可能带来更大的负荷，这表明运动员的动作模式存在问题[15, 21]。然后，可以考虑这些指标并对其进行加权，以便更好地个性化设定合适的跳跃次数和评估总的机械负荷。事实上，在职业和精英篮球运动员中，经常使用的评估训练强度和训练量的指标是机械负荷，同时也会考虑跳跃负荷。对跳跃的力学因素进行分析可以让教练评估运动员的受伤风险，并为改善运动员的运动表现提供重要的意见。具体测量指标包括地面反作用力、对称性和落地力学、膝关节外翻，以及髋关节和膝关节屈曲角度等，这些都可以在跳跃中进行评估。在评估这些方面时，应考虑到运动员的身体结构和受伤史。测试时间也应一并考虑，因为运动员可能在赛前或赛后、赛季期间、休赛季或休息期间接受评估。跳跃测试和生物力学测试建议在赛季前进行，同时在赛季结束后进行一段时间的调整。赛季末的测试也可以为休赛季的训练计划提供指导。

过度使用性损伤，如髌骨、股四头肌或跟腱炎症，可能是跳跃负荷突然增加导致的[32]。

在制定跳跃训练或增强式训练计划时，应考虑运动员的特定风险因素，并考虑其踝关节、膝关节和髋关节的活动度或僵硬程度。由于篮球运动员的跳跃次数比其他运动员多，运用急慢性负荷比的概念可能有帮助。需要注意的是，较高的受伤风险可能与每周负荷的快速变化有关。此外，它也可能影响抗阻训练计划及慢性负荷的建立，这是体能训练专业人员需要考虑的因素，或许有助于确定增加负荷的具体时间。

随着篮球运动的发展和人体测量学的相应变化，损伤模式也可能会发生改变。事实上，踝关节受伤在篮球运动中很常见。大学生男子篮球运动员踝关节受伤率为11.96：10 000，女子全国大学生篮球联赛运动员踝关节受伤率为9.50：10 000[25]，职业篮球运动员踝关节受伤率为3.2：1 000（13.2%的运动员受伤，8.8%的运动员因受伤而错过比赛）[13]。比赛中的策略，以及后卫防守中锋的期望都可能会给运动员带来不同的压力和风险，反之亦然。此外，更快地加速和减速可能会增加腘绳肌和其他软组织受伤的风险。越来越多地强调三分球投射和跳投可能会增加患肌腱炎和发生过度使用性损伤的风险。随着比赛的不断发展，训练和发展的技术与不断变化的比赛相平衡是必要的。训练计划中应包括平衡训练、本体感觉训练、力量和灵敏性训练等，这些训练可以提高运动员的表现水平，并降低其受伤风险。

小结

如今收集的所有水平的篮球运动员的数据比以往任何时候都多。从这些数据中反映出的问题可能多于所获的答案。体能训练专业人员需要了解这些数据，并应用相关结果，以改善对运动员的护理。了解篮球运动的演变史对于体能训练专业人员来说至关重要，这有利于他们更好地照顾运动员。

第 3 章

测试方案和运动员评估

安德鲁·巴尔（Andrew Barr）、亚历山大·里泽（Alexander Reeser）
和塔尼亚·斯皮泰里（Tania Spiteri）

运动表现测试的使用取决于各种情况。使用运动表现测试的常见原因（尤其是在专业级别）如下：

- 确定基线力量水平和首选运动策略；
- 在选拔过程中对运动员进行排名；
- 评估特定训练计划的有效性；
- 告诉运动员发展和减少受伤风险的策略；
- 指导运动员重返比赛的进程。

篮球运动表现测试的首要目标是为运动员、教练、医疗工作者和运动表现工作者，以及管理部门提供客观的数据。也就是说，运动表现测试的价值不在于获取运动员的具体数据，而在于适当背景下对数据的正确解释。此外，由于篮球运动科学知识和运动表现测试的不断发展，对本章中描述的基本方案的详细理解将成为体能训练专业人员的必要技能。

一般测试指南

运动表现测试的价值在于对测试期间收集的数据进行分析并得出结论。因此，得出结论的合理性取决于获得数据的准确性和可靠性。为确保数据准确可靠，应遵循以下准则：

- 对于测试期间使用的所有设备，遵循制造商的设置和校准指南；
- 记录执行的测试；
- 标准化测试环境和测试方案；
- 保持测试顺序的一致性。

虽然上述内容并不详尽，但遵循这些基本准则将有助于保证测试过程标准化，并控制可能影响数据准确性和信度的因素。

测试方案

当数据得到研究的支持时，提供的测试方案包括有效性和可靠性的说明以及规范性和描述性的数据。请注意，提供的所有数据都是针对被评估的运动员的，并且测试条件是唯一的。

测试检索

力量测试

力量测试在篮球运动中有多种用途。大型测试活动，如NBA联合试训测试，会收集多个运动员的运动表现基线数据，以比较运动员的力量。如果定期进行力量测试，可以量化运动员抗阻训练计划中的运动表现变化，并监测运动员在赛季中的疲劳状况。

等长大腿中段拉测试

目的

等长大腿中段拉测试是一种有效且可靠的全身功能性等长力量测试，用于确定峰值力量、发力率和传统站姿或准备站姿的爆发力性冲量[5]。尽管对篮球运动的研究有限，但等长大腿中段拉测试中的峰值力量与精英女子篮球运动员变向时的运动表现有显著的相关性[49]。等长大腿中段拉测试期间的发力率也被证明与I区男子和女子篮球运动员冲刺的动力学初始加速度有显著的相关性[46]。鉴于等长大腿中段拉测试的运动表现与篮球运动表现存在正相关关系，教练和体能训练专业人员在设计篮球力量测试时应考虑等长大腿中段拉测试。

器材

等长大腿中段拉测试需要的基本设备包括一个测力台和一个平行于地板及运动员的固定杠铃杆。安装的时候，可以在传统深蹲架的安全杆下面固定一个杆，类似的组装方法还有很多种。如果可以，请优先使用双测力台，以通过测试识别左右下肢之间的力量差异。

设置

杠铃杆应该放置在一个固定的位置，使之与运动员的髋部和膝部之间保持相同的距离。运动员接近杠铃杆时双脚应与肩同宽，双手握杆，躯干直立，颈部保持处于中立位，髋关节和膝关节略屈曲。先前的研究建议使用145度的髋关节角和140~150度的膝关节角[9, 14]。因此，可以选择对运动员进行有针对性的测量（例如，离地面的杆高），以确保在不同测试环境中结果的可靠性。此外，注意测力台的取样率，以及其对发力率和其他衍生结果测量的影响。

测试方案

1. 根据单位特异性准则校准测力台。
2. 确保测力台在校准后数值归零。
3. 指导运动员站到测力台上，运动员自选抓握技术，保持准备好的"爆发"姿势。
4. 提示运动员以尽可能快的速度努力拉杠铃杆。常见的提示包括"脚跟向地板推""把杠铃杆向远离地板的方向拉"。
5. 当力达到平稳或开始下降时结束测试。
6. 安排至少3分钟的休息时间，以确保运动员能完成多次测试。

描述性数据

表3.1和表3.2提供了描述性数据，可以用来评估高中生男子篮球运动员和美国大学生篮球联赛（NCAA）I区男子和女子篮球运动员的等长大腿中段拉水平。

表3.1 高中生男子篮球运动员等长大腿中段拉测试值

变量	平均数 ± 标准差
绝对峰值力量（牛）	2 906 ± 428
相对峰值力量（牛/千克）	34.6 ± 2.9

源自：Scanlan et al., 2019.

表3.2 NCAA I区大学生男子和女子篮球运动员等长大腿中段拉测试值

变量	数值*	
	男子篮球运动员	女子篮球运动员
峰值力量（牛）	2 534.1 ± 368.0	1 248.0 ± 377.2
RFD** 0~50毫秒（牛/秒）	5 643.1 ± 6 459.8	2 778.7 ± 1 708.0
RFD 0~100毫秒（牛/秒）	6 161.4 ± 4 694.8	2 988.1 ± 1 831.1
RFD 0~150毫秒（牛/秒）	5 811.0 ± 3 995.0	2 664.6 ± 1 439.0
RFD 0~200毫秒（牛/秒）	6 015.8 ± 2 678.0	2 736.0 ± 1 176.5
RFD 0~250毫秒（牛/秒）	5 603.0 ± 2 272.6	2 882.2 ± 1 105.2

*平均数 ± 标准差；**RFD=发力率
源自：Townsend et al., 2017.

髋关节内收和外展测试

目的

评估最大自主等长收缩是测定肌肉力量的一种标准方法。髋关节内收（AD）肌和外展（AB）肌在优化髋部、躯干冠状面和水平面的动作控制中起重要作用。研究表明，髋关节内收和外展的力量不对称与多方向、快速变向的运动中髋部、腹股沟和膝关节损伤的风险增加有关[10, 19, 44, 45]。考虑到篮球运动中高频率出现的侧向和旋转动作，测量髋关节内收与外展力量比（内收：外展）对于篮球运动中的损伤风险监测和运动表现提升是非常重要的。

器材

髋关节内收和外展测试的设备通常是根据可用性来确定的。等速和等张测力计是实验室中常用的仪器。先前对无损伤运动员的研究已经确定，髋关节内收与外展力量比值为1.0是正常的，而小于0.8的比值通常被认为是与髋关节内收相关的腹股沟受伤风险增加的极限值[43]。然而，实验室的工具在实际应用场景中并不常用，因为其成本高而且使用不方便。考虑到这些限制，在高水平的篮球训练环境中，手持式测力计是更经济和方便的选择。此外，专门为测试髋关节内收与外展力量比设计的仪器在职业运动领域中越来越受欢迎。血压计虽然不常用，但在评估等长髋关节力量时，它是一种能提供有效和可靠数据的工具。

设置

髋关节内收和外展测试没有特定的设置说明，因为某些仪器可能需要不同的校准和设置程序。也就是说，测量应在多个位置（例如，在膝关节和髋关节屈曲角度分别为0度、30度、45度和90度时，测试髋关节内收与外展力量比）进行，以突出不同位置潜在的力量不足或不对称。类似地，运动员在测试过程中的身体位置（例如，坐姿、俯卧和仰卧）是一个混淆变量，这会使力量产生统计学意义上的差异[33]。最重要的是，在测试过程中需要保持一致性，因为目前没有研究能够确定哪些位置或肢体形态与篮球运动员最为相关。

测试方案

髋关节内收和外展测试方案主要根据制造商指南来确定。无论使用哪种仪器或特定的测试方案，测试的准确性和重复性对运动员之间的横向比较和运动员自身的纵向比较是非常重要的。

描述性数据

对于高中生、大学生和职业篮球运动员的髋关节内收和外展测试，没有标准或描述性数据。教练和体能训练专业人员可以进行前后测试，以监测运动员的髋关节内收与外展力量比是否得到改善。

北欧式腘绳肌等长测试

目的

北欧式腘绳肌等长测试旨在测定单腿腘绳肌的力量。评估腘绳肌的力量非常重要，因为腘绳肌是篮球运动员容易拉伤的肌群[23]。研究表明，在需要大量跑步、跳跃和快速变向的运动中，力量不足会增加受伤的风险[43]。

器材

与髋关节内收和外展测试一样，北欧式腘绳肌等长测试所需的设备主要是根据可用性来确定的。手持式、等速和等张测力计是收集腘绳肌等长力量数据有效和可靠的工具[3, 43]。近年来，用于北欧式腘绳肌力量测试的传统仪器已被特定测试工具取代，这些工具可以方便地获取和存储运动员的数据，并可以对数据进行分析，以便在全年跟踪运动员的发展和损伤风险。此外，专门为北欧式腘绳肌测试设计的器械在职业运动领域中越来越受欢迎。

设置

由于特定的仪器需要不同的校准和设置程序，我们无法提供北欧式腘绳肌等长测试的具体设置说明。测量应在多个肢体位置（例如，在膝关节屈曲90度、60度和30度的状态下）进行，以突出不同位置潜在的力量不足或不对称。此外，在测试期间，必须保持颈部、躯干和骨盆处于中立位。与其他测试一样，在这项测试过程中保持一致性很重要，因为目前没有研究能够确定哪些位置或肢体形态与篮球运动员最为相关。

测试方案

目前，还没有建立标准化的北欧式腘绳肌等长测试方案。也就是说，采用标准化的测试阶段和合理设置运动员的髋关节和膝关节屈曲角度非常重要，这样做能确保准确地对比运动员之间和多个测试阶段之间的数据。

描述性数据

对于高中生、大学生和职业篮球运动员的北欧式腘绳肌等长测试，没有标准或描述性数据。教练和体能训练专业人员可以进行前后测试，以监测运动员腘绳肌等长力量的改善情况。

T、Y和I字肩部等长测试

目的

T、Y和I字肩部等长测试旨在测定运动员的单臂肩带力量和多个末端活动位置。肩带力量的减弱与肩胛运动障碍和受伤风险的增加有关[3]。由于篮球运动员做过顶接触动作的频率较高，所以在活动末端过顶的位置优化肩带力量对篮球运动员是有利的。

器材

在对运动人群进行T、Y和I字肩部等长测试时，建议使用测力台。如果没有测力台，可以使用手持式测力计，尽管在精英级运动人群中，对用手持式测力计测试的可靠性存在争议[31]。

设置

运动员俯卧在地面上，将垫子或垫块放于前额下。手掌放在地面上，运动员将一只手臂相对于躯干外展90度。这个位置被称为"T"位置。当进行多个测试时，可以用胶带来标记位置，以确保正确地定位。用胶带标记"Y"（135度外展）和"I"位置（180度外展）。运动员的手臂应完全展开，以达到这3个测试位置的角度。在T字和Y字测试中，运动员应将不运动的手臂放在背后。在I字测试中，运动员应将不运动的肩部内旋并让手臂紧贴身体，掌心向上[4]。

测试方案

1. 指导运动员找到基线"T"位置（双臂90度外展），以确保最佳基线位置。根据臂长调整测力台的位置。

2. 确定正确的姿势后，运动员将右臂移至"I"位置（180度外展），并将不运动的手臂靠近下背部，掌心向上。

3. 提示运动员在没有从反向动作中获得额外动力的情况下，尽可能用力下压测力台。运动员继续最大限度地下压测力台3秒。两次测试之间休息20秒。

4. 如果在测试中运动员出现了明显的代偿动作，立即指示运动员停止并重新测试。

5. 对每只手臂在每个位置收集3次最大测试值，这样可以计算每只手臂的平均测试值（每只手臂共进行9次测试）。

描述性数据

目前，还没有研究确定篮球运动员在临床上存在显著的肩部末端等长力量的差异值或标准值。教练和体能训练专业人员可以进行前后测试，以监测运动员肩部等长力量的改善情况。

弹道式俯卧撑测试

目的

弹道式俯卧撑（BPU）测试旨在测定运动员的峰值水平推力和双臂不对称的可能性。尽管弹道式俯卧撑测试是一种较新的上肢力量测试，但已被证明可以用于预测传统的1RM卧推成绩[48]。弹道式俯卧撑测试对身体施加的压力较小，因此可以用来持续监测双臂力量的改善情况。上肢的推力对于篮球运动员来说非常重要，因为他们需要在胸前和击地传球中运用双臂和单臂的推力。

器材

在弹道式俯卧撑测试期间，需要用一个测力台来收集动力学数据。如果可以，最好使用双测力台以识别双臂之间的力量差异。没有测力台的时候，光电元件和压力垫可以通过时间计算爆发力变量。

设置

主要的测试姿势如下：运动员呈俯卧位，胸部紧贴地面，肘关节屈曲，手放在肩部下方，类似于俯卧撑的下降姿势。测力台数值归零后，运动员呈准备姿势，身体与地面接触，每只手都放在测力台上。测试管理员可以在运动员准备好后开始测试。如果只有一个测力台，可以分两次收集数据，这样仍然可以识别双臂的不对称性。

测试方案

1. 根据单位特异性准则校准测力台。

2. 确保测力台在校准后数值归零。

3. 指导运动员站于测力台上，呈准备姿势（胸部着地，肩关节和肘关节屈曲，双手间距略宽于肩）。

4. 提示运动员双臂爆发性地推离地面，并尽可能久地保持腾空。

5. 如果运动员在做俯卧撑时过早地耸肩或试图增加腾空时间，那么重复这个测试，可能会因为这个动作影响时间计算的爆发力值的准确性。

描述性数据

目前，还没有研究确定篮球运动员在临床上存在显著的双臂间弹道式俯卧撑的差异值。教练和体能训练专业人员可以进行前后测试，以评估运动员峰值水平推力的改善情况。

卧推测试（最大重复次数）

目的

大多数运动员在进行卧推测试时，使用次最大负荷以完成多次重复。在这种情况下，它测量的不是肌肉力量，而是肌肉耐力。无训练经验者可能无法用指定的重量进行多次重复，因此对他们来说，这项测试测量的是肌肉力量。

器材

卧推测试（最大重复次数）使用的器材包括一个带有垂直安全架的凳子、一个奥林匹克杠铃杆和各种重量的杠铃片，以及一对在测试期间用来固定杠铃片的锁扣。此外，还需要一名协助者。

设置

解释并演示正确的卧推技术（如需要，请参阅第7章第142页的说明）。

测试方案

1. 指导运动员热身时做10个俯卧撑，休息60秒，然后以同样的负重重复5次热身动作，休息90秒。热身时负重的标准：大学生男子篮球运动员和NBA运动员为135磅，高中生男子篮球运动员为95磅，大学生女子篮球运动员和美国女子职业篮球联赛（WNBA）运动员为65磅，高中生女子篮球运动员为45磅[29]。

2. 在第二轮休息期结束时，开始测试。测试负重的参考标准：大学生男子篮球运动员和NBA运动员为185磅，高中生男子篮球运动员为135磅，大学生女子篮球运动员和美国女子职业篮球联赛（WNBA）运动员为95磅，高中生女子篮球运动员为75磅[29]。

3. 为了计算重复数，运动员应在整个活动度内移动杠铃杆（即肘关节完全伸展，向下触胸——但不要弹起，然后再向上，直到肘关节完全伸展）。当运动员不能完整地重复训练时，测试结束。

描述性数据

表3.3为高中生篮球运动员的卧推测试（最大重复次数）提供了描述性数据。表3.4为NCAA I区大学生篮球运动员的卧推测试（最大重复次数）提供了描述性数据。表3.5提供了来自NBA的联合试训运动员的描述性数据。

表3.3 高中生篮球运动员卧推测试（最大重复次数）的最大重复值

	男子	女子
最大值	28	15
平均值	12.2	9.8
最小值	0	5

源自：National Basketball Conditioning Coaches Association (2007).

表3.4 NCAA I区大学生男子和女子篮球运动员卧推测试（最大重复次数）的最大重复值

	男子	女子
平均值	10	16.38
标准差	4.58	8.25
样本量	14	8

源自：National Basketball Conditioning Coaches Association (2007).

表3.5 NBA男子联合试训运动员卧推测试（最大重复次数）的百分位值

百分位等级	重复次数	百分位等级	重复次数
100	27	30	8
90	18	20	6
80	15	10	3
70	14	平均值	10.34
60	13	标准差	5.55
50	11	样本量	1 081
40	9		

源自：National Basketball Association.

反应性力量测试

运动员从离心肌肉动作快速切换到向心肌肉动作是反应性力量的一种表现[16]。本节介绍的测试评估了这种能力，这对篮球运动员来说至关重要。

跳深测试

目的

跳深测试用于评估运动员全身的反应性力量[32]，以及模拟典型篮球比赛中篮球运动员的快速过渡性跳跃落地动作。反应性力量指数（RSI）通常用于衡量运动员做拉伸−缩短循环的能力。反应性力量指数的计算方法是用滞空时间（或跳跃高度）除以触地时间[15]。当逐步增加跳跃高度时，反应性力量指数是衡量运动员快速吸收和重新分配力量的能力的有效指标。

器材

需要利用压力垫或光电垫测量滞空时间和触地时间。这样可以从时间系列信息中单独推导出反应性力量指数和跳跃高度。执行跳深测试时，也可以通过测力台和运动捕捉系统来收集特定的生物力学数据。

设置

具体设置指导取决于测试期间使用的仪器类型。当使用光电垫或压力垫时，请确保在测试过程中遵循正确的预测试方案，以收集关键的时间数据，如触地时间和腾空时间。此外，确保将用于测试的箱子放置在离测试区域足够近的位置，这样可使运动员在跳跃过程中不会偏离预期的运动策略。基线高度可以根据预期的表现能力和运动员的经验、成熟度或体型来增加或减少，30厘米是文献中常用的基线高度[15]。

测试方案

1. 测试前校准所有仪器。
2. 开始时，运动员保持双脚与肩同宽的姿势站在箱子上，然后一条腿跨出。
3. 运动员双脚同时着地，并立即努力垂直起跳。触地时间超过0.25秒便要重新测试。
4. 如果需要多次测试，两次测试之间至少休息2分钟。

描述性数据

反应性力量指数是全身反应性力量的有效且可靠的决定因素，然而，目前没有标准或描述性数据可用来与测得的反应性力量指数进行比较[47]。

重复跳跃测试

目的

重复跳跃测试用于测定下肢、踝关节的反应性力量。重复跳跃能力是篮球运动员执行专项动作（如抢篮板球和投篮）时所需的基本能力[20]。

器材

需要利用压力垫或光电垫测量滞空时间和触地时间。执行重复跳跃测试时，也可以通过测力台和运动捕捉系统来收集其他生物力学数据。

设置

具体设置指导取决于测试期间使用的仪器类型。当使用光电垫或压力垫时，请确保在测试过程中遵循正确的预测试方案，以收集关键的时间数据，如触地时间和滞空时间。

训练方案

1. 测试前校准所有仪器。
2. 开始的时候，运动员呈双脚与肩同宽的姿势站立，全力进行一次反向跳跃。
3. 运动员双脚同时着地，然后立即跳起，再次全力进行一次跳跃。
4. 运动员连续跳10次。在10次跳跃中，确定触地时间最少的5次跳跃。通过这5次跳跃的数据计算反应性力量指数的平均值。
5. 如果需要多次测试，两次测试之间至少休息2分钟。

描述性数据

重复跳跃测试可以测量反应性力量指数，但与跳深测试一样，没有标准或描述性数据。和其他没有标准或描述性数据的测试一样，教练和体能训练专业人员可以通过前后测试来评估运动员的进步情况。

爆发力测试

本节提供的爆发力测试可以让教练和体能训练专业人员评估篮球运动员在短时间内产生力量的能力。

垂直跳跃测试

目的

垂直跳跃测试旨在从静止状态开始测定运动员在矢状面产生垂直爆发力的能力。垂直跳跃测试是一项与篮球运动相关的测试，因为它涉及的技能可用于篮球运动的特定任务（例如，跳跃争抢篮板）。我们可以通过测试运动员的垂直跳跃能力来评估其表现能力，因此该项测试在运动人才的识别过程中也能提供帮助。

器材

在垂直跳跃测试中可以使用各种设备。垂直跳跃测试常见的方法是使用垂直靶标，如Vertec（常用的垂直跳跃能力测量仪之一）（图3.1）。跳跃高度可以通过站立时的最大过顶触摸高度和跳跃时达到的高度之间的差值来推算。跳跃高度也可以由地面的计时装置，如压力垫和光电垫来推断。在某些情况下，运动捕捉系统也可用于收集跳跃过程中的运动学和动力学信息。

设置

当使用Vertec进行垂直跳跃测试时，首先记录运动员站立时惯用手的最大过顶触摸高度，以建立运动员的摸高基线。测试前，运动员站于Vertec正下方，以确保在跳跃过程中不会浪费精力。在测试区域周围应有足够的空间，以确保在跳跃过程中运动员能安全地腾空和落地。

图3.1 Vertec

测试方案

1. 在确定摸高基线后，将Vertec的高度升至与运动员预期的跳跃能力相匹配的水平。所选择的目标应该具有挑战性，同时确保运动员可以达到这个目标。
2. 运动员站于Vertec正下方。
3. 运动员不迈步，而是采用反向动作，尽全力跳起，尽可能高地触碰Vertec。
4. 通过站立摸高基线与最大垂直跳跃高度之差来确定垂直跳跃高度。
5. 如果需要多次测试，两次测试之间至少休息2分钟。

描述性数据

表3.6提供了高中生篮球运动员垂直跳跃测试的描述性数据。表3.7和3.8提供了NCAA I区大学生篮球运动员和II区大学生女子篮球运动员垂直跳跃测试的描述性数据。表3.9提供了NBA联合试训运动员的描述性数据。

表3.6　高中生篮球运动员垂直跳跃高度的百分位值

百分位等级	14岁		15岁		16岁		17岁	
	英寸	厘米	英寸	厘米	英寸	厘米	英寸	厘米
90	25.6	65.0	27.1	68.8	29.0	73.7	28.3	71.9
80	23.4	59.4	25.0	63.5	27.5	69.9	26.5	67.3
70	22.5	57.2	24.0	61.0	25.7	65.3	24.5	62.2
60	21.6	54.9	23.0	58.4	24.7	62.7	24.0	61.0
50	21.0	53.3	23.0	58.4	24.0	61.0	24.0	61.0
40	20.9	53.1	22.0	55.9	23.0	58.4	23.5	59.7
30	20.3	51.6	21.5	54.6	22.4	56.9	22.9	58.2
20	18.0	45.7	20.5	52.1	20.9	53.1	21.6	54.9
10	15.4	39.1	20.0	50.8	19.5	49.5	21.0	53.3
平均值	21.0	53.3	23.1	58.7	24.0	61.0	24.0	61.0
标准差	3.1	7.9	3.0	7.6	3.9	9.9	2.3	5.8
样本量	21		87		58		22	

源自：J. Hoffman, *Norms for Fitness, Performance, and Health* (Champaign, IL: Human Kinetics, 2006), 61.

表3.7　NCAA I 区大学生篮球运动员垂直跳跃高度的百分位值

百分位等级	男子		女子	
	英寸	厘米	英寸	厘米
90	30.5	77.5	21.6	54.9
80	30.0	76.2	20.1	51.1
70	28.5	72.4	19.7	50.0
60	28.0	71.1	18.5	47.0
50	27.5	69.9	18.0	45.7
40	26.8	68.1	17.5	44.5
30	26.0	66.0	16.5	41.9
20	25.5	64.8	15.9	40.4
10	24.5	62.2	14.5	36.8
平均值	27.7	70.4	18.0	45.7
标准差	2.4	6.1	2.5	6.4
样本量	138		118	

源自：J. Hoffman, *Norms for Fitness, Performance, and Health* (Champaign, IL: Human Kinetics, 2006), 61.

表3.8 NCAA II区大学生女子篮球运动员垂直跳跃高度测试值

	所有位置		中锋		前锋		后卫	
	英寸	厘米	英寸	厘米	英寸	厘米	英寸	厘米
平均值	18.1	46	17.68	44.9	17.82	45.3	18.26	46.4
范围	12.5~25	31.8~63.5	14~23	35.6~58.4	13~23	33~58.4	11~25	27.9~63.5
标准差	4.4	11.2	2.4	6.1	2.44	2.58	2.58	6.6
样本量	205		37		65		100	

源自：Schweigert (1996).

表3.9 NBA男子联合试训运动员垂直跳跃高度的百分位值

百分位等级	英寸	厘米	百分位等级	英寸	厘米
100	39.5	100.3	30	27.5	69.9
90	33.5	85.1	20	27.0	68.6
80	32.0	81.3	10	25.5	64.8
70	31.0	78.7	平均值	29.16	74.1
60	30.0	76.2	标准差	3.09	7.8
50	29.5	74.9	样本量	1 176	
40	28.5	72.4			

源自：National Basketball Association.

助跑垂直跳跃测试

目的

　　助跑垂直跳跃（在NBA中被称为最大垂直跳跃）测试是篮球运动表现测试中常用的一种方法，用以测定运动员跑动时的最大垂直跳跃能力。与垂直跳跃相比，助跑垂直跳跃可以让运动员在跳跃过程中获得更多的动力，有助于运动员进一步理解动态爆发力能力。助跑垂直跳跃测试也是一项与篮球运动相关的测试，因为它涉及的技能可用于篮球运动中常见的特定任务（例如，完成快攻上篮或扣篮）。与垂直跳跃测试一样，助跑垂直跳跃测试也被证明可以用于测试篮球人才的水平[32]。我们可以通过测试运动员的助跑垂直跳跃能力来评估其动态爆发力能力，因此该项测试在运动人才的识别过程中也能提供帮助。

器材

　　在助跑垂直跳跃测试中可以使用各种设备。进行助跑垂直跳跃测试常见的方法是使用垂直靶标，如Vertec。跳跃高度可以通过站立时的最大过顶触摸高度和跳跃时达到的高度之间的差值来推算。在某些情况下，运动捕捉系统可用来收集跳跃过程中的运动学和动力学信息。

设置

当使用Vertec进行助跑垂直跳跃测试时,首先记录运动员站立时惯用手的最大过顶触摸高度,以建立运动员的摸高基线。在测试区域周围应有足够的空间,以确保运动员能在跳跃过程中安全地腾空和落地。为了使方法标准化,请在目标周围划出15英尺半径的弧线(例如,将罚球线延伸到球场的底线)[32]。

测试方案

1. 在确定摸高基线后,将Vertec的高度升至与运动员预期的跳跃能力相匹配的水平。所选择的目标应该具有挑战性,同时确保运动员可以达到这个目标。

2. 在15英尺半径的弧线范围内,运动员向Vertec靠近时,应尽可能多地迈步,以获得跳跃的动力。

3. 通过站立摸高基线与助跑最大垂直跳跃高度之差来确定助跑垂直跳跃高度。除非另有规定,否则运动员可自行选择单腿或双腿起跳。

4. 如果需要多次测试,两次测试之间至少休息2分钟。

描述性数据

表3.10提供了高中生篮球运动员的助跑垂直跳跃高度测试的描述性数据。表3.11提供了NCAA I区大学生篮球运动员助跑垂直跳跃测试的描述性数据。表3.12提供了NBA男子联合试训运动员的描述性数据。

表3.10 高中生篮球运动员助跑垂直跳跃高度测试值

	男子		女子	
	英寸	厘米	英寸	厘米
最大值	39.0	99.1	24.0	61.0
平均值	32.0	81.3	20.0	50.8
最小值	22.5	57.2	15.0	38.1

源自：Data National Basketball Conditioning Coaches Association (2007).

表3.11 NCAA I区大学生男子和女子篮球运动员助跑垂直跳跃高度测试值

	男子		女子	
	英寸	厘米	英寸	厘米
平均值	33.6	85.3	25.4	64.52
标准差	4.17	10.59	3.51	8.92
样本量	14		9	

源自：Data National Basketball Conditioning Coaches Association (2007).

表3.12 NBA男子联合试训运动员最大助跑垂直跳跃高度的百分位值

百分位等级	英寸	厘米	百分位等级	英寸	厘米
100	45.5	115.6	30	32.5	82.6
90	39.5	100.3	20	31.5	80.0
80	37.5	95.3	10	30.0	76.2
70	36.5	92.7	平均值	34.3	87.1
60	35.5	90.2	标准差	3.7	9.4
50	34.5	87.6	样本量	1 180	
40	33.5	85.1			

源自：National Basketball Association.

药球旋转投掷测试

目的

药球旋转投掷（RMBT）测试旨在测定运动员的旋转爆发力[28]。在篮球运动中，旋转爆发力非常重要，因为运动员在打球时做旋转动作的频率很高，如变向动作。此外，旋转性躯干控制是导致前交叉韧带（ACL）损伤的一个重要因素[17]。从这个意义上说，药球旋转投掷测试可能有助于识别旋转功能不对称与篮球运动表现和受伤风险的关系。

器材

药球旋转投掷测试的器材包括6~8磅的药球和卷尺。此外，测试管理员应该选择一个测试区域，为运动员提供足够的空间，以便运动员在测试期间尽最大努力投掷药球。内置加速计的药球也是评估上肢爆发力的有效和可靠工具[33]。

设置

测试管理员应该在一个足够长的区域实施测试，以便运动员在不伤害周围人群的情况下用力投掷药球。标记运动员的起始位置，以确保个人测试和运动员之间的重复性。确定好起始线后，在地上放一根长卷尺，使之垂直于起始线。

测试方案

1. 指导运动员接近起始线，运动员的双脚应垂直于卷尺，平行于起始线。
2. 指导运动员"负重"投掷。负重时，踝关节、膝关节和髋关节屈曲，躯干朝着与球的预定轨迹相反的方向旋转。运动员双手持药球，将其置于离起始线较远的膝关节旁（即膝关节外侧，图3.2a）。
3. 指导运动员旋转并施展爆发性力量，同时用双手将球投掷到尽可能远的地方（图3.2b）。
4. 用卷尺记录从起始线到药球落地点的距离。
5. 两次测试之间，应有足够的休息时间（至少2分钟）。收集至少1次成功从右向左和从左向右投掷的测试数据。运动员在两次测试之间至少休息2分钟，以确保测试效果最佳。

描述性数据

对于高中生、大学生和职业篮球运动员的药球旋转投掷测试，没有标准或描述性数据。教练和体能训练专业人员可以进行前后测试，以监测运动员药球旋转投掷能力的改善情况。

图3.2　药球旋转投掷测试：a. 开始；b. 结束

速度和灵敏性测试

变向的有效性是影响篮球运动员比赛表现的一个关键因素[2]。因此，运动员需要结合运用知觉认知和力量，以在比赛中快速变向和获得位置优势[41]。在比赛过程中，意料之外的变向（需要灵敏性）比计划中的变向发生得更为频繁。因此，应该让运动员在类似比赛的条件下进行测试，以评估他们如何从决策和技术熟练度的角度做出反应[40]。

反应性禁区折返跑测试（RLS）

目的

在NBA联合试训中，反应性禁区折返跑测试用于从静态起始位置评估运动员的反应性灵敏能力。与5-10-5不同，反应性禁区折返跑测试用于测试非反应性变向的能力，它通过使用外部刺激来启动测试，并以此考验变换方向、感知和决策的技能[18]。先前的研究表明，在区分篮球运动员的位置和技术水平时，预先计划和非计划灵敏性测试提供了重要的参考[38]。从这个意义上说，反应性禁区折返跑测试是用于测试篮球运动员灵敏性的重要测试。

器材

电子计时门可以提供有效且可靠的数据，精确度最高可达 1/1 000秒。如果没有电子计时门，标准秒表或其他手持计时设备也是合理的选择。有公司已经研发出了针对反应性测试的无线的、无摄像头的运动捕捉系统，该系统除了提供标准的时间统计数据外，还提供运动员特定运动表现和受伤风险分析。

设置

在标准的NBA场地的禁区中，放置3个电子计时门，彼此相距8英尺，2个在禁区的两端，1个在禁区中心位置。确保所有计时门的属性同步，以获得总的测试时间和每个点的折返测试结果。

测试方案

1. 指导运动员跨过位于禁区中心位置的电子计时门。

2. 运动员就位后，通过提示运动员向左或向右移动来开始测试。有些电子计时门可将反应性刺激整合到预定的测试方案中。

3. 在接到信号后，运动员应尽快横向移动，直至到达第1个电子计时门。

4. 在到达第1个电子计时门后，运动员180度转身，以最快的速度穿过整个禁区，直至到达远处的电子计时门。

5. 在到达远处的电子计时门后，运动员180度转身，尽快穿过禁区，回到起始位置。

6. 如果运动员在收到提示前或在错误的方向移动，那么重新进行测试。

7. 从起始位置向右移动和从起始位置向左移动各收集两次测试数据。记录完成测试所用的最短时间。

描述性数据

表3.13提供了NBA男子联合试训运动员反应性禁区折返跑测试的描述性数据。

表3.13 NBA男子联合试训运动员反应性禁区折返跑测试的百分位值

百分位等级	秒数	百分位等级	秒数
100	2.64	30	3.20
90	2.88	20	3.26
80	2.95	10	3.32
70	3.02	平均值	3.10
60	3.06	标准差	0.25
50	3.10	样本量	336
40	3.15		

源自：National Basketball Association.

禁区灵敏性测试

目的

禁区灵敏性测试考察了运动员多方向、预先计划的变向能力。尽管精英篮球运动员的平均滑步距离（6~7英尺）小于他们在禁区灵敏性测试中所移动的总距离（16英尺）的一半，但禁区灵敏性测试已被证明能有效地评估篮球运动员的变向能力[6]。

器材

只需4个锥桶、1个计时装置和1个NBA标准禁区（宽16英尺，而不是宽12英尺的大学或高中球场禁区）就能执行禁区灵敏性测试。与反应性禁区折返跑测试一样，可通过电子计时门获取可靠和准确的数据，或者可以使用秒表来确定测试所耗总时间。

设置

在关键位置的每个角上放置1个锥桶和1个电子计时门（图3.3）。如果使用的是大学或高中的球场，请将锥桶放置在关键位置和禁区的外面。如果电子计时门的数量有限，则仅需要在起始位置放置1个电子计时门来测量测试所耗总时间。设置好所有的电子计时门之后，请确保系统的属性同步，以获得总的测试时间和每个点的测试结果。

图3.3 禁区灵敏性测试的设置（P表示运动员，T表示计时器）

源自：National Basketball Conditioning Coaches Association, Complete *Conditioning for Basketball* (Champaign, IL: Human Kinetics, 2007), 6.

测试方案

1. 当面对篮筐时，运动员从左手边固定的两点出发，开始向前加速跑，直至到达第一个转弯处。

2. 在第一个转弯处，运动员向右转，尽全力从左向右滑步。

3. 在第二个转弯处，运动员从滑步变换到尽全力地后退跑。

4. 在第三个转弯处，运动员从后退跑过渡到尽全力从右向左滑步，然后回到起始位置。

5. 运动员不间断地以相反的顺序重复这个过程，直到再次完全完成一轮动作。如果同步化和程序化正确，那么测试应该在运动员冲过终点线的电子计时门后结束。

6. 总时间是指运动员完成两圈所用的时间。

7. 从右边开始和从左边开始各收集两次测试数据（总共4次）。记录完成测试所用的最短时间。

描述性数据

表3.14提供了高中生篮球运动员禁区灵敏性测试的描述性数据。

表3.15提供了NCAA I、II、III区大学生篮球运动员禁区灵敏性测试的描述性数据。

表3.16提供了NBA联合试训运动员禁区灵敏性测试的描述性数据。

表3.14 高中生篮球运动员禁区灵敏性测试值

	男子	女子
最快速度	10.80秒	11.34秒
平均速度	12.12秒	12.19秒
最慢速度	13.64秒	13.80秒

源自：National Basketball Conditioning Coaches Association (2007).

表3.15 NCAA I、II、III区大学生篮球运动员禁区灵敏性测试值

	I区男子*	I区女子*	II区男子**	III区男子***	III区女子***
平均值	10.24秒	11.62秒	11.24秒	10.38秒	11.95秒
标准差	0.56秒	0.43秒	0.54秒	0.45秒	0.58秒
样本量	14	9	10	12	12

*源自：Data eference 29. **源自：reference 11. ***源自：reference 6.

源自：National Basketball Conditioning Coaches Association (2007); Dawes, Marshall, and Spiteri (2016); Brown (2012).

表3.16 NBA男子联合试训运动员禁区灵敏性测试的百分位值

百分位等级	秒数	百分位等级	秒数
100	9.97	30	11.70
90	10.73	20	11.89
80	10.95	10	12.25
70	11.10	平均值	11.44
60	11.24	标准差	0.62
50	11.38	样本量	1 169
40	11.54		

源自：National Basketball Association.

3/4场地冲刺跑测试

目的

最大冲刺跑测试旨在评估运动员的线性加速度和速度[22]。冲刺跑能力是一项重要的体能素质，因为篮球运动员在比赛中需要在进攻和防守之间进行多次短距离冲刺跑。

器材

这项测试所需的设备包括1把卷尺、4个锥桶和1个秒表。如果有电子计时门可用，建议用它来获取更可靠的测量数据。

设置

在球场底线上放置两个锥桶作为起点，在对侧罚球线放置两个锥桶（图3.4）。确保两对锥桶之间的距离为75英尺。

测试方案

1. 开始的时候，指导运动员前脚置于起点锥桶后面。
2. 从起始位置开始，运动员以尽可能快的速度沿直线向前移动，直至穿过最后一个锥桶[34]。
3. 指导运动员一直冲刺到最后一个锥桶，以记录所用时间。允许运动员尝试两次。记录所用的最短的时间，精确到0.01秒。

描述性数据

表3.17提供了高中生篮球运动员3/4场地冲刺跑测试的描述性数据。表3.18提供了NCAA I区大学生篮球运动员3/4场地冲刺跑测试的描述性数据。表3.19提供了NBA联合试训中3/4场地冲刺跑测试的描述性数据。

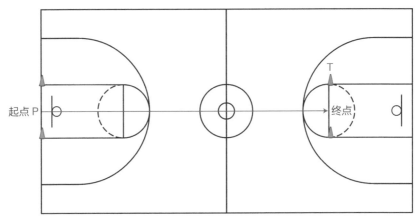

图3.4 3/4场地冲刺跑测试的设置（P表示运动员，T表示计时器）

源自：National Basketball Conditioning Coaches Association, *Complete Conditioning for Basketball* (Champaign, IL: Human Kinetics, 2007), 7.

表3.17　高中生篮球运动员3/4场地冲刺跑测试值

	男子	女子
最快速度	3.06秒	3.43秒
平均速度	3.39秒	3.71秒
最慢速度	3.91秒	4.08秒

源自：National Basketball Conditioning Coaches Association (2007).

表3.18　NCAA I区大学生男子和女子篮球运动员3/4场地冲刺跑测试值

	男子	女子
平均值	3.36秒	3.81秒
标准差	0.15秒	0.14秒
样本量	14	9

源自：National Basketball Conditioning Coaches Association (2007).

表3.19　NBA男子联合试训运动员3/4场地冲刺跑测试的百分位值

百分位等级	秒数	百分位等级	秒数
100	2.92	30	3.35
90	3.14	20	3.40
80	3.19	10	3.47
70	3.21	平均值	3.29
60	3.25	标准差	0.13
50	3.28	样本量	1 171
40	3.31		

源自：National Basketball Conditioning Coaches Association.

T形测试

目的

　　T形测试经常被用于测评篮球运动员的变向能力。这项测试可用于评估运动员侧向滑步、后退跑和向前跑的速度，这些动作在篮球比赛中十分常见[41]。

器材

这项测试所需的设备包括1把卷尺、4个锥桶和1个秒表。如果有电子计时门可用，应该使用它来获取更精确的测量数据。在起点/终点线上放置一个电子计时门，以记录运动员完成测试所用的时间。

设置

沿底线放置一个锥桶（锥桶A）作为起点。将卷尺放在底线中心，测量出10码（1码约为0.91米，余同）的直线距离，并将锥桶B放在该标记处。在该锥桶正左侧测量出5码的直线距离，并将锥桶C放置在该点上。在锥桶B的正右侧重复相同的操作，并将锥桶D置于相应位置（图3.5）。

如果使用秒表或电子计时门来记录运动员完成该测试所用的时间，应从运动员在起跑线上经过锥桶时开始计时，运动员按要求经过所有锥桶之后，结束计时。

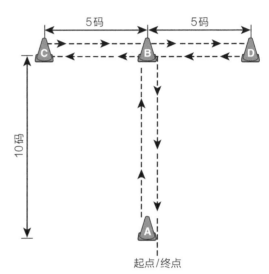

图3.5 T形测试设置

源自：D.H. Fukuda, *Assessments for Sport and Athletic Performance* (Champaign, IL: Human Kinetics, 2019), 111.

测试方案

1. 指导运动员将前脚置于起点锥桶A的后面。
2. 指导运动员从起点开始向前跑，尽可能快地跑向锥桶B。
3. 指导运动员用右手触碰锥桶B底部，然后向左侧侧滑步，移动5码。
4. 运动员用左手触摸锥桶C底部后，指示他们变换方向，向右滑步10码，经过锥桶B，到达锥桶D的位置。
5. 当运动员用右手触碰锥桶D底部后，指示他们变换方向，向左滑步，回到锥桶B的位置。
6. 当运动员用左手触碰锥桶B底部后，后退跑10码，越过锥桶A之后完成测试。
7. 总时间是指运动员完成T形动作所花费的时间。
8. 测试3次，记录测试结果时选择最短用时。

描述性数据

表3.20提供了T形测试的描述性数据。

表3.20 不同篮球运动员的T型测试值

组别	测试值*（秒）	参考文献
12岁男子篮球运动员	11.99±0.55	[24]
14岁男子篮球运动员	10.90±0.83	[24]
NCAA I区大学生男子篮球运动员（所有位置）	8.95±0.53	[26]
NCAA I区大学生男子篮球运动员（后卫）	8.74±0.41	[26]
NCAA I区大学生男子篮球运动员（前锋）	8.94±0.38	[26]
NCAA I区大学生男子篮球运动员（中锋）	9.28±0.81	[26]
NCAA I区大学生男子篮球运动员	9.25±0.46	[1]
男子职业篮球运动员	9.49±0.56	[12]
男子职业篮球运动员	9.7±0.2	[8]
女子职业篮球运动员	11.75±1.15	[42]
女子职业篮球运动员	10.45±0.51	[13]

*平均数 ± 标准差

有氧测试

有氧测试用于测量运动员在连续、有节奏、重复性的活动中所摄入和消耗的氧气量。

最大摄氧量测试（布鲁斯方案）

目的

最大摄氧量测试（布鲁斯方案）可以测量运动员在剧烈运动期间的有氧能力。我们可以通过各种各样的最大或次最大测试方案来测定最大摄氧量，布鲁斯方案是一种流行的间接测量最大摄氧量的方案，它可以通过评估运动员在分级跑步机上承受逐渐增加的负荷的能力来估计最大摄氧量。与最大摄氧量较低的运动员相比，最大摄氧量较高的运动员在运动中会消耗更多的氧气，并且能够更好地承受更大的负荷。最大摄氧量通常以每分钟消耗的氧气量（单位为毫升）与体重之比（单位为千克）来衡量 [毫升/（千克·分）]。计算最大摄氧量的公式如下[7]。

男子：最大摄氧量 $=14.76-(1.379 \times T)+(0.451 \times T^2)-(0.012 \times T^3)$

女子：最大摄氧量 $=4.38 \times T-3.9$

T表示在跑步机上跑步的总时间，以分钟为单位。

器材

坡度跑步机、心率监测器和秒表是进行最大摄氧量测试（布鲁斯方案）所必需的设备。代谢车、脑电图仪、血压计和脉搏血氧仪也是典型的运动表现实验室或临床环境中常用的设备，用于直接测量重要的生理数据。

设置

运动员应穿舒适的衣服，并在测试前避免运动，以尽量减少疲劳对运动表现的影响。确保在测试区域附近有一张运动自觉量表（RPE），以便运动员和测试管理员之间就测试期间的疲劳状态进行非语言形式的交流。同样，在测试过程中运动员应佩戴心率监测器来监测心率。测试过程应遵循以下步骤。

第1阶段：1.7英里/时，10%等级。

第2阶段：2.5英里/时，12%等级。

第3阶段：3.4英里/时，14%等级。

第4阶段：4.2英里/时，16%等级。

第5阶段：5.0英里/时，18%等级。

第6阶段：5.5英里/时，20%等级。

第7阶段：6.0英里/时，22%等级。

第8阶段：6.5英里/时，24%等级。

第9阶段：7.0英里/时，26%等级。

测试方案

1. 按照标准流程热身之后，运动员在跑步机上做好准备姿势，在第一阶段，将跑步机坡度等级设为10%。

2. 在得到运动员的口头确认后，以第1阶段的速度（1.7英里/时）启动跑步机。指导运动员在3分钟内保持稳定的步调。

3. 在第1阶段结束前10~20秒，确保运动员准备好继续使用非语言形式的交流（例如，使用RPE）。

4. 在得到运动员口头同意后，增加跑步机速度并将其坡度等级调至第2阶段所需的等级。

5. 在这个阶段内，指导运动员以舒适的步调跑3分钟。

6. 重复这个过程，直到运动员筋疲力尽。测试期间的总时间是从第1阶段开始到运动员筋疲力尽的总用时。记录总跑步时间，用小数表示（例如，10分30秒记为10.5）。

7. 测试完成后，至少留两分钟使运动员的身体达到稳定的放松状态。

8. 利用在跑步机上跑步的总时间计算最大摄氧量。

标准数据

未经训练的成年男性和女性的最大摄氧量通常分别为35~40毫升/（千克·分）和27~30毫升/（千克·分）[7]。表3.21提供了男性、女性最大摄氧量的标准数据。

表3.21 有氧能力分类 [单位为毫升/（ 千克·分钟 ）]

年龄	欠佳	正常	好	很好	极好
女性					
20~29岁	≤ 33	34~39	40~45	46~51	≥ 52
30~39岁	≤ 27	28~31	32~36	37~40	≥ 41
40~49岁	≤ 24	25~28	29~32	33~38	≥ 39
50~59岁	≤ 21	22~24	25~28	29~32	≥ 33
60~69岁	≤ 18	19~21	22~24	25~27	≥ 28
男性					
20~29岁	≤ 44	45~49	50~56	57~62	≥ 63
30~39岁	≤ 39	40~44	45~49	50~57	≥ 58
40~49岁	≤ 35	36~39	40~45	46~52	≥ 53
50~59岁	≤ 30	31~34	35~40	41~46	≥ 47
60~69岁	≤ 26	27~29	30~35	36~40	≥ 41

源自：A.L. Gibson, D.R. Wagner, and V.H. Heyward, *Advanced Fitness Assessment and Exercise Prescription*, 8th ed. (Champaign, IL: Human Kinetics, 2019), 81; Adapted from Kaminsky, Arena, and Myers (2015).

折返跑（蜂鸣）测试

目的

折返跑（蜂鸣）测试是一项流行的场地测试，用于衡量运动员的有氧能力[27, 39]。一些研究表明，有氧能力测试，如折返跑（蜂鸣）测试，不仅有助于预测运动员的最大摄氧量，也有助于评估训练计划的有效性和监测运动员的长期运动表现[30]。有氧能力是篮球运动员的一项重要素质，因为它能让球员在比赛期间进行高水平的间歇运动[35]。

器材

这项评估所需的设备包括1把卷尺、4个锥桶、1个秒表和1个用于播放测试指示蜂鸣声的音频设备。

设置

在底线放置两个锥桶作为起点。将卷尺放在底线的中心，测量出22码的直线距离。在22码的标记处放置两个锥桶，使之与起跑线上的两个锥桶对齐。

测试方案

这项测试需要运动员在间隔22码的两对锥桶之间来回奔跑，并记录蜂鸣声响起的次数。

1. 指导运动员站于底线的锥桶后面，面向第二条线，在蜂鸣声的指示下开始向第二条线跑动。

2. 开始时速度很慢，第一分钟的速度设定为5.3英里/时。但此后每1分钟（或级别）速度增加0.3英里/时。

3. 指导运动员在两条线之间来回跑动，当蜂鸣声响起时转身。

4. 如果运动员在蜂鸣声响起之前达线，必须等到蜂鸣声响起后才能继续。

5. 如果运动员没有在蜂鸣声响起之前达线，她或他将被警告，应继续跑向标记线，转身，在两次蜂鸣声内设法跟上速度。

6. 如果运动员在被警告后连续两次均未能达线（6.6英尺内），或者运动员自愿退出测试，则停止测试。

运动员的分数［译者注：此处指的是折返跑（蜂鸣）测试对应的折返次数］来自自身无法跟上记录之前所达到的折返跑次数。使用以下公式[27]可将该分数转换为最大摄氧量，其中速度（单位为千米/时，而非英里/时）是根据运动员在测试最后阶段30秒内移动的距离来确定的：

最大摄氧量=31.025+（3.238×速度）−（3.248×年龄）+（0.1536×年龄×速度）

标准数据

表3.21给出了男性和女性最大摄氧量的标准数据。

小结

本章描述的测试是针对篮球运动员的一些关键测试。通过进行与运动员发展、球员管理、人才考察和伤病康复相关的测试，可从整体测试方案中得出建议和结论，并且在团队和组织的构建方面取得成功。随着篮球和运动科学的不断发展，人们对篮球运动员理想体能状态和运动表现最重要的变量的理解也会不断加深。从这个意义上说，专业体能训练人员应该尽一切努力来解读本章中描述的运动表现和灵敏性测试，以优化运动员的运动表现并实现长期的成功。

第 4 章

专项运动训练计划设计指南

凯蒂·福勒（Katie Fowler）、阿曼达·D. 金博尔（Amanda D. Kimball）

　　篮球是一项多元运动，需要考虑各种身体和生理特征。这一章概述了基本的训练概念和原则，可以为篮球运动员制定全年训练计划提供指导方针。一个计划周密、具备良好执行性的抗阻训练计划将帮助他们最大限度地改善身体能力，并在整个赛季保持健康。

篮球专项抗阻训练计划的目标

　　对于篮球运动员来说，爆发力是一项特别重要的素质，因为它是影响运动表现的关键因素。**爆发力是力量和速度结合的产物**（爆发力＝力量 × 速度）。因此，改善这两项中的任何一项都可以提高运动员的爆发力。

　　力量－速度关系是所有体能训练专业人员都应该理解的一个基本概念，并且在制定任何训练计划时，都应将其纳入考虑范围之内。力量－速度曲线（图4.1）的y轴表示速度，x轴表示力量。曲线为双曲线，用于呈现力量与速度的反比关系。例如，当运动员承受较重的负荷时，移动得比较慢；相反，承受较轻的负荷时可以移动得更快。不同类型的训练会在力量－速度曲线上的不同部分得以表现。力量和爆发力训练的主要目标是将力量－速度曲线向右移动，这将使运动员能够在更高的速度下产生更大的力量，从而提高爆发力。发力率的改善也可以提高爆发力，它反映了运动员在短时间内产生力量的能力[42]。

　　以力量－速度曲线为参考进行训练时，应该参照整个曲线，而不是仅仅关注其中的一个部分。力量－速度曲线由五个区域组成（图4.2）。

　　1. 最大力量区域——这个区域的主要目标是力量。通常情况下，训练负荷会超过90%1RM。

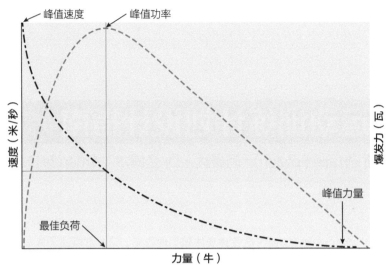

图4.1 力量-速度曲线

源自：G.G. Haff and S. Nimphius, "Training principles for power," *Strength and Conditioning Journal* 34, no. 6 (2012): 2-12.

2. 力量-速度区域——这是一个中间区域，在这一区域不会出现峰值爆发力或峰值力量。然而，由于所设定的负荷通常为80%~90%1RM，所以其强调的是力量而不是速度。

3. 峰值爆发力区域——在这个区域将产生峰值爆发力，当训练强度为30%~80%1RM时，该区域将位于曲线的中间部分。

4. 速度-力量区域——这是另一个中间区域，在这一区域会出现较大的动作速度。但是，这一区域的力量和爆发力比峰值爆发力区域低。同时，相较于最大速度区域，这一区域的力量和爆发力更大，而速度较低。在该区域训练时，训练强度设定为30%~60%1RM。

5. 最大速度区域——由于训练负荷通常小于30%1RM，这个区域能让运动员产生最大的动作速度。

根据需要，可以在特定的训练区域（力量-速度曲线的部分）设计训练，以最大限度地提高运动员的生理适应能力。例如，一个篮球队的中锋可能非常强壮，但在速度测试中表现得很差。对于这个运动员来说，最大力量抗阻训练计划可能不如最大速度或速度-力量训练计划有益。相反，如果一个控球后卫在速度和灵敏性方面表现出色，但力量不足，而且经常受伤，那么他可能会从改善力量的训练计划中受益。在这种情况下，将大部分的抗阻训练时间花在最大力量和力量-速度区域可能会有更大的好处——有助于建立坚实的基础。运动员喜欢执行他们所擅长的任务。然而，教练需要让运动员暴露他们的弱点，从而让这些弱点也得到改善。

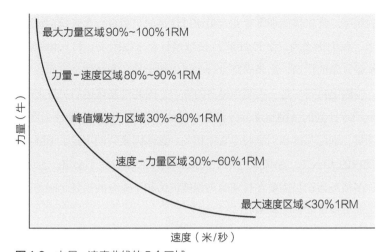

图4.2　力量-速度曲线的5个区域

源自：NSCA, Advanced Power Techniques, by D.N. French, in *Developing Power*, edited by M. McGuigan (Champaign, IL: Human Kinetics, 2017), 191.

抗阻训练原则

　　SAID原则是体能训练中重要的基本概念之一，它代表对专项运动训练的适应性。当身体处于压力之下时，这些适应性就会表现出来。在暴露于压力源之后，身体会适应，并在未来更有能力适应相同的压力[19]。在抗阻训练中，力学压力被施加在人体上，肌肉、肌腱和韧带得到加强和增厚，使它们在未来更有能力承受这种压力。基本上，在完成一项任务后，身体将能更好地执行这项任务。

　　专项性、周期性和大小原则是设计抗阻训练计划时应考虑的重要基本概念。专项性原则指出，运动的方式、频率和持续时间与运动员在训练中的反应或适应情况高度相关[19]。专项性是指一般观察的结果，即训练越接近期望的结果，其效果越好。因此，从理论上讲，专项抗阻训练计划中的训练要求（例如，动作的实际速度、肌肉动作的类型、关节角度等）越具体，动作和速度的适应性便能更好地转移到该项运动中[19]。此外，大多数由训练引起的适应性变化只发生在训练时收缩的肌肉上，未经训练的肌肉很少或没有发生适应性变化[19]。

　　在训练篮球运动员时，教练需要特别注意专项运动的要求，进而设计有效的训练计划。篮球运动员不应该像马拉松运动员那样进行训练。每位运动员都需要不同的训练方式和不同的训练目标。对于某项运动来说，训练最重要的是确保运动员的身体能够适应在运动中遇到的特殊压力。一位运动员要想在某项技术上取得更好的表现，就应尽可能多地进行专项训练。归根结底，如果一位运动员想要以一个更好的状态打篮球，那么他需要提高练习打篮球的频率。许多体能训练专业人员通过让运动员骑自行车来模拟篮球比赛对运动员的生理要求，我们称之为"交叉训练"。篮球项目要求以跑步、切入和跳跃的形式进行运动，这些都是复杂的活动，比骑固定自行车更依赖于技巧和协调性，而且对生物能量的要求也不同。骑固定自行车是一项简单得多的练习，因此给篮球运动员带来的益处有限。

多数抗阻训练计划的关键组成部分都是一样的，包括训练量、训练强度和训练频率。专项性与训练量、训练强度和训练频率紧密相关。这些因素共同决定了增强或降低运动能力的适应性反应的大小[19]。如果超过某个阈值，额外的刺激就不会进一步强化身体某部分的功能。许多精英运动员需要在长期的高强度训练和不充分的恢复之间进行平衡，如果处理不当，运动表现可能会受影响。

周期化是一种系统的方法，即在周期性阶段内，围绕特定的训练变量组织抗阻训练计划，以最大限度地改善运动表现，同时尽量减少过度训练[18, 41]。周期化高度依赖于训练频率、训练强度和训练的变化。在一个长达一年的大周期中，有4个基本的中周期：赛季后、休赛季、赛季前和赛季中。在整个大周期的适当时间点上，每个中周期里的小周期进一步详细地描述了渐进式训练调整的过程，或整体训练负荷和训练强度的排序与结构，以实现各种力量属性的最佳运动表现。渐进式的训练整合、练习频率的调整、压力的应用（力量或速度），以及施加在肌肉上的总负荷等，都将被细致计划，以促进持续的、积极的适应。

专业人士研究了几种周期化模型。**线性周期**是指在一个大周期内，从大训练量、低训练强度的运动逐渐过渡到低训练量、高训练强度的运动[18]。随着时间的推移，通过逐渐增加负荷，以及减少训练量的方式增强力量。**板块周期**是一种更集中的线性周期形式，其中针对不同的身体素质有着不同的周期序列，这些序列所出现的时间也有所不同（比如，肌肉肥大、力量、爆发力）。尽管这些适应性以线性的方式依次出现，但是大周期还是会被分解成中周期，有时甚至进一步被分解成小周期。**波动周期**是以小周期的方式改变运动负荷的。在这种非线性周期中，训练量和训练强度的调整频率更高（每天或每周），以便同时锻炼各种力量素质。这3种周期方式都被证明是有效的，选择哪种方式既取决于教练的判断，也取决于什么样的方式最能与每位运动员的训练时间和训练环境相适应。尽管年轻运动员或未经训练的运动员对多数刺激都会产生反应，但当训练有素的运动员需要在一年中的不同时间和一个比赛期达到巅峰状态时，相关人士就会经常在大学和职业环境中使用板块周期和波动周期模型。

同步训练或许是另一种更适合篮球运动员的模式。**同步周期**是指在同一小周期内同时训练有氧耐力、力量等素质的策略。抗阻训练旨在通过促进肌纤维的活化和肥大来改善肌肉的最大收缩力量，而有氧耐力训练旨在增大线粒体密度和改善有氧能力[14]。虽然篮球运动员需要力量和爆发力，但也有必要强化有氧能力和抗疲劳能力。在许多情况下，运动员会在休赛季注重最大力量抗阻训练，同时还会参加大量与篮球相关的活动。这种情况下，可能会产生所谓的干扰效应，即有氧耐力训练可能抑制与肌肉肥大、力量和爆发力增强相关的抗阻训练适应性[14, 20]。研究表明，**高强度间歇训练（HIIT）**与抗阻训练在一定程度上可以同时进行。在一篇综述中，萨巴格（Sabag）及其同事们得出结论，高强度间歇训练和抗阻训练在改善上肢力量和肌肉肥大方面有着相似的效果[34]。但与单纯的抗阻训练相比，高强度间歇训练和抗阻训练结合对下肢力量的强化作用较为有限。当我们将增强力量视为首要任务时，需确保在进行与有氧耐力相关的活动之前进行抗阻训练，如此一来，便抵消了干扰效应带来的影响。当与篮球相关的活动仍然为主要的训练形式，并且已经安排了大量的跑步运动时，这些策略可能会让运动员做好额外的准备。归根结底，如果以增强下肢力量和爆发力为目标，就像篮球运动员经常做的那样，在整个休赛季没有有氧耐力训练的情况下，应该优先考虑将抗阻训练作为主要的训练形式。篮球的相关活动仍然可以与抗阻训练同步进行，但应侧重于发展个人技能，而不是侧重于进行与比赛及体能相关的训练。

大小原则是这样一个概念——运动单位是根据其运动神经元的尺寸从小到大的顺序被募集的[29]。此外，尺寸更小、阈值更低的运动单位的肌纤维（例如，I型肌纤维）含有更多的线粒体三磷酸腺苷（ATP）酶，且更抗疲劳，而尺寸更大、阈值更高的运动单位的肌纤维（例如，II型肌纤维）则可以产生更大的力量，但抗疲劳能力较差[29]。因此，力量小、抗疲劳的慢缩型肌纤维在力量大、抗疲劳能力差的快缩型肌纤维之前被激活[29]。无论肌肉动作的类型如何，运动单位的募集顺序都是一样的[29]。在抗阻训练中，诸如负荷、加速度和完成的重复次数等因素都可能会影响有多少运动单位被激活，以及哪些肌纤维在对刺激进行反应方面起着主要作用。

在 *Transfer of Training* 一书中，阿纳托利·邦达尔丘克（Anatoliy Bondarchuk）博士在第1章中这样写道："训练的转移是体育理论和实践的核心问题之一。"他接着解释了人体系统的复杂性，以及关于训练转移和体育活动领域的阐述的不同，导致出现了许多不同的理论[4]。当考虑到世界各地的篮球体能训练专业人员都在试图让他们的运动员在球场上取得成功，并且使用各种训练策略和技术时，这一切的复杂性是显而易见的。

在为篮球运动员制定抗阻训练计划时，体能训练专业人员必须考虑哪些计划和练习最有利于提升运动员在场上的运动表现。教练应对篮球运动员的身体、心理和战术要求有着深刻的理解。此外，教练还需配备工具，以明确所采用的练习（练习的选择）、多久练习一次（训练频率）、练习多少次（训练量）、练习的难度水平（训练强度），以及如何和何时调节这些变量，进而将适应性最大化（周期化）。无论是短期还是长期的训练计划，教练都应了解这些影响因素，以创造最佳的训练环境。

邦达尔丘克概述了3种类型的训练：积极的、消极的和中性的[4]。积极的训练是指对运动员的表现有积极影响的训练或训练计划。消极的训练是指对运动员的表现产生消极影响的训练或训练计划[4]。中性的训练是指对运动员的表现没有任何积极或消极影响的训练或训练计划。制定抗阻训练计划时，存在着一个简单的问题："在运动员的训练安排中，特定练习是否会在特定训练日给其发展带来积极的、消极的或中性的影响？"在提出这个问题之后，教练应进一步对运动员执行适当的监测和测试才能找到答案。如果不能策略性地安排测试，教练如何知道训练计划是否有效？教练应该始终记住，使用评估和测试来为运动员建立基线数据，并在运动员完成训练计划或训练阶段后重新进行这些测试，以便确定训练效果。

教练应该创造一个积极的训练环境，以帮助运动员逐渐进步。无论是精英职业运动员还是高中一年级的校队运动员，教练都应该努力为他们创造空间，从而让他们在身心和战术方面得到改善。制定训练计划的时候，教练应该记住这些基本的渐进性原则：从简单到复杂、从慢到快、从容易到困难，以及从一般到具体。**渐进性超负荷**是指在抗阻训练中，逐渐加大所施加的压力[12]。其关键在于逐渐增加压力，"太多、太快"的训练风格违背了渐进性原则。教练需要对运动员进行简单的训练，并在他们进行更复杂的训练或周期计划之前教授其正确的运动技巧。

抗阻训练中可能给运动员带来新的压力的示例包括：改变举起的重量、举重的速度、举重的活动范围、以指定负荷举重的重复次数、练习之间的休息时间、练习组之间的休息时间、附加组、附加练习，以及改变练习的形式或手段。在训练过程中和整个训练周期中改变这些变量中的一个或多个，可以让运动员对训练刺激的反应发生剧烈变化，进而促进其产生长期适应性[24]。

渐进性超负荷的一个重要特点是，教练能够认识到每个运动员在运动表现里的真实状态。在整个训练过程中，无论是制定适当的计划，还是调整计划以满足每个运动员的需要，都不能过分强调运动表现测试和动作评估。本节后续将明确并讨论运动员的长期运动发展（LTAD）模型。它可以作为一种工具——在制定长期训练计划时，体能训练专业人员不仅可以针对运动员的生理年龄，还可以针对运动员的训练年龄来设计计划。

为了在设计抗阻训练计划时获得适当的进步，美国国家体能协会（NSCA）列出了7个需要考虑的变量[12]，具体如下。

需求分析：考虑运动项目对身体的要求，其中包括对运动员的评估。像篮球这样的运动，运动员需要经常改变速度和方向，其加速和减速能力是高水平比赛的共同特征。运动员应能够单脚或双脚起跳并安全落地。他们还应在比赛的进攻、防守和转换阶段保持一定的姿势。这些姿势要求运动员具有核心力量、腿部力量和空间意识。教练应该对每个运动员进行单独的筛查，以确定他们的伤病史、运动能力，以及特定的目标，然后再制定具有针对性的训练计划。在开始训练前，需问每位运动员以下问题：

- 你以前接受过抗阻训练吗？
- 先前的训练计划持续了多长时间？
- 先前的训练计划中设定了哪些类型的练习？
- 你受过伤吗？如有，请列出受伤情况，包括受伤位置、受伤日期和损伤机制。
- 医学检查结果是否表明你可以参加抗阻训练计划？如果你之前受过伤，你做过什么类型的康复治疗？

教练应该在整个训练过程中对运动员做大量的记录，并为收集的所有信息建立一个档案，进而利用这些信息进一步为每个运动员制定训练计划。

练习选择：考虑运动项目的动作要求、肌肉要求、运动员的抗阻训练经验、可用的设备和可用的训练时间。教练应该利用运动项目的需求分析来选择有助于每位运动员在这项运动中脱颖而出的练习。篮球运动要求运动员具有高水平的加速和减速能力，因此教练应考虑实施单腿和双腿练习，如深蹲、弓步和臀桥。基于地面的动作，如奥林匹克举重及其衍生动作，可以教会运动员在搬运重物时如何发力和伸展身体，以及如何将训练效果高效地转移到球场上。教练也应该考虑让运动员进行针对落地技术的增强式训练，因为在篮球运动中，为了抢篮板球、盖帽和进攻，运动员经常需要跳跃。在计划中应该实施适当的增强式训练，以确保运动员在训练和比赛中能够安全地完成这些动作。教练可用的训练空间和给定训练空间内运动员的数量也会影响训练的效果。训练期间，教练需要确保运动员能够在给定的空间中正确、安全地进行练习，同时确保训练流程不受影响。如果训练场地中只有1个杠铃，而训练组由15名运动员组成，那么进行杠铃复合训练可能不是最有效的训练方法。

训练频率：考虑运动员在每个训练小周期中参与训练的次数。训练频率可能因人而异，也可能全年都不尽相同。教练越了解运动员目前的身心健康状况，就越能确定合适的训练频率。在整个年度中，篮球体能训练专业人员经常会遇到一些可变因素，如球场训练、练习、比赛日程、行程和学业要求等，这些可变因素可能会影响运动员每周的训练次数和完成这些训练的时间。全年持续不断地训练，即使是在赛季中，也能帮助运动员保持肌肉量和力量。训练期间，过多的休息会导致运动员的力量和爆发力减弱，同时，恢复抗阻训练时，肌肉酸痛感也会增加，最终运动员的表现将受到影响。与篮球运动员一起工作的教练需要对团队成员进行监控，特别是在赛季训练的小周期里，因为与不参加比赛的运动员相比，经常参加比赛的运动员需要不同的训练方案。在比赛中运动少的人可能需要额外关注能量系统的发展，并在举重室内进行更大负荷的训练。

练习顺序：考虑训练的设计方案、流程和顺序。教练可以从大量的成对练习组合和进阶练习中进行选择，但最重要的是，不论在什么情况下，都要为每个运动员找到最佳选择。通常建议在初始训练阶段进行需要运动员用较大力量且具备较高熟练度才能完成的练习，以确保运动员的身心做好充分准备[3, 12, 42]。这类训练的示例，包括奥林匹克举重及其衍生动作，如抓举、高翻、悬垂高翻和挺举。这些练习旨在提高运动员的爆发力，而且具备高度的技术性。在训练后程进行高重复性练习可能会对运动员产生负面的影响。此外，速度训练需要在运动员精神和身体都恢复后才能进行，这种训练中，提升注意力和执行力对运动表现的改善有很大的影响。如果在训练后程进行速度训练，运动员身体疲惫和注意力不集中时，他们将不能再提高速度。在爆发性练习之后，教练应安排涉及多关节和大肌群的练习。这些练习包括硬拉、深蹲、引体向上、卧推和过顶推举。最后，教练应该制定辅助或附加训练计划，以补充当前正在进行的训练，或为未来的训练设定动作表。在体能训练方面，一些常见的和基本的练习顺序包括推和拉、上肢和下肢的组合动作，引起预期反应的超级组动作，以及刺激同一肌群的复合组动作。

　　训练负荷和重复次数：考虑每次训练举起的重量和举起的次数。在完成全部需求分析，评估每个运动员并确定训练目标后，教练应考虑在抗阻训练计划中安排哪些练习、训练负荷和重复次数。教练应在整个训练计划中监控运动员，并跟踪训练负荷和重复次数的变化。随着运动员对训练刺激的适应，教练应对训练计划进行调整，以达到更好的训练效果。

　　训练量：考虑在训练期间应完成的总训练量。教练需要考虑每个练习和肌群的训练量，并了解不同的训练量会引起何种训练结果。篮球体能训练专业人员需要在抗阻训练计划中结合运动员在举重室外的活动来调整训练量。运动员的训练负荷，以及在场上进行的个人训练和团体训练的强度都会影响运动员的总运动量，并可能影响运动员在抗阻训练中所能承受的训练量。在为每个运动员制定训练计划时，专项教练、运动训练人员及运动员之间的沟通对于体能训练专业人员来说是非常重要的。请注意，相较于训练不足的运动员，训练有素的运动员通常能更好地承受更多的训练量[12]。当教练开始考虑周期、上场时间、行程计划、比赛计划、比赛中的表现，以及其他可能影响运动员训练的因素时，运动员的训练量在整个年份中可能会有所波动。通常，在休赛季训练时，运动员有足够的训练窗口以适应更大的训练量。相比之下，季后赛开始后，抗阻训练的量会减少，因为在比赛间歇应以恢复为主。体能训练专业人员应该意识到，他们设定的训练量取决于训练计划和运动员，因此他们应该在整个赛季中针对每个运动员设定个性化的训练量。

　　休息时间：考虑组间、练习间和训练课之间的时间。休息常常被忽视，然而对于体能训练专业人员来说，休息是必要的调节手段。可以考虑在训练期间（组间和练习间）、训练课之间及中周期（或训练小周期）间安排休息时间。训练中，休息时间长短会受到训练目标（不同的训练目标，如肌肉肥大和增强爆发力需要不同的休息时间）、负重（较大的负重通常需要更多的休息时间），以及运动员的训练状态（在训练过程中，身体状况不佳的运动员比身体状况好的运动员需要更多的休息时间）的影响。小周期和中周期之间的恢复时间能让运动员的身心从上一次训练中恢复，并为下一次训练做好准备。教练在制定训练计划时应保持谨慎，了解休息时间和恢复在计划中的重要作用。

长期运动发展

运动发展的整体计划考虑了运动员将在他们运动生涯中经历的各种生理和心理变化，这一过程被称为**长期运动发展**（LTAD）[1]。近年来，随着运动员、家长和教练对提升运动表现越来越关注和对训练的投入越来越大，长期运动发展越来越受到重视。通过使用设计合理的长期运动发展模型，教练可以更好地了解运动员当前的体能素质，并基于此制定计划来帮助他们在运动生涯中不断提高自身水平。在 *Long-Term Athletic Development* 一书中，作者描述了长期运动发展的7部分模型，教练和家长在为运动员制定发展计划时可以使用该模型[1]。这7个部分的内容如下。

1. 积极的开始——鼓励儿童以游戏的形式进行活动。这个阶段通常持续到6岁。

2. 趣味基础——通过基本的动作，如爬行、跳绳、滑步、跑步和跳跃，以更有条理的活动形式鼓励儿童运动。这些基本动作不仅有助于发展动作和运动技能，而且有助于提升孩子的灵敏性、协调性和平衡性。对于女孩，这一阶段通常为6~8岁；对于男孩，则为6~9岁。

3. 从学习到训练——在这个阶段，可以向孩子们介绍运动技能。教练和家长应鼓励儿童学习适当的技能并对其进行指导，并鼓励儿童参加各种各样的运动，这些运动应以强化基本动作和积累动作词汇为基础。教练和家长应该避免鼓励儿童在这个发展阶段选择一项专门从事的运动，因为早期专项化会阻碍长期运动发展的后续阶段。对于女孩，这一阶段通常为8~11岁；对于男孩，则为9~12岁。在长期运动发展模型的这一阶段跳跃能力可能会快速增长。

4. 为训练而训练——这个发展阶段通常是在快速生长期之后，儿童达到了生理和心理的成熟，开始专注进行体能训练。教练应该制定一些计划来激发他们，让他们先掌握自重练习，将重点放在简单的练习上，为将来更高水平的训练打下坚实的基础。对于女孩，这一阶段通常为11~15岁；对于男孩，则为12~16岁。

5. 为比赛而训练——在这个发展阶段，运动员开始完善他们的训练计划，以满足特定的需求，并在他们所选择的运动中脱颖而出。在这个阶段，运动员也可能会决定退出竞技领域，以业余爱好者的身份参与他们所熟知的运动。这个阶段的训练更加紧张和集中，因为运动员开始将他们的注意力从参加体育运动转移到参加体育比赛。教练应该在早期的基本动作的基础上引入更高级的训练模式和练习。这个阶段的年龄范围根据运动项目的不同而有所不同，当运动员进入一个更激烈的训练环境时，教练应该保持谨慎。

6. 为赢得比赛而训练——这个阶段针对精英或全职运动员。此时，运动员处于发展阶段，他们会进行高水平的比赛和训练。训练计划是针对运动员的，全年都会有相应的安排。在美国，大多数的大学生体育项目和专业体育组织都提供了这种水平的训练，运动员和运动队全年都在参与这些组织的训练和比赛。这些运动队和运动员周围有专项教练、体能训练专业人员，以及运动医学专业人员，他们致力于在这段时间内帮助运动员取得进步。

7. 积极的生活——在这个阶段，运动员进入一个长期的运动与生活状态。根据长期运动发展模型，在此阶段，活跃的儿童成为活跃的青少年，活跃的青少年将成为活跃的成年人，然后在他们的一生中拥抱健康的生活方式。精英运动员在其运动生涯结束后进入这一阶段，他们可以继续参加自己所熟知的运动，或选择以其他方式参与运动[1]。

了解7部分模型的具体内容之后，教练和家长可以开始分析和改善目前为青少年运动员制定的抗阻训练计划的结构。注意，在长期运动发展模型中，儿童在很小的时候就开始以游戏的形式进行活动。不幸的是，在今天的青少年体育文化中，一些年轻的、有抱负的运动员在身心还没有准备好时，教练和家长就让他们投入紧张、专注、长达一年的专项训练中，这种现象已经变得越来越普遍。**早期专项化**是一个术语，用来描述年轻运动员在年轻时专注于一项运动的过程。专家们认为早期专项化是运动员在运动生涯后期产生倦怠的一个原因[6]。

所以，我们可能会提出这样一个问题——为什么父母和运动员本人在他们很小的时候就将所有的时间和注意力都投入一项运动上呢？一些人认为，他们的动机包括渴望获得大学生奖学金，或成为他们所选择的运动项目中的奥林匹克或职业运动员。

请注意，只有1%的高中生运动员可以获得NCAA体育奖学金，0.03%～0.5%的高中生运动员可以达到专业水平[6]。在*American Journal of Sports Medicine*杂志2017年的一项研究中，威斯康星州的高中运动教练在一个赛季内跟踪了29所高中的高中生运动员在训练和比赛中的受伤情况[28]。在那年跟踪的1 500名运动员中，有235人受伤，受伤情况严重到足以让他们至少一个星期不能参赛，这个数字非常惊人。美国骨科运动医学学会和美国儿科学会等组织已经发表了研究和声明，鼓励年轻运动员不要过早进行专业化训练[28]。

美国儿科学会为医疗专业人员、教练、父母和运动员制定了9条应对早期专项化的指导原则[6]，具体如下。

- 对于年轻运动员来说，体育运动的首要目标应该是获得乐趣，并学习体育运动技能。
- 在青春期之前参加多种运动，可以减少年轻运动员受伤的风险，减少其压力和疲劳。
- 对于大多数运动，可以稍迟进行专项化训练（例如，青春期后期）。这样，年轻运动员可能有更多的机会去实现他们的运动目标。
- 早期多元化和后期专项化让运动员更有可能终身参与体育运动、终身健身及成为精英运动员。
- 如果一名年轻运动员决定专攻一项运动，请就他的目标进行讨论，以确定这些目标是否适当和现实，这很重要。这可能有利于年轻运动员将这些目标与父母或教练的目标区分开来。
- 家长应密切监控"精英"青少年体育项目的训练和指导环境，并了解儿童体育中的训练方法。
- 全年至少休息3个月，每次休息1个月，让运动员能够在身体和心理上得到恢复。年轻运动员在休息期间应积极参加其他活动，以达到体育活动指南的要求。
- 每周至少休息1~2天，期间可以不参加自身感兴趣的运动，从而减少年轻运动员受伤的风险。
- 密切监测强化训练中年轻运动员的身心成长情况、成熟情况及营养状况，这对于他们的健康和幸福非常重要[28]。

这9条指导原则与长期运动发展的7部分模型相结合，为父母和运动员提供了有用的教育资源，而且其可以作为有关体育参与的决策指导方针。随着青少年的体育活动参与率不断上升，教练和运动员需要花时间评估他们在发展过程中的变化，以及他们应该为这项运动投入多少时间。父母、教练和运动员都需要保持现实的期望，并理解参加多项运动的价值，以全面发展运动能力。

适应（一般适应综合征）

汉斯·塞利（Hans Selye）是匈牙利的内分泌学家，他在20世纪30年代率先解释了身体对压力的反应。他定义的适应性反应模型被称为**一般适应综合征**（GAS）。在每个训练周期中，体能训练专业人员都能借助这个模型设定适当的练习和训练负荷。如果教练能够正确理解该模型中的压力，以及身体随后在激素层面和神经层面对这些压力做出的反应，那么他将从中获得很多益处[12, 16]。

当大多数人听到"压力"这个词时，会想到一些负面的东西。那么压力是如何成为对体能训练专业人员有价值的工具的呢？这个模型有助于建立一种联系，即如果应用得当，那么压力在训练中是一件好事[37]。

我们可以将压力源或压力看作使身体失去平衡的东西[35]。身体随后的反应——警觉、抵抗和疲劳可以确保身体安全地应对压力、适应压力并保持动态平衡。**警觉阶段**是压力反应系统的初始阶段，在这个阶段，身体会注意到正在出现的压力，并开始释放大量激素和其他物质来帮助应对即将到来的威胁。在抗阻训练环境中，压力反应系统的触发因素包括练习类型、训练频率、训练强度、训练量、负荷等。在警觉阶段，运动员和教练应注意可能会产生疲劳、肌肉酸痛、肌肉僵硬和认知变化。还要注意的是，运动员的表现可能会受影响。因此，教练应该对每位运动员进行单独监控，并观察警觉阶段持续了多长时间，因为即使设定了相同的训练方案，不同运动员的警觉阶段也可能有所不同[9, 35]。

警觉阶段之后，身体对压力的下一步反应是抵抗阶段。抵抗阶段也被称为适应阶段，此时身体开始适应压力并恢复正常功能。对于体能训练专业人员来说，抵抗阶段对于训练计划的成功至关重要，因为这一阶段可以帮助运动员在适应压力的过程中提升身体功能，从生物力学、化学和结构的层面使运动员的肌肉更有弹性[12]。教练在制定抗阻训练计划时，应该为每个运动员选择一个适当的压力源，以促使他们将自己的表现水平提高到基线水平之上[9]。

超量恢复是指运动员对训练的反应：在施加压力后，不仅恢复到基线水平，而且达到更高的水平。简单地说，当出现超量恢复时，运动员可以承受比开始训练计划之前更大的训练负荷[12, 31]。请注意，超量恢复原则对于每位运动员都适用。健康状况、训练年龄、生理年龄、训练量、训练强度、训练频率、练习选择等因素会影响训练效果。由于缺乏训练经验的大学新生篮球运动员处于入门状态，他们可能在训练计划的前6个月内获得显著的训练效果，而参加训练计划数年的大学高年级运动员在执行与新生相同的计划时，效果不太明显[33]。总之，应为每位运动员设计具有针对性的训练计划。挑战性不足的抗阻训练计划不会引起压力反应，因此不会改变运动员功能的基线水平。同时，压力过大的抗阻训练计划可能会造成伤害，同样不利于运动员恢复到基线水平[16]。

如果压力有利于运动员的发展，那为什么不坚持进行几个月的训练呢？教练和运动员应密切关注一般适应综合征模型里的重要特征：过度训练和过量训练。**过度训练**是指运动员在几乎没有时间恢复的情况下，进行大量的运动，通常连续进行几个月。从本质上讲，运动员处于警觉阶段，身体没有时间从之前的训练中恢复，因此几乎不会完全进入抵抗阶段。此时，运动员非但没有对运动刺激做出积极的适应，反而陷入了消极的适应状态，不仅容易导致运动表现水平下降，而且容易引起疾病、极度疲劳和受伤。运动员和教练可以通过制定适当的训练计划、合理安排休息时间及进行营养干预等来防止过度训练[9, 12]。

过量训练是一种较温和的过度训练形式,是过度训练的结果,会导致短期运动表现水平下降[9]。与过度训练不同,过量训练后,运动员可通过休息进行恢复。反过来,休息会导致运动表现出现补偿性的、超补偿性的改善[9]。当教练知道运动员的休息时间已经被列入训练计划时,他们通常会在训练期间采用过量训练的方法。

教练应意识到,适当的休息是防止过度训练的正确措施。一些与篮球运动员合作的大学体能训练专业人员可能会利用暑期训练课程让运动员处于过量训练的状态,因为他们知道在暑期训练周期结束时会有1~2周的休息时间,可以让运动员在赛季开始之前从抗阻训练计划中恢复过来。相关研究论证了这一观点,当在短期的过量训练后进行充分的减量训练时,运动员的力量和爆发力将会有所增加[12]。

抗阻训练是篮球运动员全面发展和进步的关键。体能训练专业人员需要记住这一点,因为他们不仅要确定抗阻训练中应包含的练习,还需要懂得如何在运动和抗阻训练中安排休息时间,以帮助运动员取得更好的训练效果。

要创建一个专门针对篮球运动员的抗阻训练计划,教练需要结合训练知识进行运动项目分析和运动员分析。体能训练专业人员不应该陷入这样的陷阱:只在篮球运动员的抗阻训练计划中加入看起来与篮球技术相似的动作。相反,训练计划应该包含可以提高力量、速度和爆发力的动作和练习,以及发展线性、横向和多方向加速与减速能力的训练和运动课程。不同运动员对同一刺激的反应不同,其进步和退步的速度也不同。因此,如果在团队中采用相同的抗阻训练方法,则不能确保所有运动员都受到积极的影响。

运动项目的身体要求

篮球运动对身体力量和爆发力的要求取决于运动员的比赛风格和身体特征。布恩(Boone)在2013年的一项研究[5]表明,比利时甲级联赛的精英运动员的生理特征因运动员所处位置的不同而不同。更具体地说,后卫的特点是有氧耐力、速度、灵敏性高,而中锋和大前锋的肌肉力量比其他位置的球员高[5]。另一项以土耳其职业篮球运动员为对象的研究也有类似的发现[22]。研究表明,就职业篮球运动员而言,后卫、前锋和中锋的身体表现存在差异。后卫在速度、灵敏性和有氧耐力测试中得分更高,中锋在力量测试中得分更高。这些结果表明,体能训练专业人员应该根据运动员在球场上的具体位置来制定抗阻训练计划[22]。

可穿戴技术在大学生和职业体育领域中越来越流行。这项技术可以监测和量化运动员的训练和比赛需求。准确地定义运动员的压力及其来源后,体能训练专业人员可以更容易地进行管理。建议使用心率来定义压力,心率能反映运动员的内部负荷或努力程度,而做功反映的则是训练中实际的速度和距离。这两个变量合在一起被称为**训练负荷**。训练负荷是根据训练的强度和持续时间来确定的。训练强度是通过心率来测量的，其计算过程还会受到运动员个人信息的影响，如年龄、性别、体重、最大摄氧量和训练史等。

越来越多的团队依赖客观的衡量标准来为他们的决策提供信息，管理部门和教练使用的高级分析技术、体育科学技术，使团队能够与运动员一起做出更明智、更科学的医疗决定。这些数据对教练也很重要，这些数据使教练可以更好地规划和制定适合运动员的训练策略。教练可以利用这些信息来加强疲劳管理和实施受伤风险管理计划。

大学生和职业运动员的比赛和训练需求非常大。NBA的赛季非常长，6个月内进行82场比赛（平均每周3.4场）。如果球队成功进入季后赛，他们将在两个月的时间里再打28场比赛（总计110场）。在大学里，赛季持续5个月，将进行30场常规赛。除了与比赛相关的需求外，运动员可能会在全国各地参加大量的比赛。运动员所承受的生理压力在赛季中不断累积，引起疲劳，这可能会导致运动员的表现受影响或受伤[38]。应用相关技术后，教练可以了解运动员在训练和比赛中的情况，从而量化其力量、爆发力和运动量，并尽早识别运动员的疲劳。获得这些数据之后，教练可以获得相关信息以做出明智的决定，并从实际而非感知的层面洞察运动员的身体状况。例如，在设定运动量和强度时，需要考虑篮球运动员所处的位置。一项研究表明，无论进行何种训练，通过加速计测量的控球后卫的实际运动量是最大的[36]。如此高的运动量可能是由于控球后卫的战术要求，在每个回合中控球后卫跑动的距离往往更多。另一个原因可能是控球后卫通常体重较轻，相对于大前锋和中锋，他们的加速度更快[36]。另一项研究调查了半职业篮球运动员的训练和比赛需求，报告中显示他们在五对五训练时的运动量明显高于实际比赛时的运动量[13]。这一发现表明，在训练中可以充分模拟比赛要求，能够让运动员为比赛做好准备。技术可以帮助管理特定位置球员的情况、改善训练周期，并提供更准确的训练分类[13]。冲刺速度是篮球运动员的一个重要指标。比赛期间，通过监测运动员的峰值加速度可确定其表现下降的情况。

如前所述，考虑到运动项目的身体要求和赛季的长度，要想在赛季中保持篮球运动员的力量，控制运动员的疲劳和压力是非常有必要的。这样不仅能够预测运动员潜在的不健康状况，还能让团队在竞争中获得优势。

此外，体能训练专业人员经常用测力台来监测运动员的表现。在高水平运动表现中，垂直跳跃测试已经成为一种流行的疲劳监测方法，用于评估下肢力量和爆发力，以及肌腱预拉伸或反向动作拉长 – 缩短周期的完整性[23]。篮球运动要求运动员快速地加速、减速和变向，这与其肌肉从离心收缩过渡到向心收缩的能力有关。通过各种类型的跳跃测试，如反向跳跃、跳深和静态蹲跳测试，获取与运动员神经肌肉功能相关的信息，并以此来决定如何制定抗阻训练计划。

特定运动员的注意事项

在设计抗阻训练计划时，教练应该在设计过程的需求分析阶段考虑到每位运动员。如前所述，教练应考虑可能影响运动员训练状态的因素，如生理年龄、抗阻训练经验、受伤史和场上位置等。这些因素可能使为每位运动员制定的抗阻训练计划出现较小或较大的偏差。虽然在某些情况下，很难针对性地调整每位运动员的训练计划，但是在制定训练计划时，仍然需要考虑这些因素。

生理年龄是训练方案中一个重要的考虑因素，因为不同年龄的运动员在生理和心理上都处于不同的阶段。14岁的男性不一定要像18岁的男性一样锻炼。不同的运动员执行相同的抗阻训练计划的时候，都有可能产生消极的训练效果。18岁的人可能已经经历了青春期，对身体的控制意识和控制能力更强，同时心智也成熟了，可以完成更高强度的训练。14岁的运动员可能是高中一年级的学生，他也许有能力在篮球场上与校队级别的运动员竞争，但两位运动员不一定要在健身房进行相同的训练。

训练年龄是指运动员为运动而花费的训练时间。两位生理年龄相仿的运动员走进同一间健身房，但他们有可能经历过不同的抗阻训练。在制定抗阻训练计划时，这一点至关重要，因为尽管两个运动员在篮球场上可能具有相似的运动能力，但他们在身体发育或抗阻训练经验方面可能处于两个不同的水平。例如，一名15岁的篮球运动员从12岁（训练年龄为3岁）起就参与抗阻训练计划，与另一名没有训练经验的15岁（训练年龄为0岁）运动员相比，他将需要执行不同的抗阻训练计划。训练年龄较大的运动员可以在同等负荷下完成更复杂的运动计划，而没有训练经验的运动员可能需要一个用于学习正确动作的训练方案。在制定训练计划过程中的需求分析阶段，教练需要确定运动员的训练年龄。

受伤史是指运动员在开始抗阻训练之前经历过的损伤的记录。从每位运动员那里收集这些信息至关重要，因为可能使运动员在运动中受伤的一个危险因素是受伤史[26]。获得这些信息对制定计划是有帮助的，因为教练可以此为基础做出个性化的改变来帮助提高运动员的耐久性，从而使其免于再次受伤或遭受新的伤害。

教练应该意识到，一些运动员在回忆他们过去的伤病时存在记忆偏差。在评估过程中应提出清晰明了的问题，例如，"你曾经因为受伤而错过比赛或训练吗？"，这可以帮助运动员理清受伤史。教练应详细询问受伤的确切位置、损伤机制，以及受伤后是否进行了手术或康复训练。如果运动员有受伤史，教练可以通过联系运动员的康复治疗师，进一步了解运动员受伤的细节及在重返赛场过程中受伤的位置[15]。

　　体型是制定抗阻训练计划时值得注意的另一个重要因素。在开始训练前，教练可以对运动员进行人体测量，如身高、体重、臂展、鞋码、手的大小和体成分等。这些信息可以帮助教练更好地选择练习项目，以及监控训练计划的效果。

　　体成分在抗阻训练计划中扮演着重要角色，因为我们可以将其作为评估计划有效性的一个工具。不能简单地以体重为参照，教练需要分析运动员体脂的测量值，以更深入地了解运动员的瘦体重和脂肪量。瘦体重的增加将使运动员进一步提高力量和爆发力。脂肪量的减少可能有利于增大活动度，以及增强有氧耐力和运动能力。抗阻训练通过帮助减少脂肪量来改善体成分[12]。

　　大卫·爱普斯坦（David Epstein）撰写了 *The Sports Gene* 一书，这本书里呈现了他从NBA获得的人体测量数据。这些数据有利于更好地描绘出职业篮球运动员的理想体型。虽然不到5%的美国男性身高超过6英尺3英寸，但NBA运动员的平均身高是6英尺7英寸。虽然一些身高不超过6英尺的运动员在NBA取得了成功，但在大多数情况下，高水平的比赛是高个子运动员之间的比赛[11]。

　　与篮球运动员打交道的教练需要意识到，训练四肢较长、个子较高的运动员时会涉及一些问题，如对姿势、肢体控制和动作幅度的考量。如果篮球运动员较高，却活跃在一个为相对矮小的人设计的场地，这对他们的身体会有什么影响？体能训练专业人员可能从姿势的角度观察到，这些运动员可能会改变姿势以适应这些条件。例如，在这种情况下，这些运动员可能面临脊柱后凸、肩关节内旋和各种肌肉失衡的问题。教练需要意识到可能会出现这些问题，他们或许需要设计一个具有针对性的方案，以平衡这些问题[16]。

　　高个子运动员的肢体控制也可能是教练在为篮球运动员制定训练计划时需要考虑的内容。四肢较长的运动员可能更难控制自己的身体，因为他们拥有较长的杠杆——手臂、腿和脊柱。教练们可能会注意到，个子较高的运动员一开始很难完成双腿深蹲和单腿深蹲等下肢运动，以及引体向上和俯卧撑等上肢运动。在这些训练中，高个子运动员不仅比矮个子运动员需要更大的关节活动度，而且还必须花更多的时间来控制他们的身体。在与高个子运动员合作时，教练首先要考虑的应该是其全方位的运动范围和全身的控制能力。在运动员建立了完整的运动范围和较强的控制能力后，教练可以开始为其训练增加负荷和改变速度。

　　一般来说，年度抗阻训练计划应包括针对各种力量组分的训练：针对全身、下肢、上肢和核心力量的训练，并提供双侧和单侧及多维度的变式。无论球员处于什么位置，都可以采用如下一些关于练习选择的一般性建议。

爆发力动作

- 奥林匹克举重及衍生动作：抓举、高翻、悬垂高翻、借力挺举
- 壶铃甩摆
- 药球投掷
- 增强式训练：垂直和水平的双脚跳跃、单脚跳跃、交换跳跃

下肢动作

- 蹲的模式：自重深蹲、负重背心深蹲、高脚杯深蹲、颈后深蹲、颈前深蹲、单腿自重深蹲
- 硬拉：哑铃罗马尼亚硬拉、杠铃硬拉、单腿罗马尼亚硬拉
- 弓步：定向自重弓步、定向负重背心弓步、定向哑铃弓步
- 桥式：臀桥、杠铃负重臀推

上肢动作

- 推：自重俯卧撑、负重背心俯卧撑、自重臂屈伸、负重背心臂屈伸、哑铃卧推、哑铃上斜卧推、杠铃卧推、杠铃上斜卧推、哑铃过顶推举（单臂、双臂）、杠铃过顶推举
- 拉：背阔肌高位下拉、引体向上、单臂哑铃划船、杠铃俯身划船

核心力量训练

- 搬运变式：农夫行走、服务员式行走、置肩行走
- 平板支撑进阶：短杠杆平板支撑、长杠杆平板支撑、前平板支撑、侧平板支撑
- 爬行进阶：线性同步、线性非同步、侧向同步、侧向非同步

具体位置的注意事项

根据邦帕（Bompa）和布齐凯利（Buzzichelli）的说法，后卫可以分为两大类：控球后卫和得分后卫。这两类后卫大部分时间都在外线进行进攻和防守，并且大部分进攻时间都面对篮筐。进攻方面，后卫必须能够控球和传球、阅读防守意图、快速移动。后卫需要懂得使用比赛的技能和战术，同时以极快的速度移动。后卫为准备高水平比赛而进行的训练应包括以力量、速度和爆发力发展为重点的抗阻训练计划，旨在发展无氧和有氧能量系统的体能训练计划，以及强调线性、侧向、多向加速和减速运动的增强式训练计划[39]。

前锋也可以分为两大类：小前锋和大前锋。小前锋通常是更有活力的运动员，如果有需要，他们可以充当后卫。进攻时，他们一部分时间面对篮筐，另一部分时间背对篮筐。大前锋在比赛中大部分时间都在内线进攻和防守。他们更喜欢用身体接触篮球，身体接触经常发生在争抢篮板球和卡位的情况下。小前锋和大前锋都应能够控制大面积的场地，防

守外线和内线球员，以及在进攻时能够传球和控球。前锋应能够安全地跳起并落地，以确保抢到篮板球，这要求他们在抢篮板球时把握好时机。前锋为高水平比赛而进行的训练应包括以力量、速度和爆发力发展为重点的抗阻训练计划，旨在发展无氧和有氧能量系统的体能训练计划，以及强调线性、侧向、多向加速和减速运动的增强式训练计划[39]。

中锋通常是球场上最高的运动员，相较于其他位置的球员，他们往往需要花更多的时间接近篮筐。中锋应能够在狭小空间中快速移动，并有足够的力量在狭小空间中占据最佳位置。他们将大部分时间都花在背对篮筐或者掩护上。这需要中锋具备很好的步法技术和强大的力量。中锋应能够安全地跳起和落地以确保抢到篮板球，这要求他们在抢篮板球时要把握好时机。中锋为高水平比赛而进行的训练应包括以力量、速度和爆发力发展为重点的抗阻训练计划，旨在发展无氧和有氧能量系统的体能训练计划，以及强调线性、侧向、多向加速和减速运动的增强式训练计划[39]。训练中锋的时候，教练应该了解运动员的体型，因为相较于矮个子运动员，高个子运动员的训练方案或许有所不同[39]。

一般周期化模型

"长期训练计划是训练的重要组成部分，因为它能够指导运动员训练，使其在体育活动中得以进步。长期训练计划的一个主要目标是促进运动员的运动潜能、技能和运动表现持续发展"[3]。

制定年度训练计划可以让每位运动员在一段时间内不断提高自身水平，以实现短期和长期目标。年度训练计划（大周期）示例见表4.1。一般来说，它包括赛季后、休赛季、赛季前、赛季中和延长的比赛等阶段。每一个独立的阶段被称为中周期，通常有不同的训练重点，并以此来实现年度训练计划中的目标。由于只有一个赛季，大学生或职业篮球运动员应从中周期开始进行训练。

每个阶段之后的过渡期，当身体负荷较轻、整体运动量减少时，可计划进入大周期，以进行积极的恢复，促进组织再生。在高中和大学时期，过渡阶段是很有价值的，当运动员返校时，在期末考试时，或有额外的休息时间时，要安排适当的时间和训练来帮助他们进入大周期。安排这段时间是为了帮助运动员从前一个中周期累积的压力中恢复过来，或者为即将到来的中周期做准备。对于无法进入赛季后的球队或受伤的运动员，可以延长其恢复和再生时间。这一阶段的时长有所不同，并且很大程度上取决于个人的需要。

赛季后阶段通常持续2~6周，具体取决于比赛的水平。赛季后训练计划在很大程度上取决于运动员的身心健康状况。在这个阶段，运动员从赛季中的中周期累积的压力中恢复。有时，运动员可能需要医疗护理，其中包括手术和赛季中持续的康复治疗。不需要持续医

表4.1　篮球项目年度训练计划示例

月份	四月		五月		六月	七月	八月	九月	十月	十一月	十二月	一月	二月	三月
中周期	赛季后		T			休赛季		T	赛季前			赛季中		T
小周期	Re	GPP	Rg	GPP	力量		爆发力	Rg	反应性力量和程度	比赛阶段I			比赛阶段II	季后赛	Rg

T=过渡阶段；GPP=一般准备阶段；Re=恢复阶段；Rg=再生阶段。

疗护理的运动员可以开始训练。这一阶段的目标是逐步重建能力和找出薄弱环节。在这个较短的时间段内，建议每周安排2~3次低强度、低训练量、休息时间充足的提升计划。根据比赛水平的不同，休赛季通常持续8~16周。这个阶段的训练重点是力量与爆发力的发展，而且在这个中周期里，运动员通常需要在举重室里待更长的时间。在这个阶段，运动员往往每周参加4次或4天以上的抗阻训练。一般来说，练习顺序是根据需求确定的，多关节训练排在第一位，因为它们需要运动员付出最大的努力。运动员先进行较高水平的技术训练是一种安全有效的方法。这一阶段的训练量、训练强度和休息时间会根据运动员的目标而存在很大差异。离心训练在这一阶段里很受欢迎，因为它强调一种独特的外部负荷控制方法——缓慢降低负荷或采用离心负荷。这种训练刺激可以引起肌肉的变化，从而改善肌肉的力量、功能和尺寸[25]。事实上，研究表明，肌肉受到训练刺激后24~30小时内可以观察到以下现象：长时间的紧张状态会促进肌肉蛋白质合成的代谢过程[25]。这种类型的训练较为剧烈，如果在这个训练阶段使用得当，将带来诸多益处。

赛季前阶段往往先于常规赛，通常持续4~6周。根据NCAA的规定，第一次训练的开始日期取决于第一次比赛的日期，因此赛季前阶段的持续时间可能会有所不同。赛季前阶段进行抗阻训练的主要目的是让运动员准备好在接下来的几周内承受更高的运动速度、运动强度和运动量，而这正是篮球训练和比赛所需要的。抗阻训练强调高质量、高速度的动作，并进行爆发性训练。这个阶段是实施基于速度训练的好时机，其重点由负荷转移至动作速度。这种训练的目的是，在保持控制动作的同时，尽可能快地移动阻力。这种类型的训练将有助于运动员在临近赛季时为更多的篮球专项技能需求做准备。

虽然超出了本章的范围，但必须提到的一点是，增强式进阶训练将是这一阶段的重点，尽管此时的总训练量较小，但此时篮球专项训练的量或许已经有所增加。在这一阶段中，随着篮球场上训练量的增加，再加上体能训练专业人员后续安排的额外训练，同步训练的理念将会发生很大的作用。在赛季前阶段，运动员应该在第一场正式比赛之前展开持续、有组织的练习和训练。这种训练模式能够让运动员为常规赛做准备，因此体能训练专业人员应将其与抗阻训练计划相结合，以帮助运动员最大限度提升运动表现。最初，赛季前的目标之一是让运动员们准备好接受最初几周训练或赛季前的严酷考验。当训练的进展达到了这些要求后，重点应转向最大限度提升运动表现，为赛季的开始做准备。

赛季中阶段通常持续16~30周，具体取决于比赛的水平。这段时间可以被分成更多的比赛阶段。考虑到篮球赛季的持续时长，更好的方法是将赛季中的中周期分为2个或3个小周期。在计划的过程中，打破"中周期"的局限可以让体能训练专业人员的工作空间更大，并且有能力管理好赛季的起起落落，甚至在理想的情况下，为季后赛做好准备。为了在这种同步的环境中达到适当的训练效果，体能训练专业人员需要调整抗阻训练计划的训练量和训练强度。在第2个小周期中可以开始在健身房里逐渐增加运动员的训练强度，让运动员持续保持力量和爆发力。教练和运动员需要知道什么时候前进，什么时候后退，从而在计划和实施之间保持平衡的状态。有的时候，与其说赛季训练是一门科学，倒不如说它是一门艺术，因为有许多因素会影响运动员的健康状况和最高水平的表现能力。不同的运动员有不同的需求，因此需要了解运动员的进步和退步情况。同时，还应对每位运动员的行程安排和恢复情况做出特别规定。

赛季结束后，获胜的球队需要开始集中精力准备季后赛。应对赛季中阶段的抗阻训练计划进行微调，以帮助运动员在这段时间内再次达到最高表现水平。虽然这不一定是全面调整抗阻训练计划的好时机，但可以通过引入适当的计划来进行一些微调，也可以像赛季前阶段那样，帮助运动员恢复可能在漫长的赛季中损失的力量和爆发力。季后赛开始后，应该减少抗阻训练的量和强度。运动员训练的频率可以在整个赛季里保持不变，但这段时间的重点是关注比赛之间运动员身体机能的恢复情况。

在为赛季的每个阶段设计训练计划时，可以考虑以下因素。

- 训练频率——每周进行的训练次数取决于比赛和行程安排、个人比赛时间、个人运动负荷和恢复状况。
- 练习顺序——先是多关节训练，而后是单关节训练（大肌群-小肌群）。
- 训练强度——1RM百分比训练或基于速度的训练。
- 训练量——关注组数和重复次数。
- 休息时间——取决于训练目标。

运动员的运动表现取决于运动员对训练和比赛的适应情况、心理调节能力及技术和能力的水平。为了改善运动表现而进行训练时，需要采用一种涉及周期和计划的特殊方法。对运动员训练压力的管理需要综合考虑各种训练因素。为了帮助运动员取得进步和成功，体能训练专业人员应与教练和医务人员紧密合作。

小结

为了改善篮球运动员的运动表现，教练在制定全方位的训练体系时，需要全面了解一般训练原则。本章概述了一些基本的训练概念和原则，这些概念和原则可以作为制定针对改善篮球运动员和球队运动表现的训练策略时的指导方针。对于体能训练专业人员来说，了解正在训练的运动员、其正在准备的运动，以及本章概述的训练概念后，他们将受益匪浅。体能训练专业人员运用这些概念，并将其与篮球比赛、所涉及的动作和所需的能量系统，以及运动员的训练结合起来，将对运动员和队伍产生积极的影响。

第 2 部分

训练技术

第5章

全身训练技术

比尔·福伦（Bill Foran）、埃里克·福伦（Eric Foran）

　　全身训练是提升篮球运动员运动表现训练计划的重要组成部分。这个训练涵盖了同时锻炼上半身、下半身的练习，以整体提升运动员的力量和爆发力。篮球项目需要运动员具备力量、爆发力、速度、灵敏性和协调性等素质，而全身性抗阻训练可以改善这些素质[2, 3, 4]。

　　在篮球场上，运动员需要协调好上半身和下半身的运动，才能表现得更好。运动员将在各个运动平面进行各种各样的运动——向前、向后、侧向、旋转和垂直运动，因此包含所有运动平面的身体练习对于运动员来说非常重要。

　　本章所述的一组全身训练被称为奥林匹克举重（在这种情况下，用"举重"一词代替"练习"），因为其中两种练习——高翻挺举和抓举是在奥林匹克运动会（以下简称"奥运会"）举重比赛中进行的。研究表明，奥林匹克举重可以改善力量、爆发力、速度、灵敏性、协调性和柔韧性[1]。奥林匹克举重通常是在地板上进行的，但也可以采用"悬垂"的姿势，即杠铃的起始高度略高于膝关节。悬垂姿势与垂直跳跃的运动姿势非常相似，因此适用于篮球运动员。

指导原则

　　指导运动员进行奥林匹克举重时不应安排协助者，这样做对运动员和协助者都很危险，而且没有必要对运动员进行辅助，因为如果有必要，运动员可以减轻重量（以一种可控的方式）。

呼吸指南

　　呼吸在全身训练中非常重要，却经常被忽视。在举起较大重量时，通过呼吸来增加腹部压力和稳定性非常重要。大多数练习都使用类似的呼吸指南：每次重复前，深吸一口气，扩大腹腔，然后在每次重复的用力阶段结束时呼气。确保运动员在整组训练中没有屏住呼吸。

指导提示

本章为每个练习都提供了具体的指导建议或提示，但以下一般性的指导建议适用于所有的全身练习：保持专注、保持平衡、保持正确的姿势。

练习检索

高翻

主要训练肌肉

臀大肌、股二头肌、半腱肌、半膜肌、股外侧肌、股中间肌、股内侧肌、股直肌、比目鱼肌、腓肠肌、斜方肌。

起始姿势

- 站立姿势，双脚脚尖略向外，双脚间距与髋同宽，杠铃杆靠近小腿。

- 正握（掌心朝向身体）杠铃杆，肘关节完全伸展（图5.1a）。
- 双手间距与肩同宽，或略宽于肩。

动作阶段

1. 在可控的情况下，将杠铃从地板上提起，保持肩部在杠铃上方且背部挺直（脊柱处于中立位）。保持杠铃杆靠近身体，髋部向下。提起杠铃时，稍微抬高髋部，为第2阶段的提拉杠铃做准备（图5.1b）。

2. 第2次提拉杠铃时，髋关节、腿部和踝关节爆发性地伸展，同时肘关节充分伸展。向上并稍微向后提肩，髋部稍微向前和向上（图5.1c）。在手臂开始提拉杠铃之前，向上伸展踝关节，脚跟与地面失去接触。保持杠铃杆接近身体。

3. 当下肢完全伸展时，迅速耸肩，手臂开始向上提拉杠铃（图5.1d）。下蹲四分之一，准备将杠铃架在肩前。转动位于杠铃杆下方的手腕，同时向前抬起肘部，使上臂与地面平行（图5.1e）。将杠铃架在肩上，站直（图5.1f）。

4. 在可控的情况下，将杠铃放落至大腿的位置，保持杠铃杆靠近身体。然后通过屈曲髋关节和膝关节将杠铃放回地板上，保持肩部位于杠铃上方且背部挺直。

图5.1　高翻：a. 起始姿势；b~c. 提起杠铃离开地板；d. 耸肩；e. 抓起杠铃；f. 结束姿势

呼吸指南

在第1次提拉杠铃离开地板前深吸气。在第2次提拉爆发性用力跳跃时呼气。

练习调整与变式

侧向高翻

右手正握哑铃，肘关节完全伸展。保持与高翻或悬垂高翻相同的起始姿势，并将哑铃置于两腿之间。向上做高翻或悬垂高翻的动作，但不要垂直向上跳跃，双腿向右侧横向移动，同时将哑铃拉向肩部。当双脚落回地面时，髋部下沉，握住哑铃（反握），高度与肩同高。向左跳回到起始位置，然后将哑铃放回地板上（高翻版本）或膝关节处（悬垂高翻版本）。在相同的一侧重复规定的次数，然后左手持哑铃，向左侧移动，训练另一侧。

指导提示

- 不要从地板上猛地提拉杠铃。
- 第1次提拉之后，要使用爆发力。

悬垂高翻

主要训练肌肉

臀大肌、股二头肌、半腱肌、半膜肌、股外侧肌、股中间肌、股内侧肌、股直肌、比目鱼肌、腓肠肌、斜方肌。

起始姿势

- 站立姿势，双脚间距与髋或肩同宽，杠铃杆靠近小腿，脚尖略向外。
- 正握杠铃杆，肘关节完全伸展。
- 双手间距与肩同宽，或略宽于肩。
- 在可控的情况下，将杠铃从地板上提起，肩部保持在杠铃上方且背部挺直（脊柱处于中立位）。
- 保持杠铃杆靠近身体。
- 从直立位开始，沿着大腿将杠铃放落至膝关节上方（图5.2a）。

动作阶段

1. 在保持肘关节充分伸展的同时，髋关节、腿部和踝关节爆发性地伸展，以提拉杠铃。向上并稍微向后提肩，髋部稍微向前、向上。在手臂开始提拉杠铃之前，踝关节向上伸展。保持杠铃杆接近身体。
2. 当下肢完全伸展时，迅速耸肩，手臂开始向上提拉杠铃（图5.2b）。下蹲四分之一，准备将杠铃架在肩前。转动位于杠铃下方的手腕，同时向前抬起肘部，使上臂与地面平行（图5.2c）。将杠铃架在肩上，站直（图5.2d）。
3. 在可控的情况下，将杠铃放落至大腿的位置，保持杠铃杆靠近身体，然后将杠铃放落至膝关节上方的位置，以便进行下一次的练习。完成最后一次重复之后，慢慢地将杠铃放回地板上。

呼吸指南

从悬垂位置提拉杠铃前深吸气。在爆发性用力跳跃时呼气。

练习调整与变式

- 杠铃的起始位置可以放在举重台或架子上。
- 练习该动作时，可以通过深蹲或更高的姿势（略屈膝、屈髋）来抓握杠铃。

指导提示

动作具有爆发性。

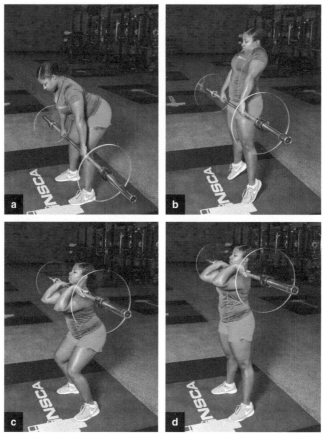

图5.2 悬垂高翻：a. 起始姿势；b. 耸肩；c. 抓起杠铃；d. 结束
姿势

抓举

主要训练肌肉

臀大肌、股二头肌、半腱肌、半膜肌、股外侧肌、股中间肌、股内侧肌、股直肌、比目
鱼肌、腓肠肌、三角肌、斜方肌。

起始姿势

- 站立姿势，双脚间距与髋或肩同宽，杠铃杆靠近小腿，脚尖略向外。
- 正握杠铃杆，肘关节完全伸展（图5.3a）。
- 双手间距比高翻握距宽6~8英寸。

动作阶段

1. 在可控的情况下，将杠铃从地板上提起，保持肩部在杠铃上方且背部挺直（脊柱处于中立位）。保持杠铃杆靠近身体，髋部向下。提起杠铃时，稍微抬高髋部，为第2阶段的提拉杠铃做准备（图5.3b）。

2. 第2次提拉杠铃时，髋关节、腿部和踝关节爆发性地伸展，同时肘关节充分伸展（图5.3c）。向上并稍微向后提肩，髋部微微向前、向上。在手臂开始提拉杠铃之前，踝关节向上伸展。保持杠铃杆接近身体。

图5.3 抓举：a. 起始姿势；b. 提起杠铃；c. 转移杠铃重量；d. 耸肩；e. 抓举杠铃；f. 结束姿势

3. 当下肢完全伸展时，迅速耸肩，手臂开始向上提拉杠铃（图5.3d）。转动手腕，将杠铃举起至身体上方，同时下蹲四分之一。肘关节完全伸展，抓住杠铃将其举过头顶（图5.3e），然后站起至直立位（图5.3f）。

4. 在可控的情况下，将杠铃放落至大腿的位置，保持杠铃杆靠近身体。然后通过屈曲髋关节和膝关节将杠铃放回地板上，保持肩部位于杠铃上方且背部挺直。

呼吸指南

在第1次提拉杠铃离开地板前深吸气。在第2次提拉爆发性用力跳跃时呼气。

练习调整与变式

练习该动作时，可以通过深蹲或更高的姿势来提拉杠铃。

指导提示

- 该练习是一个从地板到头顶的连续性运动。
- 第1次提拉之后，要使用爆发力。

单臂哑铃抓举

主要训练肌肉

臀大肌、股二头肌、半腱肌、半膜肌、股外侧肌、股中间肌、股内侧肌、股直肌、比目鱼肌、腓肠肌、三角肌、斜方肌。

起始姿势

- 一侧手持哑铃，保持与杠铃抓举相同的起始姿势。
- 在两腿之间降低哑铃至膝关节下方3~4英寸的位置，而不是从地面开始这个练习［不像（图5.4a）中显示的那样］。

动作阶段

1. 与抓举的第2次提拉方式相同，并进行爆发性的跳跃动作（图5.4b）。
2. 在跳跃动作的最高点，翻转手腕，用手臂将哑铃举过头顶（图5.4c）。
3. 站直（图5.4d），哑铃应与身体重心保持一致，甚至与肩部齐平或略偏后。

呼吸指南

在第1次提拉哑铃离开地板前深吸气。在第2次提拉爆发性用力跳跃时呼气。

图5.4　单臂哑铃抓举：a. 起始姿势；b. 举起哑铃并耸肩；c. 抓举哑铃；d. 结束姿势

练习调整与变式

练习该动作时，可以通过深蹲或更高的姿势来提拉哑铃。

指导提示

一组练习中，可以用同一只手持哑铃，也可以在每次重复动作之前换另一只手持哑铃。

悬垂抓举

主要训练肌肉

臀大肌、股二头肌、半腱肌、半膜肌、股外侧肌、股中间肌、股内侧肌、股直肌、比目鱼肌、腓肠肌、三角肌、斜方肌。

起始姿势

- 站立姿势，双脚间距与髋或肩同宽，杠铃杆靠近小腿，脚尖略向外。
- 正握杠铃杆，肘关节完全伸展。
- 双手间距比高翻握距宽6~8英寸。
- 在可控的情况下，将杠铃从地板上提起，保持肩部在杠铃上方且背部挺直（脊柱处于中立位）。
- 保持杠铃杆靠近身体。
- 从直立位开始，沿着大腿将杠铃放落至膝关节处（图5.5a）或膝关节以上的位置。

动作阶段

1. 髋关节、腿部和踝关节爆发性地伸展，提起杠铃，同时保持肘关节充分伸展。向上并稍微向后提肩，髋部稍微向前和向上。在手臂开始提拉杠铃之前，踝关节向上伸展。保持杠铃杆接近身体。
2. 当下肢完全伸展时，迅速耸肩，手臂开始向上提拉杠铃（图5.5b）。转动手腕，将杠铃举起至身体上方，同时下蹲四分之一。肘关节完全伸展，抓住杠铃将其举过头顶（图5.5c），然后站起至直立位。
3. 在可控的情况下，将杠铃放落至大腿的位置，保持杠铃杆靠近身体，然后将杠铃放落至膝关节处或膝关节上方的位置，以便进行下一次的练习。完成最后一次重复之后，慢慢地将杠铃放回地板上。

呼吸指南

深吸一口气，然后从悬垂的位置开始提拉。在爆发性用力跳跃时呼气。

练习调整与变式

练习该动作时，可以通过深蹲或更高的姿势来提拉杠铃。

指导提示

- 该练习是一个从膝关节处或膝关节上方的位置到头顶的连续性运动。
- 动作具有爆发性。

图5.5 悬垂抓举：a. 起始姿势；b. 提起杠铃并耸肩；c. 抓举杠铃

悬垂高拉

主要训练肌肉

臀大肌、股二头肌、半腱肌、半膜肌、股外侧肌、股中间肌、股内侧肌、股直肌、比目鱼肌、腓肠肌、三角肌、斜方肌。

起始姿势

- 站立姿势，双脚间距与髋或肩同宽，杠铃杆靠近小腿，脚尖略向外。正握杠铃杆，肘关节完全伸展。双手间距稍宽于高翻握距。
- 在可控的情况下，将杠铃从地板上提起，保持肩部在杠铃上方且背部挺直（脊柱处于中立位）。保持杠铃杆靠近身体。
- 从直立位开始，沿着大腿降低杠铃至膝关节处或膝关节以上的位置（图5.6a）。

动作阶段

1. 髋关节、腿部和踝关节爆发性地伸展，以提起杠铃，同时肘关节充分伸展。向上并稍微向后提肩，髋部稍微向前和向上。在手臂开始提拉杠铃前，踝关节向上伸展。保持杠铃杆靠近身体。
2. 当下肢完全伸展时，迅速耸肩，将杠铃向上拉至胸部高度，靠近身体，肘部高于杠铃杆（图5.6b）。
3. 在可控的情况下，将杠铃放落至大腿的位置。然后将杠铃放落至膝关节处或膝关节上方的位置，以便进行下一次的练习。完成最后一次重复之后，慢慢地将杠铃放回地板上。

图5.6 悬垂高拉：a. 起始姿势；b. 杠铃的最高位置

呼吸指南

深吸一口气，然后从悬垂的位置开始提拉杠铃。在爆发性用力跳跃时呼气。

练习调整与变式

开始时，可以将杠铃放在举重台或架子上。

指导提示

动作具有爆发性。

借力推举

主要训练肌肉

臀大肌、股二头肌、半腱肌、半膜肌、股外侧肌、股中间肌、股内侧肌、股直肌、三角肌、斜方肌、肱三头肌。

起始姿势

- 开始时，以外部的支撑架作为支撑（图5.7a中没有呈现），调整至肩部高度。
- 反握（掌心背对身体）杠铃杆。
- 双手间距略比肩宽。

动作阶段

1. 站于杠铃下，双脚分开，与髋同宽。将杠铃放在肩部前方，从架子上举起杠铃，向后退一步。下蹲四分之一或稍高一点，同时保持背部收紧、挺直（脊柱处于中立位），这一动作被称为*下沉*（图5.7b）。

图5.7 借力推举: a. 起始姿势; b. 有控制地下沉; c. 向上发力; d. 举过头顶

2. 开始推举时(图5.7c), 髋关节、腿部和踝关节爆发性地伸展, 这个动作被称为发力。同时保持肘关节充分伸展, 将杠铃举过头顶(图5.7d)。

3. 在可控的情况下, 将杠铃放落至肩部前方。完成最后一次重复后, 向前迈一步并将杠铃放回支撑架上。

呼吸指南

深吸一口气, 然后下蹲。向上举起杠铃时呼气。

练习调整与变式

练习该动作时，可以用哑铃或壶铃来代替杠铃。

指导提示

- 身体下沉时保持躯干挺直，不要向前倾。
- 将杠铃向上举过头顶。

分腿姿挺举

主要训练肌肉

臀大肌、股二头肌、半腱肌、半膜肌、股外侧肌、股中间肌、股内侧肌、股直肌、比目鱼肌、腓肠肌、三角肌、斜方肌。

起始姿势

- 开始时，以外部的支撑架作为支撑（图5.8a中没有呈现），调整至肩部高度。
- 反握（掌心背对身体）杠铃杆。
- 双手间距略比肩宽。

动作阶段

1. 站于杠铃下，双脚分开，与髋同宽。将杠铃杆放在肩部前方，从架子上举起杠铃，向后退一步。下蹲（下沉）四分之一或稍高一点，同时保持背部收紧、挺直（脊柱处于中立位）（图5.8b）。
2. 开始挺举时，髋关节、腿部和踝关节爆发性地伸展。当杠铃被举至面前时，迅速伸展手臂（图5.8c），将杠铃举过头顶，同时分开双脚呈弓步姿势（图5.8d）。双脚前后均匀分开，后脚脚跟抬离地面（图5.8e）。
3. 在将杠铃举过头顶的分腿姿势保持一定时间，然后双脚回到起始姿势（图5.8f）。
4. 在可控的情况下，将杠铃放回至肩部前方。完成最后一次重复后，向前一步并将杠铃放回支撑架上。

呼吸指南

深吸一口气，然后开始下蹲，向上挺举时呼气。

练习调整与变式

练习该动作时，可以用哑铃或壶铃来代替杠铃。

图5.8 分腿姿挺举：a. 起始姿势；b. 有控制地下沉；c. 向上发力；d. 双脚分开呈弓步姿势；e. 伸展髋关节和膝关节；f. 双脚大致齐平，保持站立

指导提示

- 在下沉时保持躯干挺直，不要向前倾。
- 将杠铃向上举过头顶。

六角杠铃深蹲跳跃

这是一种安全的、三关节同时伸展的奥林匹克举重。

主要训练肌肉

臀大肌、股二头肌、半腱肌、半膜肌、股外侧肌、股中间肌、股内侧肌、股直肌、比目鱼肌、腓肠肌、三角肌、斜方肌。

起始姿势

- 在高度适当的箱子上放置一个六角杠铃，杠铃手柄大约在膝关节高度或略高。
- 握紧手柄，确保手柄居中，避免杠铃向前或向后倾斜。
- 以运动姿势站立，双脚分开，与髋同宽，背部挺直，头部保持处于中立位（图5.9a）。

动作阶段

1. 开始运动时，髋关节、腿部和踝关节爆发性地伸展。
2. 在跳跃至最高位时耸肩，同时保持肘关节充分伸展（图5.9b），然后将杠铃放回箱子上。

呼吸指南

在第1次提拉杠铃离开箱子前深吸气。在第2次提拉爆发性用力跳跃时呼气。

练习调整与变式

箱子高度可以改变，以适应不同运动员的身高和关节活动度。

指导提示

- 确保双手位于手柄的中心，避免杠铃向前或向后倾斜。
- 动作具有爆发性。

图5.9 六角杠铃深蹲跳跃：a. 起始姿势；b. 全力跳跃

土耳其起立

主要训练肌肉

臀肌（臀大肌、臀中肌和臀小肌）、股二头肌、半腱肌、半膜肌、股外侧肌、股中间肌、股内侧肌、股直肌、腹直肌、腹横肌、腹内斜肌、腹外斜肌、三角肌、菱形肌。

起始姿势

- 仰卧在地板上，在左肩附近放一个壶铃。
- 左手以正握的方式握紧壶铃。
- 屈曲左侧髋关节和膝关节，左脚平放在地板上。
- 将壶铃举过面部，左侧肘关节充分伸展。
- 右臂平放在地板上（图5.10a）。

动作阶段

1. 左脚推向地板，旋转髋部和躯干，身体通过右侧前臂和髋部来保持平衡（图5.10b）。
2. 继续运动，从右前臂撑地过渡到右手手掌撑地（图5.10c）。
3. 伸展左髋，直至左膝屈曲90度（图5.10d）。
4. 继续保持将壶铃举过头顶，眼睛注视壶铃。
5. 保持左腿在相同的位置，将右腿放到身体下后方，右膝和右小腿放在髋部后面的地板上（图5.10e）。
6. 右髋伸展，右手离开地面，上半身完全直立，下半身呈弓步姿势（图5.10f）。
7. 右脚向前迈一步，站起来，将壶铃举至左肩上方（图5.10g）。
8. 以平衡姿势站立片刻后，再反向回到起始姿势。
9. 完成最后一次重复后，换用右手持壶铃，右脚平放在地板上，重复上述动作。

呼吸指南

如果分阶段练习，那么在每一个发力动作中呼气，在每一个阶段或步骤后的停顿中吸气。如果以连续的方式进行练习，那么自然地呼吸，切忌屏住呼吸，也不要在运动中的任何特定点时安排呼气或吸气。

练习调整与变式

练习时，可以自下而上托住壶铃，壶铃大的部分位于顶部，也可以使用哑铃或小实心球。

图5.10 土耳其起立：a. 起始姿势；b. 前臂支撑；c. 手掌支撑；d. 抬起左侧髋部并尽量伸展；e. 向后移动右腿，跪在髋部下方；f. 右手离开地面，身体挺直；g. 重心移至左腿，用力推向地板，以平衡的姿势站立

跪姿土耳其起立

跪于地板上，左臂高举壶铃至伸过头顶。保持直立姿势，左腿向前跨步呈弓步姿势。从这个姿势开始，左腿站立，继续保持将壶铃举过头顶，并驱动右腿向上。以平衡姿势站立片刻，然后反向回到原来的跪姿。完成最后一次重复后，换用右手持壶铃，右腿向前跨步呈弓步姿势，重复上述动作。

指导提示

- 练习该动作时，要一步一步地进行，必要时可以暂停。随着技术的进步，运动员可以流畅地跨步。
- 确保前脚向前伸得足够远，以便运动员保持脚跟在地板上的同时可以向后坐。

双臂壶铃甩摆

主要训练肌肉

臀大肌、半膜肌、半腱肌、股二头肌、股外侧肌、股中间肌、股内侧肌、股直肌。

起始姿势

- 双脚开立，与髋或肩同宽，脚尖向前，将壶铃置于两脚之间。
- 深蹲，双臂放在两腿之间，双手以正握的方式紧握壶铃。
- 背部挺直，下蹲四分之一，头部保持处于中立位，肩部向下，胸部向外，双脚平放在地板上（图5.11a）。
- 让壶铃悬垂于地板上方，距离大腿一臂远。

动作阶段

1. 开始时，屈曲髋关节，使壶铃向下和向后摆动。
2. 背部挺直，保持膝关节适度屈曲，肘关节伸展。
3. 继续向后摆动壶铃，直至躯干几乎与地面平行（图5.11b）。
4. 伸展髋关节和膝关节，使壶铃向前和向上摆动（图5.11c）。
5. 在整个运动中保持肘关节伸展。
6. 用力向上摆动壶铃至与眼睛持平的高度（比图5.11c中所示的要高）。
7. 达到最高位置后，让壶铃向下和向后摆动，并屈曲髋关节和膝关节以吸收壶铃带来的冲击。

图5.11　双臂壶铃甩摆：a. 起始姿势（壶铃在地板上时）；b. 向后摆动壶铃；c. 向前摆动壶铃

呼吸指南

壶铃向下、向后摆动时吸气，向上、向前摆动时呼气。

指导提示

专注于髋关节的伸展，"砰"的一声（发力时产生的气息声）后向前和向上摆动壶铃，注意不要依靠腰椎的伸展或肩关节的屈曲。

侧弓步过顶推举

主要训练肌肉

臀大肌、半膜肌、半腱肌、股二头肌、股外侧肌、股中间肌、股内侧肌、股直肌、髂腰肌、比目鱼肌、腓肠肌、三角肌、斜方肌、肱三头肌。

起始姿势

- 双脚开立，与髋同宽，双手各持一个哑铃，置于肩前（图5.12a）。

动作阶段

1. 向右迈一步，臀部向后，保持左腿伸直，重心落于右脚脚跟（图5.12b）。
2. 右腿发力，伸展到原来的站立位（图5.12c），同时双臂将哑铃推举过头顶（图5.12d）。
3. 在可控的情况下，将哑铃放回起始位置。
4. 完成最后一次重复后，换左侧重复上述动作。

呼吸指南

弓步前深吸气，将哑铃举过头顶时呼气。

练习调整与变式

- 可以使用壶铃代替哑铃。
- 运动员可以一次推举一只手臂。
- 运动员可以左右交替进行弓步推举。

指导提示

- 弓步姿势时，保持不动的腿伸直。
- 在推举时，保持躯干挺直，并将哑铃向上举过头顶。

图5.12　侧弓步过顶推举：a. 起始姿势；b. 右弓步；c. 右腿发力回到站立位；d. 推举哑铃过头顶

单臂哑铃高翻推举

主要训练肌肉

臀大肌、股二头肌、半腱肌、半膜肌、股外侧肌、股中间肌、股内侧肌、股直肌、比目鱼肌、腓肠肌、三角肌、斜方肌、肱三头肌。

起始姿势

- 站立位，双脚开立，与髋或肩同宽，右手持哑铃悬垂于身体前侧正中央。
- 从直立位开始，将哑铃放落至膝关节处（图5.13a）或膝关节上方的位置。

动作阶段

1. 开始提拉时，髋关节、腿部和踝关节爆发性地伸展，同时保持右臂伸展。向上并稍微向后提肩，髋部稍微向前和向上。在手臂开始提拉哑铃前，踝关节向上伸展。保持哑铃靠近身体。
2. 当下肢完全伸展时，迅速耸肩，右臂开始提拉哑铃（图5.13b）。下蹲四分之一，准备将哑铃架在右肩前方。转动位于哑铃下方的右腕，同时让肘部朝向前方（图5.13c）。
3. 站立，将哑铃举过头顶（图5.13d）。
4. 在可控的情况下，将哑铃降低至肩部高度，然后放回至起始位置。
5. 完成最后一次重复后，用左侧重复上述动作。

呼吸指南

在高翻前深吸一口气，在推举哑铃时呼气。

练习调整与变式

可以用壶铃或沙袋来代替哑铃。

指导提示

推举哑铃时，避免背部弯曲。

图5.13 单臂哑铃高翻推举: a. 起始姿势; b. 提拉哑铃并耸肩; c. 抓举哑铃; d. 站立,并将哑铃推举过头顶

T形杠铃后弓步推举

主要训练肌肉

臀大肌、半膜肌、半腱肌、股二头肌、股外侧肌、股中间肌、股内侧肌、股直肌、髂腰肌、比目鱼肌、腓肠肌、三角肌、斜方肌、肱三头肌。

起始姿势

- 站立位，面向T形杠铃，T形杠铃的末端与肩同高，右手握住杠铃杆（图5.14a）。

动作阶段

1. 右腿向后迈一大步，呈弓步姿势，右臂保持在肩部前面（图5.14b）。

2. 向后推，将大部分重量放在左脚上，右腿向前迈步，同时右臂向上推举过头顶（图5.14c）。

3. 在可控的情况下，将右手放回至与肩同高的位置。

4. 完成最后一次重复后，用左侧重复上述动作。

图5.14 T形杠铃后弓步推举：a. 起始姿势；b. 弓步；c. 发力和推举

呼吸指南

在向后迈步前深吸气，在发力和推举时呼气。

练习调整与变式

在做后弓步时推举T形杠铃，然后在站立时或者推举至最高位置后将其放下。

指导提示

- 确保后退一步的距离足够远，以便运动员保持前脚脚跟在地板上的同时可以向后坐。

T形杠铃深蹲旋转推举

主要训练肌肉

臀大肌、半膜肌、半腱肌、股二头肌、股外侧肌、股中间肌、股内侧肌、股直肌、髂腰肌、比目鱼肌、腓肠肌、腹直肌、腹斜肌、三角肌、斜方肌、肱三头肌。

起始姿势

- 站在与T形杠铃垂直的地方，杠铃的底部位于身体左边。

- 右手在右肩前以反握（掌心朝向身体）的方式握住杠铃杆的一端（图5.15a）。

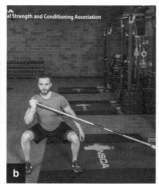

图5.15 T形杠铃深蹲旋转推举：a. 起始姿势；b. 深蹲；c. 发力、旋转并推举T形杠铃

动作阶段

1. 向后坐，呈深蹲姿势，髋部后拉，挺胸（图5.15b）。

2. 向上发力，在深蹲的最高点将T形杠铃向上推，同时身体向左侧旋转至面向T形杠铃（图5.15c）。

3. 在可控的情况下，回到起始姿势。

4. 最后一次重复后，用左侧重复上述动作。

呼吸指南

下蹲前深吸气，推举T形杠铃时呼气。

指导提示

从后脚到握住T形杠铃顶部的手呈一条直线。

绳索弓步旋转划船

主要训练肌肉

臀大肌、股二头肌、半腱肌、半膜肌、股外侧肌、股中间肌、股内侧肌、股直肌、比目鱼肌、腓肠肌、腹直肌、腹斜肌、菱形肌、背阔肌、大圆肌、三角肌后束。

起始姿势

- 面向绳索训练器械站立，确保向前迈步时有足够的空间。

- 将绳索把手的高度调整至大约与膝关节同高。

- 左手握住把手，保持手臂伸展（图5.16a）。

动作阶段

1. 左臂伸直，右腿向前迈一大步，呈弓步姿势（图5.16b）。

2. 向后发力，左手将绳索手柄拉向胸部，右脚抬离地面，同时将上半身向左侧旋转（图5.16c）。

3. 在可控的情况下，回到起始姿势，手臂向前伸展，肩部与绳索设备之间呈直角。

4. 完成最后一次重复后，用右侧重复上述动作。

图5.16　绳索弓步旋转划船：a. 起始姿势；b. 弓步；c. 发力、后拉和旋转

呼吸指南

弓步前深吸气，脚抬离地面和旋转时呼气。

练习调整与变式

调整绳索手柄的高度，以改变旋转的角度。

指导提示

确保向前迈步的脚迈得足够远，以便运动员保持前脚脚跟在地板上的同时可以向后坐。

绳索深蹲划船

主要训练肌肉

臀大肌、股二头肌、半腱肌、半膜肌、股外侧肌、股中间肌、股内侧肌、股直肌、比目鱼肌、腓肠肌、腹直肌、菱形肌、背阔肌、大圆肌、三角肌后束。

起始姿势

- 面向双绳索训练器械站立，将绳索把手的高度调整至大约与胸部同高。
- 站立位，双脚间距与肩同宽，脚尖略向外，手臂向前伸直，握住把手（图5.17a）。

动作阶段

1. 双臂伸直，掌心相对，向后坐，呈深蹲姿势，保持脚跟在地板上，抬头挺胸（图5.17b）。
2. 站起来，双臂将绳索把手向后拉至胸部两侧（图5.17c）。

图5.17 绳索深蹲划船：a.起始姿势；b.深蹲；c.站立并后拉绳索把手

呼吸指南

深蹲前深吸气，拉动绳索把手划船时呼气。

练习调整与变式

- 调整绳索把手的高度，以改变拉动绳索把手划船时的角度。
- 拉动绳索把手时，既可以用一只手，也可以双手并用。

指导提示

- 后拉绳索把手时，向下和向后挤压肩胛骨。
- 向后深蹲。

等长大腿中段拉

这是一个在架子上练习的动作，在大腿中部的位置需要安装安全钩（例如，安全横杆），用于钩住杠铃，这样运动员就可以用最大的力量拉动杠铃。该练习也可以在专门为等长大腿中段拉而制造的设备上进行，该设备上有一根在被拉动时不会移动的杆。

主要训练肌肉

臀大肌、股二头肌、半腱肌、半膜肌、股外侧肌、股中间肌、股内侧肌、股直肌、竖脊肌、三角肌、斜方肌。

起始姿势

- 站立位，双脚开立，与髋同宽，杠铃杆靠近大腿中部。
- 正握杠铃杆，肘关节充分伸展。
- 双手握距与肩同宽。

动作阶段

1. 挺胸，肘关节充分伸展，试着伸展双腿和髋部，同时用力提拉杠铃。
2. 尽最大努力坚持5秒，然后放松，回到起始姿势。

呼吸指南

在开始提拉前深吸气，在尝试伸展双腿和髋部时呼气。

练习调整与变式

- 练习时，可以使用六角杠铃来代替杠铃。
- 练习时，可以单腿练习。
- 练习时，可以在一个测力台上进行，以量化和评估最大力量。

指导提示

- 用力提拉。
- 双脚向地板用力推。

第 6 章

下半身训练技术

穆巴拉克·马利克（Mubarak Malik）

在激烈的比赛中，下半身的力量与爆发力是必不可少的。篮球运动中常见的动作包括冲刺、跳跃、滑步、切入和交叉步。篮球运动员需要在抗阻训练中增强力量，以保持正确的下半身力学机制，提高爆发力，进而降低受伤风险，并最大限度地保持和改善运动表现。爆发力是进行跑步和跳高运动时必不可少的基本素质[2]。一个平衡的下半身抗阻训练计划应包含高度侧向和反应性运动，以及多平面双侧和单侧练习[3]。

技术基础

在任何体育活动中，运动员参与抗阻训练都会有一定程度的风险。篮球是一种在所有运动平面上进行的运动，包括矢状面、冠状面和水平面，因此选择的下半身练习应涉及同一关节的相似运动。下半身抗阻训练存在着许多共同点。本章中大多数的下半身练习都会用到杠铃或负重器械的一些握法，以及需要正确的肢体位置、活动范围、速度和呼吸方法[1]。此外，练习所有动作时，应采用正确的方式。

握法和握距

握法的主要类型如下。

- 正握：掌心向下，指关节向上，也称为高手握法。
- 反握：掌心向上，指关节向下，也称为低手握法。
- 中立握：指关节指向外侧，像握手一样。
- 正反握：一只手正握，另一只手反握。
- 钩握：类似于正握，但拇指位于食指和中指之下。

练习时需采用正确的握法：双手由杠铃杆的中心位置向两侧分开适当的距离。大多数情况下，握距与肩同宽或与髋同宽。宽握的握距比肩宽或髋宽，窄握的握距则比肩窄或髋窄。

身体姿势

无论练习中是否需要锻炼者从地板上举起杠铃或哑铃，都需确定一个稳定的姿势，以保证安全和达到最佳运动表现。稳定的姿势是指双脚平放在地板上，脊柱保持处于中立位，挺胸，肩部向后。这个姿势能使运动员在运动中保持正确的体位，从而对肌肉和关节施加适当的压力。身体姿势是至关重要的，因为篮球运动员需要较好的近端稳定性来保持脊柱处于中立位，以及远端稳定性来保持与地面的适当接触[3]。

活动范围和速度

多数的练习都应在完整的活动范围内进行，动作速度由所进行练习的类型决定。训练以一种缓慢的、受控的方式进行，可以增加在完整的活动范围内运动的可能性。然而，对于第5章中所述的爆发力练习来说，应该努力将提拉杠铃的速度增至最大，同时保持对动作的控制，以及动作的完整性。本章所述的非爆发性下半身抗阻练习有助于改善篮球运动员的肌肉功能，并在完整的活动范围内有效地控制关节运动。

呼吸指南

通常情况下，当运动员的练习通过黏滞点时，体能训练专业人员应指导他们呼气，这是重复练习中最费力的部分（通常是在离心阶段过渡到向心阶段后），并在重复练习中压力较小的阶段吸气[1]。运动中重要的呼吸方法是使用延伸至胸腔底部的肌肉，即膈肌。利用膈肌而不是胸部的呼吸可以让运动员深度、充分地呼吸，使肺部充满身体运动所需的空气。对于使用较重负荷的运动，可以采用瓦尔萨瓦（Valsalva）呼吸来增加躯干的稳定性以支撑脊柱。瓦尔萨瓦呼吸指的是呼气时紧闭声门，同时腹肌和肋间肌收紧，形成一个紧绷的躯干，膈肌以下充满液体，以上充满气体[1]。然而，在使用这种

山姆·沃森（Sam Wsddon）/盖蒂图片社

在完整关节活动度内进行训练时，篮球运动员将受到直接的影响

呼吸方法时，要注意可能产生眩晕、无方向感、血压过高和眼前发黑等不良反应。这种呼吸方法只适用于有抗阻训练经验的运动员。正确的呼吸技术可以带来诸多好处，如更安全地运动、预防疝气等损伤、最大限度地降低血压峰值和血管张力、减少背痛的发生率、增加全身的血流量、帮助运动员更好地放松，以及让运动员将注意力集中在运动上等。在下述练习中，不涉及瓦尔萨瓦呼吸法。

辅助原则

协助者是辅助运动员进行训练的人。协助者的责任是确保运动员的安全。对于需要将杠铃杆放在运动员颈后或肩前的练习，协助者应在架子内进行辅助，并将杠铃杆放在适当的位置。由于某些练习的负荷可能会很高，为了给运动员提供足够的杠杆作用，协助者应该至少和运动员一样强壮。所需的协助者人数在很大程度上取决于负荷、运动员和协助者的经验和能力，以及协助者的体力[1]。当协助者辅助运动员训练时，协助者和运动员之间的交流至关重要。协助者需要清楚运动员何时抓握杠铃，将进行多少次重复，以及运动员何时准备好移动杠铃至适当的位置。辅助时，协助者需要了解应该给予运动员多少帮助及何时提供这些帮助，因此协助者需要掌握正确的辅助技术[1]。不同运动员的辅助需求可能有所不同。

练习检索

练习检索（续）

硬拉

主要训练肌肉

臀大肌、半膜肌、半腱肌、股二头肌、股外侧肌、股中间肌、股内侧肌、股直肌、竖脊肌。

起始姿势

- 双脚开立，与髋同宽。

- 杠铃放于双脚中部的上方，脚尖稍微向外。

- 采用正握或正反握的方式握住杠铃杆，握距大约与肩同宽。

- 手臂垂直于地面，肘关节充分伸展。

- 髋关节和膝关节屈曲，以降低髋部高度，小腿靠近杠铃杆（图6.1a）。

- 杠铃保持在双脚中部的上方，挺胸。

- 保持脊柱处于中立位。

动作阶段

1. 挺胸，肩部后伸，肘关节完全伸展，髋关节和膝关节伸展以支撑重量（图6.1b）。

2. 拉起杠铃时，使其与大腿前部保持接触。

3. 充分伸展髋关节和膝关节（图6.1c）。

4. 有控制地降低杠铃至地板上。

5. 杠铃应该在双脚中部的上方呈直线向下降。

呼吸指南

向下运动时吸气，向上运动的黏滞点结束后呼气。

图6.1　硬拉：a.起始姿势；b.拉起杠铃；c.伸展至站立姿势

指导提示

- 每次开始重复时，应将杠铃放在双脚中部的上方。
- 双脚分开，与髋同宽，双脚的距离比深蹲时双脚的距离窄。
- 保持挺胸，避免弓背。
- 头部处于中立位。
- 在运动至最高点时，不要耸肩或向后倾斜身体。

颈前深蹲

主要训练肌肉

臀大肌、半膜肌、半腱肌、股二头肌、股外侧肌、股中间肌、股内侧肌、股直肌。

起始姿势：运动员

- 将杠铃放在与肩同高的架子上（图6.2中没有显示）。
- 握住杠铃杆，将其放在肩部前面，靠近颈部，使用以下手臂姿势中的一种。

1. 交叉手臂姿势（图6.2）

- 双臂交叉放至杠铃杆下方，然后将手放在对侧肩部的杠铃杆上。
- 抬高肘部，使上臂与地面平行。

图6.2 颈前深蹲（交叉手臂姿势）：a. 起始姿势；b. 深蹲

2. 平行手臂位置（图6.3）

* 杠铃放置完毕后，在肩部外侧以正握
  的方式握住杠铃杆。
* 双手放至杠铃杆下方，双臂平行。
* 抬高肘部，使上臂与地面平行。
* 通过伸展髋关节和膝关节将杠铃抬离杠
  铃架。
* 后退几步，双脚分开，与肩同宽，脚尖
  稍微向外。这是所有重复动作的起始姿
  势（图6.2a）。

起始姿势：2名协助者

图6.3 颈前深蹲（平行手臂姿势）

* 站在杠铃两端，以反握的方式从下方托
  住杠铃。
* 在运动员准备好后，帮助他将杠铃从架子上抬起，然后放开，并在运动员到达练习位置
  时将手放在杠铃末端下方。
* 在运动员开始练习前，以双脚间距与肩同宽的姿势站立，膝关节略屈曲，准备就位
  （图6.2a）。

动作阶段：运动员

1. 屈曲髋关节和膝关节，使躯干与地板形成的角度在整个运动过程中近似保持恒定。

2. 保持脊柱处于中立位，肘部和胸部向上。

3. 向下运动，直到大腿与地面接近平行（图6.2b）。

4. 双脚向下用力，以相同的速度伸展髋关节和膝关节，从而进行反向运动，保持身体与地板形成的角度大致不变。

5. 向上运动，回到起始姿势。

动作阶段：2名协助者

1. 双手放在杠铃杆的下方，模仿运动员深蹲的动作（图6.2b）。

2. 运动员完成练习后，跟随运动员回到架子前，抓住杠铃杆的两端，帮助运动员将杠铃放回架子上。

呼吸指南

向下运动时吸气，向上运动的黏滞点结束后呼气。

练习调整与变式

练习时，可以用1个或2个壶铃代替杠铃（这样就不需要协助者了）。运动员将1个或2个壶铃放在胸前并深蹲的动作常被称为*高脚杯深蹲*。

指导提示

- 深蹲前，在墙上找一个点，并将注意力集中在该点上。
- 在深蹲的过程中，请一直看着这个点，然后发力蹲起。
- 在整个运动过程中，保持挺胸。
- 在整个练习过程中，将重心保持在脚跟和双脚中部的位置。

颈后深蹲

主要训练肌肉

臀大肌、半膜肌、半腱肌、股二头肌、股外侧肌、股中间肌、股内侧肌、股直肌。

起始姿势：运动员

将杠铃置于与肩同高的架子上。

握住杠铃杆，并将其放于上背部和肩部的位置，姿势如下。

- 高杠位置：杠铃杆位于肩后方颈部的底部，放在领口位置（图6.4a）。

- 低杠位置：与高杠位置相比，杠铃杆的位置要低2~3英寸（横在斜方肌中间的三角肌后束处）。
- 不论杠铃杆处于什么位置，都需抬起肘部，将杠铃杆放在上背部和肩部的位置。
- 从架子的位置后退几步，双脚分开，与肩同宽，脚尖稍微向外（图6.4a）。这是所有重复动作的起始姿势。

起始姿势：2名协助者

- 站在杠铃两端，以反握的方式从下方托住杠铃。
- 在运动员准备好后，帮助他将杠铃从架子上抬起，然后放开，并在运动员到达练习位置时将手放在杠铃末端下方。
- 在运动员开始前，以双脚间距与肩同宽的姿势站立，膝关节略屈曲，准备就位（图6.4a）。

动作阶段：运动员

1. 屈曲髋关节和膝关节，使躯干与地板形成的角度在整个运动过程中近似保持恒定。
2. 保持脊柱处于中立位，肘部和胸部向上。
3. 向下运动，直到大腿与地面接近平行（图6.4b）。
4. 双脚向下用力，以相同的速度伸展髋关节和膝关节，从而进行反向运动，保持身体与地板形成的角度大致不变。
5. 向上运动，回到起始姿势（图6.4c）。

动作阶段：2名协助者

1. 双手放在杠铃杆下，模仿运动员深蹲的动作（图6.4b和图6.4c）。
2. 运动员完成练习后，跟随运动员回到架子前，抓住杠铃杆的两端，帮助运动员将杠铃放回架子上（图6.4d）。

呼吸指南

向下运动时吸气，向上运动的黏滞点结束后呼气。

图6.4 颈后深蹲：a. 起始姿势；b. 深蹲；c. 回到起始姿势；d. 将杠铃放回架子上

练习调整与变式

箱式深蹲

在运动员的后面可以放一个箱子或立方体垫，作为活动程度（如下蹲时的深度）的指引。运动员应在教练的指导下轻轻地让臀部接触到箱子或垫子的表面（图6.5）。躯干在臀部与箱子或垫面接触的瞬间保持紧绷。实际上，运动员并没有坐在箱子或垫子上。

哈特菲尔德深蹲

将一个有衬垫式平行臂的杠铃（图6.6）搭在肩上，双手以中立握姿握住两边的手柄，以此来替代标准杠铃。对于手臂较长的高个子运动员来说，与标准杠铃相比，使用哈特菲尔德深蹲杠时，他们能更牢固地将负重固定在上背部。

图6.5 箱式深蹲立方体垫

图6.6 哈特菲尔德深蹲杠

NSCA提供

指导提示

- 深蹲前，在墙上找一个点，将注意力集中在该点上。
- 深蹲的过程中，请一直看着这个点，然后发力蹲起。
- 在整个运动过程中，保持挺胸。
- 在整个练习过程中，将重心保持在脚跟和双脚中部的位置。

杠铃臀推

主要训练肌肉

臀大肌、半膜肌、半腱肌、股二头肌。

起始姿势

- 开始时，坐在地板上，双腿伸直，后背靠在凳子的长边上。（确保练习过程中凳子不会移动。）
- 将杠铃滚动至髋部正上方，用正握的方式从髋部外侧握住杠铃。然后屈曲髋关节和膝关节，双脚平放在地板上（图6.7a）。
- 调整躯干位置，使肩胛骨位于长凳的上边缘。

图6.7 杠铃臀推：a. 起始姿势；b. 全力上推

动作阶段

1. 核心收紧，脚跟发力，通过收缩臀大肌使髋关节伸展，进而将杠铃抬离地面。

2. 继续伸展髋关节和膝关节，直到小腿与地面近似垂直（图6.7b）。

3. 将杠铃放回至起始位置。

呼吸指南

向下运动时吸气，向上运动的黏滞点结束后呼气。

练习调整与变式

单腿臀推

单腿练习时，请在运动中保持一条腿向上（即保持非支撑腿的膝关节完全伸展）。

指导提示

- 脚跟发力。

- 确保髋关节完全伸展。

- 保持眼睛直视前方。

罗马尼亚硬拉

主要训练肌肉

臀大肌、半膜肌、半腱肌、股二头肌、竖脊肌。

起始姿势

- 双手正握杠铃，将其置于与髋部同高的位置。
- 保持挺胸，肩部向后。
- 稍微屈曲膝关节（比图6.8a所示的幅度大一点）。

动作阶段

1. 通过屈曲髋关节和向后推动髋部来下放杠铃。
2. 当躯干向前移动时，保持杠铃杆与大腿接触，同时保持躯干收紧和背部直立。
3. 放低杠铃，直至躯干与地面大致平行，杠铃与髌骨对齐，或根据身体的柔韧性，达到最大的活动度（图6.8b）。
4. 伸展髋关节，站直，回到起始位置。

呼吸指南

向下运动时吸气，向上运动的黏滞点结束后呼气。

练习调整与变式

练习时，可以用一个或两个哑铃或壶铃代替杠铃。

指导提示

- 开始时，从上到下将杠铃放落至地面，对腘绳肌进行拉伸。
- 在运动的所有阶段中，要避免腰椎过度伸展。
- 始终让身体靠近杠铃杆，保持肩部在杠铃上方。

图6.8　罗马尼亚硬拉：a. 起始姿势（实际练习中的膝关节屈曲程度更大）；b. 结束姿势

腘绳肌滑动

主要训练肌肉

臀大肌、半膜肌、半腱肌、股二头肌。

起始姿势

- 仰卧在地板上，小腿垂直于地板。
- 脚跟置于滑板的中心。
- 手臂向身体两侧伸出，以稳定身体（图6.9a）。

动作阶段

1. 双脚向前滑动，直至双腿完全伸展（图6.9b）。
2. 降低身体时，保持髋部向上。
3. 臀大肌收紧，将脚跟向后拉回到起始位置（图6.9c）。

呼吸指南

向前运动时吸气，向后运动的黏滞点结束后呼气。

练习调整与变式

单腿练习时，请在运动中保持一条腿向上（即保持非支撑腿的膝关节完全伸展）。

指导提示

- 开始时，臀部呈桥状，在臀部抬至顶部时收紧臀部。
- 膝关节伸展和弯曲时，始终保持脚尖向上。
- 当回到起始位置时，注意脚跟发力压向地板。

图6.9 腘绳肌滑动：a. 起始姿势；b. 向前滑动；c. 向后滑动

杠铃深蹲跳跃

主要训练肌肉

臀大肌、半膜肌、半腱肌、股二头肌、股外侧肌、股中间肌、股内侧肌、股直肌。

起始姿势

- 按照高杠位深蹲练习的说明，进入该练习的正确起始姿势（图6.10a）。

动作阶段

1. 进行反向动作，下蹲约四分之一（图6.10b），然后立即向上爆发性地跳起。

2. 充分伸展髋关节、膝关节和踝关节（图6.10c）。

3. 在整个跳跃过程中，保持良好的姿势。

4. 落地时，通过轻微屈曲髋关节和膝关节来吸收腿部受到的冲击。

呼吸指南

- 吸气，然后下蹲约四分之一。

- 从下蹲转向跳跃时呼气。

指导提示

- 练习中，使用适当的负荷很重要。如果负荷过重，运动员的速度就会太慢，发力率就会降低（图4.1）。

图6.10 杠铃深蹲跳跃：a. 起始姿势；b. 反向下蹲；c. 最大限度跳起

- 确保有足够的空间来安全地进行这项练习（例如，在奥林匹克举重平台上）。
- 出于安全考虑，协助者不应在现场，因为运动员可以（以可控的方式）减轻重量。
- 在跳起或落地时，避免膝关节内扣。

反向腿弯举

主要训练肌肉

臀大肌、半膜肌、半腱肌、股二头肌、竖脊肌。

起始姿势

- 在臀部练习凳上，调整滚轮垫于大腿中部到下部，躯干与地面平行，耳朵、髋关节、膝关节和脚踝形成一条直线（图6.11a）。
- 双脚应稳稳地固定在平台上（有些运动员的训练设备可能没有平台，如图6.11所示）。

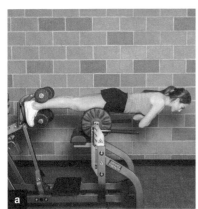

图6.11 反向腿弯举：a. 起始姿势；b. 向上阶段的中间位置；c. 结束姿势

动作阶段

1. 双脚推向脚垫板（如果可能），保持髋关节伸展的同时收缩腘绳肌，抬高躯干（图6.11b）。膝关节屈曲，将躯干提升到与地面垂直的位置（图6.11c）。
2. 保持腘绳肌处于运动状态，伸展膝关节，让躯干回落到起始位置。
3. 确保耳朵、髋关节、膝关节和脚踝保持在一条直线上。

呼吸指南

向上运动的黏滞点结束后呼气，向下运动时吸气。

指导提示

- 不要过度伸展下背部。
- 控制向上和向下运动的速度。

北欧腿弯举

主要训练肌肉

半膜肌、半腱肌、股二头肌。

起始姿势

- 在北欧腿弯举器材上，伸展髋关节，保持躯干直立。

- 如果没有北欧腿弯举器材，可以选择一个搭档（图6.12）。如果搭档不能将运动员的脚踝固定在适当的位置，可以考虑安装一个架子，将脚踝置于深蹲垫或负重杠铃的下面。

- 开始时，躯干直立，髋关节伸展，臀肌收紧，膝关节屈曲约90度（图6.12a）。

动作阶段

1. 保持躯干直立和髋关节伸展，然后伸展膝关节，尽可能慢地降低躯干（图6.12b），直到身体的下落不再受控制。

2. 让身体以可控的方式倒在地板上，搭档用手抓住运动员的脚踝，使其保持俯卧撑姿势（图6.12c）。

3. 双手用力推向地板，使躯干回到腘绳肌可以将身体拉回起始姿势的位置。

呼吸指南

向下运动时吸气，向上运动的黏滞点结束后呼气。

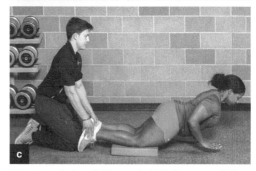

图6.12 北欧腿弯举：a. 起始姿势；b. 下降阶段的中间位置；c. 搭档固定住运动员

指导提示

- 在整个动作过程中，保持躯干直立。
- 髋关节在整个动作过程中保持伸展，不要弯曲髋关节，也不要放松腘绳肌。
- 伸展髋关节时，下背部不应感到压力或收缩。

前弓步

主要训练肌肉

臀大肌、半膜肌、半腱肌、股二头肌、股外侧肌、股中间肌、股内侧肌、股直肌、髂腰肌。

起始姿势

- 采用颈后深蹲高杠位置的姿势，将杠铃放在肩上。
- 双脚分开，约与肩同宽（图6.13a）。

动作阶段

1. 任意一条腿向前迈一大步（图6.13b）。
2. 前腿膝关节屈曲，直至大腿接近与地面平行。
3. 当前侧大腿与地面接近平行时，保持前脚的压力，并使用后脚保持平衡。
4. 保持躯干挺直，不要向前倾。
5. 当前侧膝关节屈曲时，后脚脚跟抬离地面，后侧膝关节屈曲。
6. 处于弓步姿势时，前膝位于前脚上方，后膝离地1~2英寸（图6.13c）。
7. 前脚推离地面，使其回到与后脚相邻的位置（图6.13d）。
8. 保持躯干挺直，不要向后倾斜。
9. 稍微停顿，然后换另一条腿重复上述动作。

呼吸指南

向下和向前运动时吸气，向上和向后运动的黏滞点结束后呼气。

辅助原则

- 当运动员准备好时，协助者将手放在靠近运动员髋部、腰部或躯干的位置。
- 协助者站在运动员身后12~18英寸处，膝关节稍微屈曲（图6.13a）。
- 用与运动员一致的脚向前迈进，注意运动员的动作，并随时准备在运动员晃动的时候提供帮助（图6.13b~图6.13d）。

图6.13 前弓步：a. 起始姿势；b. 向前迈进；c. 弓步姿势的最低位置；d. 回到起始姿势

指导提示

- 调整站立时双腿的距离以保持平衡。

- 后膝应与身体对齐，并在弓步姿势的最低位置指向地板。

- 如果运动员周围没有足够的空间用杠铃进行锻炼，那么可以使用两个哑铃。指导运动员以中立握的方式握着哑铃，手臂放在身体两侧，并垂直于地面。在整个训练过程中，身体保持直立（即手臂不应该前后摆动）。

弓步走

主要训练肌肉

臀大肌、半膜肌、半腱肌、股二头肌、股外侧肌、股中间肌、股内侧肌、股直肌、髂腰肌。

起始姿势

- 站立位，双手各持一个哑铃。
- 双臂垂于身体两侧，双手以中立握的方式握住哑铃。
- 双脚分开，宽度略小于肩宽（图6.14a）。

动作阶段

1. 一条腿向前迈一大步。
2. 前腿膝关节屈曲，直至大腿与地面接近平行。
3. 当前侧大腿与地面接近平行时，保持前脚的压力，并使用后脚保持平衡。
4. 当前侧膝关节屈曲时，后脚脚跟抬离地面，后膝屈曲。
5. 保持弓步姿势时，前膝位于前脚上方，后膝离地1~2英寸（图6.14b）。
6. 不要用前腿向后推的方式回到起始姿势（如前弓步练习），而是前脚向前推，后脚向前迈（图6.14c）。
7. 交替着向前弓步走。

呼吸指南

向下运动时吸气，向上运动的黏滞点结束后呼气。

图6.14 弓步走：a. 起始姿势；b. 弓步姿势的最低位置；c. 向前跨步至结束姿势

指导提示

- 保持躯干挺直，不要向前或向后倾斜。
- 调整站立时双腿的距离以保持平衡。
- 后膝应与身体对齐，并在弓步姿势的最低位置指向地板。
- 步子不要迈得太大或太小。

后弓步

主要训练肌肉

臀大肌、半膜肌、半腱肌、股二头肌、股外侧肌、股中间肌、股内侧肌、股直肌、髂腰肌。

起始姿势

- 站立位，双手各持一个哑铃。
- 双臂垂于身体两侧，双手以中立握的方式握住哑铃。
- 双脚分开，宽度略小于肩宽（图6.15a）。

动作阶段

1. 一条腿后退一大步，后脚脚跟离开地面，脚尖着地。
2. 降低身体，呈弓步姿势，前膝位于前脚上方，后膝离地1~2英寸（图6.15b）。
3. 用后脚推，并伸展前腿的髋关节和膝关节，使后脚回到与前脚相邻的位置。
4. 稍停片刻，换另一条腿重复上述动作。

图6.15 后弓步：a. 起始姿势；b. 向后跨步至结束姿势

呼吸指南

向下和向后运动时吸气，向上和向前运动的黏滞点结束后呼气。

指导提示

- 大部分重量落在前腿上。
- 后脚后退时，保持前腿的膝关节在前脚的上方。

侧弓步

主要训练肌肉

臀大肌、股直肌、股外侧肌、股内侧肌、髋外展肌（臀中肌、臀小肌、阔筋膜张肌）、髋内收肌（股薄肌、闭孔外肌、短收肌、长收肌、大收肌）。

起始姿势

- 站立位，双手各持一个哑铃，或者可以用一个哑铃或一个壶铃来代替，双手握住哑铃置于两腿之间。
- 双臂垂于身体两侧，双手以中立握的方式握住哑铃。
- 双脚分开，约与肩同宽（图6.16a）。

动作阶段

1. 任意一条腿向一侧迈一大步。
2. 主导脚完全着地后，将髋部向后推，屈曲主导腿的膝关节（后腿的膝关节保持伸展状态）。主导腿的膝关节和脚指向同一方向。
3. 呈侧弓步姿势，主导腿膝关节在脚的上方，大腿与地面接近平行（图6.16b）。
4. 将主导脚推离地面，使其回到起始姿势。
5. 稍停片刻，换另一条腿在另一侧重复上述动作。

呼吸指南

向下运动时吸气，向上运动的黏滞点结束后呼气。

指导提示

- 主导腿的膝关节向前移动时不应超过脚尖。
- 弓步时，避免背部塌陷。
- 在整个运动过程中，保持胸部和头部向上。

图6.16 侧弓步：a. 起始姿势；b. 侧弓步至结束姿势

单脚深蹲

主要训练肌肉

臀大肌、半膜肌、半腱肌、股二头肌、股外侧肌、股中间肌、股内侧肌、股直肌。

起始姿势

- 一只脚站在高12~24英寸的增强式跳箱边缘，另一只脚悬在箱子外（图6.17a）。

动作阶段

1. 下蹲时，髋部向后推，屈曲支撑腿的膝关节。

2. 向前伸展手臂以保持平衡。

3. 降低髋部，直到支撑腿的大腿上沿与地板接近平行（图6.17b）。

4. 伸展支撑腿的膝关节和髋关节，回到起始姿势。

5. 一组练习结束后，换另一条腿重复上述动作。

呼吸指南

下降阶段吸气，上升阶段呼气。

练习调整与变式

- 练习该动作时，也可以在地板上进行。

- 运动员可以手持一个或两个哑铃或壶铃来增加配重，以增加训练强度。这种姿势有时被称为*单腿深蹲（触及）*。

图6.17 单脚深蹲：a. 起始姿势；b. 最低蹲姿

指导提示

- 深蹲时，确保支撑腿的膝关节不超过脚尖。

- 支撑腿脚踝的运动要尽可能少。

- 避免支撑腿的膝关节向内移动，确保它位于支撑脚的第2个和第3个脚趾的上方。

单腿罗马尼亚硬拉

主要训练肌肉

臀大肌、半膜肌、半腱肌、股二头肌、竖脊肌。

起始姿势

- 用支撑腿对侧的手正握壶铃，并将其置于髋部前方。

- 挺胸收肩。

- 稍微屈曲支撑腿的膝关节（比图6.18a所示的幅度大一点）。

动作阶段

1. 通过屈曲支撑腿的髋关节来降低壶铃高度，这个动作被称为髋关节铰链，而不是简单地让躯干向前屈曲。

2. 保持另一条腿的膝关节和髋关节伸直，当躯干向前屈曲时，该腿的位置切换到后方。

3. 保持躯干挺直和背部处于中立位，随着躯干的前屈，支撑腿的髋关节呈铰链状态。

4. 支撑腿的膝关节微微屈曲。

5. 继续屈曲支撑腿的髋关节，直至壶铃大约处于小腿中部的高度（图6.18b），然后反向运动，回到起始姿势。

6. 一组练习结束后，换另一条腿重复上述动作。

图6.18 单腿罗马尼亚硬拉：a. 起始姿势；b. 末端铰链位置

呼吸指南

下降阶段吸气，上升阶段呼气。

练习调整与变式

如果用的是哑铃或壶铃，它可以位于支撑腿的同侧，也可以位于支撑腿的对侧。

指导提示

- 提示运动员，他们会有一种被系在腰上的绳子向后拉的感觉。
- 在整个运动过程中，保持脊柱处于中立位。

单腿深蹲（保加利亚）

这种练习有很多名字，如保加利亚深蹲、保加利亚分腿蹲、后脚抬高分腿蹲和后脚抬高单腿蹲。此外，单腿深蹲是负重版的单脚深蹲。

主要训练肌肉

臀大肌、半膜肌、半腱肌、股二头肌、股外侧肌、股中间肌、股内侧肌、股直肌、髂腰肌。

起始姿势

- 使用颈后深蹲高杠位置的姿势，将杠铃放在肩上。
- 站在高度与膝关节高度大约持平的长凳或箱子前面。
- 一条腿适度地向前迈一步，将后脚的脚背放在凳子或箱子上。
- 双膝在这个平衡的起始姿势中轻微屈曲（图6.19a）。躯干完全直立。

动作阶段

1. 前腿的髋关节和膝关节及后腿的膝关节以同样的速度屈曲，使身体降低而不是向前。
2. 后脚的脚背平放在长凳或箱子上。
3. 继续往下，直至前侧大腿上沿与地面平行（图6.19b）。
4. 然后伸展前腿的髋关节和膝关节，回到起始姿势。
5. 一组练习结束后，换另一条腿重复上述动作。

图6.19 单腿深蹲（保加利亚）：a. 起始姿势；b. 深蹲（不要向前弓步）

呼吸指南

下降阶段吸气，上升阶段呼气。

练习调整与变式

- 练习时，可以使用2个哑铃或2个壶铃代替杠铃。
- 练习时，可使用1个哑铃或壶铃。如果只使用1个哑铃或壶铃，则可用支撑腿的同侧手将其握住，或用支撑腿的对侧手握住。

指导提示

- 保持前膝与前脚在一条直线上，避免前腿膝关节超过脚尖。
- 双脚和双膝应该指向同一个方向。

登阶

主要训练肌肉

臀大肌、半膜肌、半腱肌、股二头肌、股外侧肌、股中间肌、股内侧肌、股直肌。

起始姿势

- 使用颈后深蹲高杠位置的姿势，将杠铃放在肩上。
- 站在高度大约与膝关节高度持平的箱子或长凳前面。
- 躯干完全直立（图6.20a）。

动作阶段

1. 屈曲一侧的髋关节和膝关节，将主导脚放在箱子或长凳上（图6.20b）。
2. 主导脚向下推，伸展髋关节和膝关节，主导脚踏上箱子或长凳。
3. 后脚慢慢向前，踏上箱子或长凳，靠近前脚（图6.20c）。
4. 稍停片刻，然后进行反向运动，后脚下移。
5. 主导脚下落至后脚旁边的地板上，回到起始姿势。
6. 稍停片刻，换另一条腿重复上述动作。

呼吸指南

上升阶段呼气，下降阶段吸气。

练习调整与变式

- 练习时，可以使用2个哑铃或壶铃代替杠铃。
- 练习时，可以使用1个哑铃或壶铃。如果只使用1个哑铃或壶铃，则可将其放在胸前，或用主导腿的同侧手握住它（当交换主导腿时，握哑铃或壶铃的手也需交换）。

图6.20 登阶: a. 起始姿势; b. 一只脚放在箱子上; c. 双脚站在箱子上

指导提示

- 随着运动员的进步，可以增加箱子或长凳的高度，以便在迈步过程中引导髋关节和膝关节屈曲和伸展得更远。
- 大部分重量应落在后脚的中部到脚跟，而不是脚掌。
- 不要用后腿或后脚跳跃。

后撤步深蹲

主要训练肌肉

臀大肌、半膜肌、半腱肌、股二头肌、股外侧肌、股中间肌、股内侧肌、股直肌、髋外展肌（臀中肌、臀小肌、阔筋膜张肌）。

起始姿势

- 站立位，双脚分开，与髋同宽，髋关节、膝关节略微屈曲，双手置于胸前，掌心相对。
- 确保脚尖向外（图6.21a）。

动作阶段

1. 屈曲左髋，抬起左腿，然后外展左髋，将左腿从起始位置向水平方向移动。这种运动是由主动腿的髋关节屈曲和外展引起的，因此能够使身体向左旋转大约90度。
2. 左脚放在地板上与右脚分开，右脚处于原来的位置。双脚应向外旋转约45度（并保持），模仿相扑蹲姿。

3. 下蹲，直至大腿与地面平行。

4. 保持脊柱处于中立位，肘部抬高，胸部向上和向外运动（图6.21b）。

5. 以相同的速度伸展髋关节和膝关节（保持躯干与地面形成的角度不变），回到站立姿势。

6. 屈曲左髋，抬起左腿，内收左髋，向水平方向移动左腿，使左脚回到起始位置（图6.21c）。

7. 一组练习结束后，换另一条腿重复上述动作。

呼吸指南

下降阶段吸气，上升阶段呼气。

练习调整与变式

单次练习结束后，不要将踏步腿的脚直接放回起始位置，而是屈曲踏步腿的髋关节，将其移回起始位置（大腿与地板保持平行，脚离开地板），稍停片刻，然后开始下一次练习。

指导提示

- 保持躯干挺直。
- 当踏步腿向外移动时，保持支撑腿的脚在起始位置，踏步腿接触地板，然后抬起并移动，回到起始姿势。
- 支撑腿的脚用力踩向地板，从而防止下肢屈伸时内翻或塌陷。
- 避免膝关节不稳定。
- 下降时髋部向后坐，就像蹲下来坐在椅子上。

图6.21 后撤步深蹲：a. 起始姿势；b. 转体后下蹲；c. 回到起始姿势

单腿绳索髋外展

主要训练肌肉

髋外展肌（臀中肌、臀小肌、阔筋膜张肌）。

起始姿势

- 单腿站立，将低滑轮器械的绳索连接到离滑轮更远的一侧腿的脚踝上。
- 垂直于绳索站立。
- 将手放在绳索柱上。
- 站在离训练器械足够远的地方，以确保绳索的张力。
- 抬起运动侧的腿，使其与地面相距1~2英寸（图6.22a）。
- 保持正确的姿势。

动作阶段

1. 在可控的情况下，缓慢地外展运动侧的髋关节，抬起运动侧的腿。
2. 保持这个动作，直至髋关节不能再外展或不能保持此动作（图6.22b）。
3. 稍停片刻，然后慢慢放下腿。
4. 一组练习结束后，换另一条腿重复上述动作。

图6.22 单腿绳索髋外展：a. 起始姿势；b. 外展

呼吸指南

髋关节外展时吸气，回到起始姿势时呼气。

指导提示

- 使用较轻的重量，专注于髋部肌肉的收缩。
- 保持髋部处于垂直轴上居中的位置。
- 运动腿应沿着弧线向侧面和上方移动。
- 运动过程中，保持双脚在同一水平面。
- 抬腿时，避免让运动腿的大腿向外旋转或髋部扭曲。
- 保持脊柱处于中立位。

第 7 章

上半身训练技术

布赖恩·D. 杜（Bryan D. Doo）

篮球场上的许多动作都需要上半身的力量。研究证明，发展上半身肌肉的力量和耐力可以帮助运动员更精通自己所擅长的运动技术，如运球和投篮[1]。肌肉疲劳会降低运动员投篮的准确度，对肩关节和手腕的运动产生负面影响[2]。通过上半身抗阻训练获得的额外神经肌肉适应性有助于对抗外周疲劳的影响。综上所述，篮球运动员进行上半身抗阻训练的总体目标和益处是改善本体感觉和关节稳定性，以及强化上半身肌肉结构。改善本体感觉有助于在投篮和运球时动态稳定肩关节并向远端传递力量。在篮球运动中应用上半身力量的其他例子包括：在卡位中获得良好的位置、在篮下封盖对手或抢篮板球，以及与防守球员拉开距离接传球。提升这些能力有助于运动员在球场上取得成功。发展上半身的力量可以使运动员在许多身体接触运动中更加熟练，而且有利于篮球运动员全面发展。

所有上半身运动都需要运用适当的技术，因此从较轻的负荷开始，可以在最佳的运动范围内进行控制。较轻的负荷被认为是在指定的重复次数内，运动员可以用最佳的技术控制的重量或抗阻。表现强度因运动而异，取决于运动员的经验、目标及训练的阶段。归根结底，篮球是一项对上半身肌肉和关节的功能有很大需求的运动，因此运动员应进行适当的锻炼以改善在运动场上的表现。

训练器材

上半身的运动可以用很多训练器材来完成，以达到预期的抗阻训练效果。在本章中，所需的基础器材包括各种重量的杠铃或哑铃、有负荷的滑轮器械和可调节角度的长凳等。

练习的变式则需要其他器材，包括瑞士球、悬挂训练器、药球或弹力带等。

节奏指南

运动时，节奏是指所进行的活动或运动的速率或速度。上半身运动的向心和离心动作的速度可以从慢到快，这两类动作不需要相同的速度[4]。例如，当进行卧推时，离心和向心动作的节奏不必匹配，速度较慢或较快可能对身体产生不同的影响。与此同时，也应考虑等长运动的速度。此外，需要考虑节奏与运动员的目标和经验是否相匹配。

辅助原则

协助者应该掌握运动员在运动中最容易受伤的地方。例如，在哑铃卧推练习中，以下两种情况的风险最高。一是在哑铃位于头和面部上方时，哑铃可能会从手中滑落，甚至落到运动员身上。因此，当使用哑铃时，协助者应该把手放在运动员的手腕上。如果运动员使用杠铃，协助者应该在运动员双手之间的位置，以正反握的方式握住杠铃。这样的方式握住杠铃有利于保持平衡，防止杠铃杆从协助者的手中滑落。

二是当肌肉拉长，运动员开始进入向心阶段时，失败或受伤的风险会增加。在这一刻，运动停止，改变方向和移动负荷变得更加困难。运动员不当的执行方式或失败的尝试可能导致受伤。因此，协助者的责任是在运动员失去控制时找到最佳位置来帮助运动员。运动员使用哑铃的时候，协助者将手放在运动员手腕周围。运动员使用杠铃的时候，协助者在运动员双手之间采用正反握的方式握住杠铃，如有需要，帮助运动员将杠铃移回起始位置。协助者的位置和使用的技术将根据运动员的经验、力量、运动类型及所使用的器材而改变。有些练习不需要协助者。总之，协助者应该花时间思考协助的时机与位置，并保持专注。

呼吸指南

在进行上半身抗阻训练时，呼吸技巧不应被忽视。在有外部负荷的训练中，需要通过练习来了解正确呼吸和保持放松的方法。正确的呼吸十分重要，它能使腹内产生压力，帮助身体在逐渐增加的负荷中保持稳定。在本章的大部分练习中，吸气应在离心阶段进行，呼气应在黏滞点之后的向心阶段进行。在向心阶段用力呼气有助于放松身体，同时也能提供支撑[3]。

指导提示

　　每一种上半身训练都有对应的指导提示。确保器材是安全的，并根据其设计目的来加以运用。了解每种运动的正确姿势，并尽量保持这个姿势。运动姿势是指双脚平放在地板上，间距与髋部或肩部同宽，膝关节略屈曲，髋部处于中立位，脊柱直立，肩部后靠，胸部向外打开。保持良好的姿势有利于正确且成功地完成练习。

练习检索

哑铃卧推

主要训练肌肉

胸大肌、三角肌前束、肱三头肌。

起始姿势

- 在长凳上以仰卧的姿势躺下，双脚平放在地板上，肩部平放在长凳上，双臂内旋并伸直，两手各握（闭握）一个哑铃，置于胸部上方。
- 肩部应该放松，而不是抬高，手腕应该高于肘部（图7.1a）。

动作阶段

1. 将哑铃从胸部上方降低至约与胸部齐平。哑铃会在下落的过程中分开，因此它们之间的距离大于肩宽（图7.1b）。
2. 通过收缩腹部肌肉支撑身体，推起哑铃远离身体至起始姿势（图7.1a）。双手与躯体应呈三角形，底部分开，顶部靠近。

辅助原则

协助者应以运动姿势站在运动员的头顶位置，双手放在运动员手腕（而不是肘部）处以提供支撑。协助者的双手沿着运动员手腕的轨迹移动，随时准备支撑运动员的手腕，并在适当的时候将重量移开。

练习调整与变式

- 进行标准的杠铃卧推。
- 只使用1个哑铃。

图7.1 哑铃卧推：a. 起始姿势；b. 降低哑铃

- 双臂交替卧推（将两个哑铃放在顶部或底部）。
- 躺在地板上，而不是长凳上，以限制活动度。
- 躺在上斜或下斜的长凳上，而不是水平的长凳上。

指导提示

- 始终控制着哑铃。
- 手腕应收紧，位于肘部正上方，腹部肌肉应收紧。
- 不要让手臂离身体太近，也不要让手腕偏离肘部正上方。

单臂绳索胸前推

主要训练肌肉

胸大肌、三角肌前束、肱三头肌（加上提供稳定性的核心肌肉）。

起始姿势

- 站在绳索训练器械前，一只脚在前，另一只脚在后，膝关节屈曲。将把手连接到绳索上，并将其置于与胸部等高的位置。用后脚同侧的手直握把手。
- 将绳索置于腋下，手握住把手，放在胸部位置。
- 肘部应在手腕后方，手腕的运动应在到达胸线之前停止，以保护肩部（图7.2a）。

动作阶段

1. 在整个运动过程中，上半身保持收紧、直立，将把手向前推，直到肘部伸直，但不要锁死（图7.2b）。
2. 身体的其余部分保持不动，慢慢地向相反的方向移动，手向胸部靠拢，肘部位于手腕后面。

练习调整与变式

- 单膝跪地，另一侧腿向前，髋部和膝关节呈90度角。开始时绳索应略高于肩部——肩部之上，而不是腋下。
- 将绳索置于肩部以上，而不是腋下。
- 向前推动绳索，增加旋转（像拳击手）。这个动作涉及核心肌肉。

指导提示

- 保持运动姿势。
- 把手位于肘部前面。
- 运动时手腕不要屈曲，保持直立、锁定的状态。

图7.2 单臂绳索胸推：a. 起始姿势；b. 向前推

单臂绳索划船

主要训练肌肉

背阔肌、大圆肌、斜方肌中束、菱形肌、三角肌后束。

起始姿势

- 站在绳索训练器械前，双脚呈分腿姿，一只脚在前，另一只脚在后，两脚相距约2~3英尺。
- 略屈曲膝关节，用后脚同侧的手握住把手（图7.3a）。
- 保持直立的运动姿势，肩胛骨稍微向后缩，肩部放松而不是抬高。

动作阶段

1. 在整个动作中，上半身保持收紧、直立，将把手拉向躯干。肘部应向后移动，手腕应与肘部形成一条直线，同时保持靠近身体（图7.3b）。
2. 以可控的方式向前移动把手，回到起始姿势。

练习调整与变式

- 使用绳子、V形杆或杠铃杆，或在把手上放一条毛巾，以增强握力。
- 单膝跪地，另一侧腿向前，髋部和膝关节呈90度角。
- 将有绳索的球连接到绳索上，然后拉动绳索。
- 改变向心或离心动作的节奏，或在拉之前或之后停顿。

图7.3 单臂绳索划船：a. 起始姿势；b. 向后拉

指导提示

- 确保拉的动作是由背部肌肉驱动的，而不是由躯干或腹部肌肉驱动的。

- 确保运动的手腕不高于或低于肘部，而是与肘部持平。

- 控制移动的重量，保持上半身挺直。

背阔肌高位下拉（器械）

主要训练肌肉

背阔肌、大圆肌、斜方肌中束、菱形肌、三角肌后束。

起始姿势

- 坐在训练器械前，大腿置于垫子下，双脚平放在地板上。

- 采用正握的方式握住横杆，双手分开，距离大于肩宽。

- 双臂完全伸展，稍微向后和向下移动肩部，躯干略向后倾斜。

- 微微仰头，眼睛注视固定的位置，以保持正确的姿势，保持颈部放松（图7.4a）。

动作阶段

1. 以一种平稳的、可控的方式将横杆向下拉至上胸部，同时保持正确的姿势。

2. 横杆触碰到上胸部，手腕保持收紧，肩部向后、向下移动（图7.4b）。

3. 肘关节伸展，慢慢回到起始位置，同时不改变躯干的位置。

图7.4 背阔肌高位下拉（器械）：a. 起始姿势；b. 向下拉横杆至上胸部

练习调整与变式

- 把横杆换成把手、绳子、毛巾或其他器材。
- 改变向心或离心动作的节奏，或在拉之前或之后停顿。

指导提示

- 不要将横杆拉至下胸部。
- 放松颈部，不要耸肩。
- 当试图让横杆触碰到胸部时，不要弓背。
- 不要用躯干拉动横杆。

引体向上

主要训练肌肉

背阔肌、大圆肌、斜方肌中束、菱形肌、三角肌后束。

起始阶段

- 用正握的方式握住把手，双手分开，距离等于或略大于肩宽。
- 开始时，肘关节伸直，完全悬空，双脚离开地面（图7.5a）。
- 直视前方。

动作阶段

1. 在整个运动过程中，上半身保持收紧、直立，向后挤压肩胛骨，将身体向上拉，直到上胸部碰到杆或肩部靠近把手（图7.5b）。

图7.5　引体向上：a. 起始姿势；b. 将身体上拉至肩部靠近把手

2. 在顶端稍停片刻，然后伸展肘关节，以可控的方式让身体降落至地面。

3. 降低身体，直到肘关节完全伸展。

辅助原则

协助者可以通过推动运动员的中背部（或者如果运动员屈膝，可以从小腿或脚踝处抬起运动员的身体）来帮助运动员。

练习调整与变式

- 将握法改为反握、相对握或正反握。
- 在向上运动或整个运动过程中，屈曲髋关节，使膝关节靠向胸部。
- 在引体向上的顶部或底部位置，停顿稍久一点。
- 用毛巾裹住把手，增加其厚度。
- 使用1条辅助带。

指导提示

- 确保肘关节在运动的底部位置保持伸展。
- 避免以摆荡（也叫屈伸）的方式来完成动作。
- 核心肌肉收紧，以保护背部，防止在中间阶段出现任何屈曲动作。

俯身划船

主要训练肌肉

背阔肌、大圆肌、斜方肌中束、菱形肌、三角肌后束。

起始姿势

- 站立时，双脚与肩同宽，脚尖向前，膝关节略屈曲，小腿靠近杠铃杆。
- 采用正握的方式握住杠铃杆，双手分开，距离大于肩宽。
- 髋关节呈铰链状态，使躯干几乎与地面平行，背部挺直，脊柱处于中立位（图7.6a）。
- 眼睛应看向地板。
- 收下巴，从而让颈部处于中立位。
- 或者进行硬拉练习（见第6章），将杠铃从地板上提起，然后使髋关节呈铰链状态，进入该练习的起始姿势。

动作阶段

1. 将杠铃拉向躯干。
2. 控制杠铃的运动，收紧躯干，背部挺直，膝关节略屈曲。
3. 将杠铃提拉到胸部以下或上腹部的位置（图7.6b没有呈现）。
4. 以可控的方式将杠铃放回地面，保持脊柱、躯干和颈部处于中立位。

练习调整与变式

- 使用2个或1个哑铃。
- 采用反握的方式。
- 躺在一张较高的长凳上，将杠铃放在长凳下面。
- 进行该练习时，手持哑铃，单腿站立。

图7.6　俯身划船：a. 起始姿势；b. 将杠铃拉向躯干

指导提示

- 髋关节铰链技术可以使躯干向前移动，同时有助于保护背部。
- 如果腘绳肌紧张，可以增大膝关节屈曲幅度。
- 在整个运动过程中，躯干保持收紧、直立。

绳索面拉

主要训练肌肉

背阔肌、大圆肌、斜方肌中束、菱形肌。

起始姿势

- 面对高滑轮绳索训练器械站立，以正握的方式握紧绳索把手，掌心朝向地面。
- 后退一步，使绳索绷紧，手臂在面前完全伸展。
- 肘部向外指向两侧。
- 头部与脊柱呈一条直线，确保躯干完全直立（图7.7a）。

动作阶段

1. 挤压肩胛骨，然后将把手拉向面部。
2. 当上臂与肩部对齐时，用手拉动把手（保持上臂静止）继续向后运动（一次平稳运动，而不是两次单独运动），直到手接近耳朵，把手中心接近前额（图7.7b）。
3. 回到起始姿势。

练习调整与变式

坐在与训练器械垂直的长凳上进行这个练习。

图7.7 绳索面拉：a. 起始姿势；b. 朝面部方向拉动把手

指导提示

- 不要将上背部弓起，尤其是在手臂完全在面部前面的时候。
- 在整个运动过程中，保持头部、躯干和下肢的位置不变。

肩部侧平举

主要训练肌肉

　　三角肌。

起始姿势

- 以运动姿势站立，双手以相对握的方式握住哑铃，使哑铃位于大腿前面。
- 肘部略屈曲，但在运动开始时保持收紧。
- 眼睛直视前方（图7.8a）。

动作阶段

1. 举起哑铃，远离身体，直到手臂与地面接近平行。肘部和手腕应该同时向上运动，并位于前臂、手和哑铃的前面（比图7.8b所示的幅度大）。
2. 保持头部处于中立位。
3. 在顶端停顿片刻，然后有控制地下落至起始姿势（离心运动）。
4. 在整个练习过程中，保持肘部略屈曲。

图7.8 肩部侧平举：a. 起始姿势；b. 举起哑铃

练习调整与变式

- 使用壶铃进行练习。
- 在坐姿下练习。
- 使用绳索器械代替哑铃。

指导提示

- 同时移动肘部和手腕，而不是前后分开移动。
- 不要让躯干或头部向前倾。
- 控制重量，防止哑铃摇摆。

杠铃片肩部前平举

主要训练肌肉

三角肌前束。

起始姿势

- 采用运动姿势，双手握住身体前面的杠铃片。
- 肘部略屈曲，但在运动开始时保持紧绷。
- 保持杠铃片垂直于手臂，手腕绷紧。
- 眼睛直视前方（图7.9a）。

动作阶段

1. 举起杠铃片至高度与肩部持平。同时移动肘部和手腕，而不是前后分开移动。在整个运动过程中，手臂应该保持几乎完全伸展。
2. 腹肌收紧，保持良好的姿势，脊柱处于中立位，控制杠铃片的运动。
3. 当手达到肩部高度时停顿（图7.9b），然后将杠铃片放回大腿顶部的起始位置。

练习调整与变式

- 使用哑铃、药球或杠铃。
- 站在不平整的地面上。
- 背部挺直，靠墙。
- 使用绳索器械。

指导提示

- 确保上半身在手臂抬起时不会向后倾斜。
- 找一个不用耸肩就能举起的重量。
- 防止身体摇摆或背部弓起。

- 肘部不要完全伸直。

图7.9 杠铃片肩部前平举：a. 起始姿势；b. 举起杠铃片至与肩部持平的高度

站姿哑铃肩部推举

主要训练肌肉

三角肌、肱三头肌。

起始姿势

- 以运动姿势站立。
- 双手各持一个哑铃，掌心相对。
- 双手分开，大约与肩同宽，保持哑铃和手腕位于肘部上方。
- 保持眼睛直视前方（图7.10a）。

动作阶段

1. 向上推举哑铃，直到肘关节完全伸展（图7.10b）。
2. 紧握哑铃，手腕保持绷紧（不允许屈曲）。
3. 在可控的情况下，将哑铃降低至起始位置，确保手腕和哑铃始终处于肘部上方。

辅助原则

如果需要协助者，运动员应该坐在长凳上，这样协助者可以站在运动员后面。协助者保持运动姿势，双手放在运动员手腕（而不是肘部）处以做好提供支撑的准备。协助者双手沿着运动员手腕的轨迹移动，随时准备支撑运动员的手腕，并在需要时将重量移走。

图7.10 站姿哑铃肩部推举：a. 起始姿势；b. 将哑铃推举至肘关节完全伸展

练习调整与变式

- 进行标准的杠铃肩部推举练习。
- 使用分腿姿势，或以坐姿或跪姿（单膝或双膝）进行练习。
- 将双手旋转成正握的状态进行推举练习。
- 将壶铃倒置（自下而上），以增强握力。
- 双臂交替推举哑铃过头顶。
- 只使用一只手臂。

指导提示

- 不要让背部过度弓起或躯干向后倾斜。
- 在向心阶段，允许两个哑铃的间距由宽到窄自然移动。
- 如果以站立姿势进行练习，不要锁定膝关节。

俯卧Y、T、I字练习

主要训练肌肉

冈下肌、大圆肌、小圆肌、斜方肌、菱形肌、三角肌后束。

起始姿势

- 俯卧在瑞士球或倾斜角为20~35度的斜凳上。
- 面朝下，保持处于中立位。
- 手臂垂直向下，用相对握的方式握住哑铃（图7.11a）。

动作阶段

1. 旋转双手，掌心相对，拇指向上。
2. 挤压肩胛骨，以45度角屈曲肩部，形成Y字，并抬高手臂（图7.11b）。
3. 手臂回到起始位置（图7.11c），抬高手臂，与身体呈90度角，形成T字（图7.11d）。
4. 手臂回到起始位置（图7.11e），然后将手臂举过肩部，形成I字（图7.11f）。
5. 手臂回到起始位置。

练习调整与变式

- 在地板上进行该练习（这会减少活动度，且起始姿势也有差异）。
- 使用绳索训练器械，以站立位练习这些动作。
- 躺在桌子上（阻力方向改变），一次用一只手臂进行该练习。

指导提示

- 在整个运动过程中，请勿让胸部抬起，保持静止。
- 不要向前挤压颈部和肩部，而是将肩胛骨向后和向下缩。
- 在整个练习过程中，保持拇指的相对位置在上方。

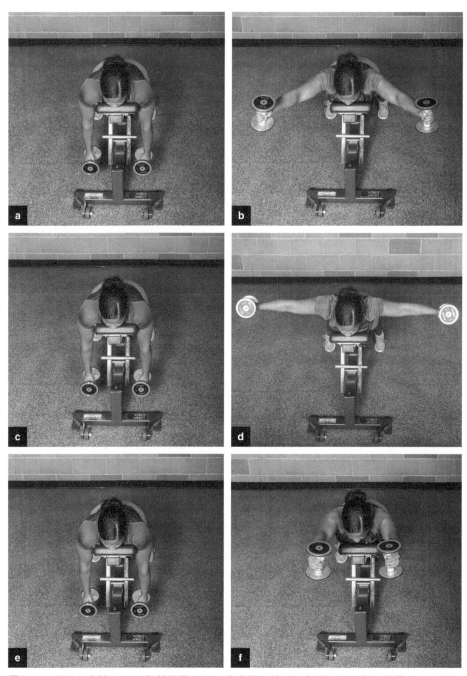

图7.11 俯卧Y字练习：a. 起始姿势；b. Y字姿势。俯卧T字练习：c. 起始姿势；d. T字姿势。俯卧I字练习：e. 起始姿势；f. I字姿势

肱三头肌下压（器械）

主要训练肌肉

肱三头肌。

起始姿势

- 在绳索训练器械上安装一根短杆。
- 站在绳索训练器械前，双手握住短杆的两端。
- 保持上臂靠近身体两侧，身体稍微前倾，与绳索平行（图7.12a）。

动作阶段

1. 保持上臂紧贴躯干，伸展肘关节并推动手腕，直到肘关节完全伸展（图7.12b）。
2. 肘关节至少屈曲90度，同时尝试在肘关节不离开身体两侧的情况下，最大限度向下拉短杆。

练习调整与变式

- 使用各种工具，如绳子或三角形把手，或在短杆上挂一条手巾，握住手巾两端。
- 斜靠墙壁，绳索垂直向下。
- 单手握住绳子或把手，一次使用一只手。

指导提示

- 在整个运动过程中，保持运动姿势。
- 注意，不要让肘关节与身体两侧分开，在整个运动过程中，它们应该紧贴身体两侧。
- 收紧腹部以防止躯干前屈或使用冲力。

图7.12 肱三头肌下压（器械）：a. 起始姿势；b. 伸展肘关节

杠铃肱二头肌弯举

主要训练肌肉

肱二头肌、肱肌、肱桡肌。

起始姿势

- 以运动姿势站立。用反握的方式握住杠铃杆，双手的距离与肩同宽。
- 站直，保持膝关节轻微屈曲。
- 杠铃杆应处于大腿位置（图7.13a）。

动作阶段

1. 通过屈曲肘关节和将手向肩部前面移动来弯举杠铃。
2. 杠铃应该沿弧线移动。
3. 肘关节应紧贴身体两侧。
4. 到达顶端（图7.13b）后，以稳定的、可控的方式将杠铃放回大腿位置，直到肘关节伸直。

练习调整与变式

- 使用分腿姿势或将杠铃杆的类型换成EZ弯举杆。
- 靠在墙上。
- 使用绳索训练器械或哑铃。

图7.13 杠铃肱二头肌弯举：a.起始姿势；b.弯举

指导提示

- 不要通过摆动身体来移动杠铃。

- 运动至顶部和底部位置时暂停片刻，以防止使用冲力。

- 当杠铃从肩部前面回到起始位置时，不要让肘关节离开身体两侧。

- 腹部收紧，以防止腰部过度弯曲或过度伸展。

哑铃肱二头肌弯举

主要训练肌肉

肱二头肌、肱肌、肱桡肌。

起始姿势

- 以运动姿势开始。双手用相对握的方式握住身体一侧的哑铃（图7.14a）。

- 站直，保持膝关节轻微屈曲（比图7.14所示的幅度更大）。

动作阶段

1. 屈曲其中一侧肘关节，手腕向前并朝向肩部的前方移动。

2. 逐渐旋转哑铃至掌心朝上（反握），直到哑铃与肩同高（图7.14b）。另一只手臂保持不动。

3. 降低哑铃，手向前、向下远离肩部，保持肘关节紧贴身体一侧。当肘关节完全伸展时，手部逐渐内旋，使哑铃处于相对握的位置。

4. 用另一只手臂重复上述动作。

图7.14 哑铃肱二头肌弯举：a. 起始姿势；b. 弯举

练习调整与变式

- 坐在凳子或瑞士球上。

- 在整个练习过程中，双手呈锤式姿势弯曲（使用相对握法）。

- 使用附带把手的绳索训练器械。

指导提示

- 在运动中尽量减少肘关节向前或向后的运动。

- 在整个运动过程中，手腕保持绷紧。

- 不要摆动哑铃，也不要弓背移动哑铃。

哑铃颈后臂屈伸

主要训练肌肉

肱三头肌。

起始姿势

- 坐在长凳上，双手握住一个哑铃，置于头部后方，双脚平放在地板上。

- 上臂靠近头部，肘关节大约屈曲90度，保持放松的姿势（图7.15a）。

图7.15 颈后哑铃臂屈伸：a. 起始姿势；b. 伸展肘关节

动作阶段

1. 在保持上臂不动的同时，肘关节伸展，将哑铃举过头顶，直到肘关节完全伸直（图7.15b）。

2. 降低哑铃，回到起始位置。

辅助原则

协助者站在运动员身后，以确保运动员没有丢掉哑铃或帮助运动员把哑铃放到起始位置。

练习调整与变式

- 使用绳索训练器械或杠铃。

- 使用两个哑铃。

- 用单臂完成练习。

指导提示

- 保持上半身不动，向头部方向屈曲肘关节，防止背部弓起。

第8章

核心训练技术

约翰·沙克尔顿（John Shackleton）

解剖学中的核心与人体躯干有关，指的是附着于脊柱、胸廓和头骨的肌肉组织。竖脊肌、臀大肌、腹直肌、腹内斜肌和腹外斜肌作为脊柱的支撑结构，共同发挥着作用，在各个维度的运动中为身体提供稳定性[1]。若没有一个强有力的核心，运动员的表现会受到影响，而且更容易受伤[4]。因此，加强核心肌肉是篮球运动员全面发展身体素质的关键。

本章介绍的练习旨在确保运动员在安全的情况下提高核心肌肉的等长和动态力量。等长练习是一种训练形式，进行等长练习时，尽管外力作用于身体，肌肉还是会在不改变关节角度或肌纤维长度的情况下产生张力[3]。篮球运动员利用核心等长力量的例子是，当防守球员试图迫使进攻球员失去位置和平衡时，中锋会试图通过低位单打来获得位置。为了获得位置，进攻球员必须处于较低和较宽的体位，保持躯干直立，这需要球员具备较强的核心等长力量，以承受来自防守球员的对抗。在动力学上，核心扮演着重要的角色，它能够将腿部和髋部产生的力转移到上半身。

篮球运动员在进攻和防守中承受身体对抗和保持躯干稳定的能力是比赛的一个关键方面，必须通过核心训练来对其进行强化。因此，本章介绍的练习旨在强化核心所有维度的深层稳定肌肉（腹横肌、竖脊肌、多裂肌和腰方肌）和浅层肌肉（腹直肌、腹内斜肌、腹外斜肌和竖脊肌），使它们能够协同工作以保持核心稳定[2]。我们将以针对篮球运动的方法来锻炼运动员的核心，以改善其运动表现和减少受伤的风险。

练习检索

前平板支撑

主要训练肌肉

腹横肌、腹直肌、多裂肌、竖脊肌。

起始姿势

- 面朝下，俯卧于地板上。
- 双脚分开，与髋同宽，脚尖朝下。
- 充分伸展双腿和髋部。
- 肘关节屈曲90度，肘部置于肩部下方，前臂与地面接触。掌心相对或掌心平放在地板上（图8.1a）。

动作阶段

1. 开始时，脚尖指向地板，收缩腿部和髋部的肌肉。
2. 在保持下半身用力的同时，肘部推向地板，并将髋部抬离地板至脊柱处于中立位（图8.1b）。
3. 保持平板支撑姿势至规定的时间。

呼吸指南

注意吸气与呼气的配合。

练习调整与变式

进行该练习时，可以让运动员的双脚抬离地面，屈曲膝关节到90度，以支撑下半身。

指导提示

运动员做平板支撑时，确保踝关节、膝关节、髋关节、躯干和头部适当地对齐。

图8.1 前平板支撑：a.起始姿势；b.静态平板支撑姿势

V字起

主要训练肌肉

腹直肌、腹横肌、髂腰肌。

起始姿势

- 面朝上，仰卧于地板上，双臂伸展举过头顶。
- 双腿分开与肩同宽，脚尖向上（图8.2a）。

动作阶段

1. 通过同时抬起双腿和双臂来屈曲髋关节和脊柱。保持膝关节和肘关节完全伸展。
2. 当手和脚彼此相向移动时，抬起肩部，头部离开地面，收紧下巴，使手和脚在髋部上方尽量靠近（图8.2b）。保持该最终姿势大约1秒。
3. 当髋部和脊柱向后伸展至起始位置时，双臂和双腿有控制地回落至起始位置。注意，肘关节和膝关节在整个活动度内保持伸展，并回到起始姿势。

呼吸指南

开始运动时，深吸气。双脚和双手相向移动时，慢慢呼气。当脚和手接触时，停顿1秒，同时停止呼气。下一次吸气从手臂和腿回到地面开始。

练习调整与变式

如果运动员很难将手伸到脚边，让他们把注意力集中于双手与小腿接触。

指导提示

当运动员完成整个动作时，确保膝关节和肘关节保持完全伸展。

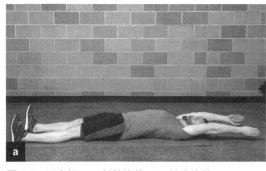

图8.2　V字起：a.起始姿势；b.结束姿势

侧旋转V字起

主要训练肌肉

腹直肌、腹横肌、腹内斜肌、腹外斜肌、髂腰肌。

起始姿势

- 面朝上，仰卧于地板上，双臂向两侧伸展（呈T形），双腿和双脚并拢，躯干和髋部向一侧旋转，使同一侧的臀部、腿部、脚部的外侧与地板接触。
- 在这个位置上，对侧手臂、头部后方是否接触地板取决于躯干的灵活性。

动作阶段

1. 以解剖学核心肌肉开始运动，同时向上抬起双腿和对侧手臂，髋部和脊柱屈曲，部分躯干旋转。
2. 另一侧手臂平放在地板上，掌心朝下，以增加动作的稳定性。在向上运动时保持膝关节和肘关节充分伸展。
3. 当对侧手臂和双脚相互靠近时，肩部和头部抬离地面，最大限度地收紧躯干。保持该姿势大约1秒。
4. 通过降低手臂和腿，逐渐放松躯干，回到起始姿势。
5. 重复这一动作，但先将躯干和髋部旋转到另一侧，然后用另一只手臂靠近。

呼吸指南

开始时，深吸气。慢慢地呼气，同时控制双脚和手向对方移动。手脚在最上面时，呼气，同时停顿1秒。下一次吸气应该从手臂和腿回到地板开始。

练习调整与变式

要提高难度，可将哑铃或壶铃放在对侧手臂上。

指导提示

确保运动员在整个运动过程中手臂和腿处于伸展状态。腿和手臂不应接触地面，以确保在整个练习过程中核心肌肉处于活动状态。

死虫动作

主要训练肌肉

腹横肌、腹直肌、腹内斜肌、腹外斜肌。

起始姿势

- 面朝上，仰卧于地板上，膝关节和髋关节屈曲90度。
- 手臂伸直放在身体前面，用双手和双膝稳住瑞士球（图8.3a）。

动作阶段

1. 在保持整个背部（颈部到脊柱下半部分）与地面接触的同时，用膝和手轻压瑞士球，使腹部肌肉得到锻炼。
2. 以可控的方式同时移动一组对侧肢体（如右腿和左臂），直到腿和手臂完全伸展至离地几英寸（5~8厘米）处。在对侧肢体运动时，另一只手和膝应主动压球，以提供核心稳定性（图8.3b）。
3. 保持最终姿势片刻，然后对侧手臂和膝回到起始姿势（图8.3a）。
4. 另一组对侧肢体重复上述动作，并交替重复完成规定的次数。

呼吸指南

在最初的准备过程中，充分呼气，用手和膝向球施加压力。在伸展对侧肢体时吸气。当对侧肢体回到起始姿势时呼气。

练习调整与变式

如果运动员在对侧肢体运动时，不能保持下背部与地面接触，则降低难度，让运动员保持起始姿势至规定的时间。

指导提示

在开始运动时，检查腰椎是否与地面接触。如果有间隙，将一只手放到下背部下方，并提示运动员向前倾斜髋部（髋部收紧），使腰椎与地面接触。

图8.3 死虫：a. 起始姿势；b. 对侧肢体运动

侧平板支撑

主要训练肌肉

腹横肌、腹直肌、腰方肌、多裂肌、竖脊肌、腹内斜肌、腹外斜肌。

起始姿势

- 侧卧在地板上。
- 双脚、双膝、臀部和肩部形成一条直线。
- 下侧手臂的肘部置于肩部下方，上臂垂直于地面（肩部的位置比图8.4a所示的要高）。

动作阶段

1. 首先，一侧的肘部和脚支撑于地板上，抬起髋部，直到髋部处于中立位，并与头、脚和脊柱对齐。此时，只有手肘部和下侧的脚与地面接触（图8.4b）。
2. 保持侧平板支撑姿势至规定的时间。
3. 改变姿势，换另一侧进行侧平板支撑。

呼吸指南

侧平板支撑时，应缓慢而有控制地吸气和呼气。

练习调整与变式

- 如需降低练习难度，屈曲膝关节至90度，用下侧腿的膝关节支撑身体。
- 如需提高练习难度，将用肘部支撑上半身的重量进阶为肘关节伸直，用手支撑上半身的重量。这个动作需要很强的肩部稳定能力。

图8.4 侧平板支撑：a.起始姿势；b.静态侧平板支撑姿势

悬挂侧平板支撑

身体侧卧，肘关节在肩部正下方，前臂和手腕与地面接触。髋部收紧，双脚放在悬挂带的环里。悬挂带的环应与脚踝接触。肩部、髋部、膝关节和脚踝应该在一条直线上。上侧膝关节和脚踝将在下侧膝关节和脚踝前面，大致对齐。同时将前臂放在地板上，将脚踝底部伸入悬挂带，髋部抬起至中立位。侧平板支撑的时候，在规定的时间内，利用核心、髋部和小腿的肌肉来保持脊柱和髋部处于中立位。

指导提示

- 提示运动员让颈部与脊柱的其余部分对齐。
- 提示运动员收紧髋部，并将髋部向前推，使膝关节和肩部对齐。非支撑手臂也可以向上伸展，以使两肩对齐。

鸟狗式平板支撑

主要训练肌肉

腹横肌、腹直肌、多裂肌、竖脊肌、臀大肌。

起始姿势

- 面朝下，俯卧于地板上。
- 双脚分开，与髋部同宽，脚尖指向地面。
- 充分伸展双腿和髋部。
- 肘关节屈曲90度，置于肩部正下方。前臂与地板接触。双手握拳，掌心相对（图8.5a）。

动作阶段

1. 同时将对侧手臂和腿（即右臂和左腿）抬离地面，直到右臂完全伸过头顶并与肩部对齐（图8.5b）。左腿在抬起时应保持完全伸直，臀部肌肉收紧。保持这个姿势至规定的时间。
2. 回到起始姿势，换另一侧手和腿重复上述动作。

呼吸指南

开始时充分呼气，以激活腹部肌肉。吸气，同时抬起对侧手臂和腿。进入保持阶段后，要有控制地深吸气和呼气。

图8.5　鸟狗式平板支撑：a. 起始姿势；b. 静态鸟狗式平板支撑姿势

练习调整与变式

- 采用四足式（双膝与双手）起始姿势来降低难度。

- 提高难度可以让练习更有效。例如，抬起对侧的手臂和腿，并在切换到另一侧手臂和腿之前保持最终姿势约2秒。继续练习，同时交换手臂和腿，直到完成规定的重复次数。

指导提示

- 当运动员抬起对侧手臂和腿时，提示运动员让髋部与地面保持平行。抬腿时，通常可以看见髋部向地板方向旋转。

- 确保运动员在抬腿时没有伸展腰部。

跪姿帕洛夫胸前推

主要训练肌肉

腹横肌、腹直肌、腹内斜肌、腹外斜肌。

起始姿势

- 双手握住绳索把手，呈跪姿，使绳索与绳索柱垂直。

- 肩部与髋部对齐，髋部在膝关节上方。

- 保持躯干挺直，挺胸，肩胛骨向下、向后缩。

- 双手将绳索拉向胸部方向，绳索把手靠近胸部（图8.6a）。

动作阶段

1. 用手将绳索把手从胸前笔直地推出，直到肘关节完全伸直，且绳索把手与肩部对齐（图8.6b）。

2. 在手臂完全伸展后，核心肌肉将最大限度地等长收缩。

3. 保持这个姿势至规定的时间，同时保持脊柱处于中立位，挺胸，肩部向下和向后缩。

图8.6 跪姿帕洛夫胸前推：a. 起始姿势；b. 静态推出姿势

呼吸指南

将绳索把手笔直推向身体前方的同时，有控制地吸气和呼气。

练习调整与变式

这个动作可以站着进行：采用运动姿势，双脚分开，与髋同宽，并稍微屈曲膝关节和髋关节。

站姿侧步帕洛夫胸前推

双手握住绳索把手，身体直立，使绳索与绳索柱垂直。双脚分开，距离大于肩宽，保持躯干直立，挺胸，肩胛骨向后缩，屈曲髋关节和膝关节，呈现一种运动的、防守的姿势。双手将绳索拉向胸部方向，绳索把手靠近胸部。开始练习时，将绳索把手从胸部笔直地向前推出，直到肘关节完全伸展，绳索把手与肩部对齐。当手臂完全伸展时，来自绳索的旋转力是最大的，运动员的核心肌肉将最大限度地等长收缩，以抵抗旋转运动。当保持低而宽的蹲姿时，将绳索把手向前推出，然后向绳索柱外侧迈出一步（稍停片刻），然后向绳索柱外侧再迈出一步（再次稍停片刻）。在这个动作之后，要么把绳索拉回胸前，停顿片刻，再把它推出去，然后完成另一个侧步；要么保持推绳索动作，继续完成侧步。

指导提示

- 确保运动员的髋部、躯干和肩部保持处于中立位。如果运动员出现代偿动作，则可以减轻重量，让运动员集中精力，保持正确的姿势。
- 为了保持骨盆处于中立位，提示运动员收缩臀部肌肉。

站姿帕洛夫过顶推举

主要训练肌肉

腹横肌、腰方肌、腹内斜肌、腹外斜肌、腹直肌。

起始姿势

- 双手握住绳索把手，身体直立，使绳索与绳索柱垂直。
- 采用运动姿势，双脚分开，与髋部同宽，略屈曲膝关节和髋关节。
- 保持躯干挺直，挺胸。
- 双手将绳索拉向胸部方向，绳索把手靠近胸部（图8.7a）。

动作阶段

1. 笔直地向上推举绳索，直到绳索把手位于头顶上方（图8.7b）。
2. 当绳索把手位于头顶上方时，核心肌肉将得到锻炼——进行等长收缩并抵抗脊柱的侧向屈曲。
3. 保持这个姿势至规定的时间，同时保持脊柱和髋部处于中立位。

呼吸指南

将绳索把手举过头顶时，有控制地吸气和呼气。

图8.7 站姿帕洛夫过顶推举：a. 起始姿势；b. 静态上推姿势

练习调整与变式

　　练习该动作时，可以采用高位跪姿，双膝跪地或将肘关节屈曲90度。这样可以通过减少核心所抵抗的旋转力来降低难度。

站姿侧步帕洛夫过顶推举

　　双手握住绳索把手，身体直立，使绳索与绳索柱垂直。双脚开立，距离大于肩宽，保持躯干直立，挺胸，肩胛骨向后缩，屈曲髋关节和膝关节，呈现一种运动的、防守的姿势。双手将绳索拉向胸部方向，绳索把手靠近胸部。开始练习时，将绳索垂直向上推举，直到绳索把手位于头顶上方。当绳索把手位于头顶上方时，核心肌肉将得到锻炼——进行等长收缩并抵抗脊柱的侧向屈曲。保持这个姿势一定的时间，然后向绳索柱后方侧移一步，稍停片刻，把绳索把手放回绳索柱，或者继续完成重复动作。

指导提示

- 确保运动员的髋部、躯干和肩部处于中立位。如果运动员出现代偿动作，则可以减轻重量，让运动员集中精力，保持正确的姿势。
- 为了保持骨盆处于中立位，提示运动员收紧臀部肌肉。

抬体桥式支撑

主要训练肌肉

　　臀肌（臀大肌、臀中肌、臀小肌）、竖脊肌、多裂肌、腹横肌。

起始姿势

- 面朝上，仰卧于地板上，双脚抬高放在凳子上。
- 屈曲踝关节，脚尖向上。
- 屈曲膝关节和髋关节至90度。
- 双臂在身体两侧充分伸展，掌心向下。
- 头部应与地面接触，下巴略收（图8.8a）。

动作阶段

　　1. 脚跟放在凳子上，髋部抬离地面，脊柱处于中立位。上半身由肩部支撑。

　　2. 脚跟发力，完全伸展髋部（图8.8b），等长地保持这个姿势至规定的时间。

呼吸指南

　　注意有控制地吸气和呼气。

图8.8 抬体桥式支撑：a. 起始姿势；b. 抬起髋部

练习调整与变式

如需降低练习难度，可将双脚放在膝关节的正下方。

抬体桥式支撑交替举腿

面朝上，仰卧于地板上，双脚抬高放在凳子上。屈曲踝关节，脚尖向上，屈曲膝关节和髋关节至90度。双臂在身体两侧充分伸展，掌心朝下。头部应与地面接触，下巴微收。脚跟放在凳子上，髋部抬离地面，脊柱处于中立位，上半身由肩部支撑。脚跟发力，完全伸展髋部，等长地保持这个姿势至规定的时间。一只脚从凳子上抬起，完全伸展膝关节，保持这个姿势1~2秒，然后回到起始姿势。换另一条腿重复上述动作。继续进行，直到完成规定的次数。

指导提示

- 从侧面看，运动员的膝关节、髋部和肩部应该在一条直线上。
- 提示运动员，脚跟发力，抬高髋部，借助臀部肌肉保持髋部的稳定。

反向髋部伸展保持

主要训练肌肉

臀肌（臀大肌、臀中肌、臀小肌）、竖脊肌、多裂肌。

起始姿势

- 面朝下，俯卧于箱子（或高凳）上，支撑上半身。抓住箱子（或凳子）的外沿以支撑身体。
- 髋部位于箱子（或凳子）的边缘，尽量屈曲90度（或尽可能地屈曲到贴近箱子或凳子，如图8.9a所示）。

动作阶段

1. 保持膝关节伸直，脚尖绷直，将髋部推向箱子（即收缩臀部肌肉），同时有控制地抬起双腿，以将髋关节伸展至中立位（图8.9b）。

2. 当双腿到达顶部，髋关节处于中立位时，保持这个姿势至规定的时间。

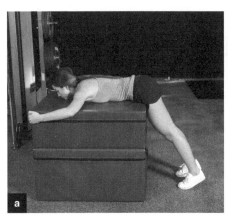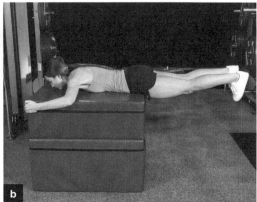

图8.9 反向髋部伸展保持：a. 起始姿势；b. 抬腿

呼吸指南

保持髋关节向后伸展的同时，注意有控制地吸气和呼气。

练习调整与变式

将膝关节屈曲90度即可降低该练习的难度。

Bosch髋部伸展保持

面朝上，仰卧于地板上，一只脚放在凳子上，一条腿向上伸向天花板。在凳子上的脚的踝关节背屈，主动驱动脚跟，以充分伸展髋关节，将其抬离地面。保持这个姿势至规定的时间，然后回到起始姿势（或重复一定次数）。换另一条腿重复上述动作。

指导提示

- 提示运动员在抬腿时收缩臀部肌肉。
- 从侧面看，在伸髋的顶部位置，肩部、髋部和膝关节成一条直线。

伐木

主要训练肌肉

腹内斜肌、腹外斜肌、腹横肌、腹直肌。

起始姿势

- 站立，肩部垂直于绳索柱。
- 双脚间距与肩同宽，略屈曲髋关节与膝关节。
- 保持躯干直立，挺胸，肩部向下和向后缩。
- 双臂沿对角线向上伸展（外侧手臂越过身体），双手握住绳索把手，置于内侧肩部上方的位置（图8.10a）。

动作阶段

1. 手臂完全伸展时，通过旋转上半部分脊柱和肩部，沿对角线将绳索把手向下拉至外侧髋部下方（图8.10b）。髋部和下背部在整个动作中保持处于中立位。
2. 在旋转的最后位置停顿1~2秒。
3. 有控制地将绳索把手沿对角线方向放回绳索柱，肩部和上半部分脊柱回到起始姿势，从而进行反向运动。同样，髋部和下背部在整个动作中保持处于中立位。

呼吸指南

旋转至远离绳索柱时用力呼气，将绳索把手放回绳索柱时吸气。

图8.10　伐木：a. 起始姿势；b. 对角线运动

练习调整与变式

可以通过改变伐木动作的角度来调整练习方案。例如,将绳索把手拉至髋部以下,从底部开始向上运动。另外,还有两种变式:将绳索调至与肩同高的位置,以便在站立时进行水平方向的伐木练习;或以高位跪姿进行斜式伐木练习。前面描述的练习技术均适用于这两种变式。唯一的区别是,手臂或身体的起始位置和伐木的方向有所变化。

指导提示

- 在运动员适应了动作模式后,让运动员在旋转至远离绳索柱时,加快拉动绳索的速度。
- 安全起见,请始终让运动员以可控的方式将绳索放回起始位置。

第 3 部分

训练计划设计指南和训练方案示例

第 9 章

赛季后训练方案

约书亚·博霍塔尔（Joshua Bonhotal）、布赖斯·道布（Bryce Daub）

　　经过一个漫长而艰苦的篮球赛季之后，运动员们迎来了一个关键时刻，开始为不久后更高强度的训练中周期打下基础。竞争激烈的赛季和短暂的过渡期之后，赛季后阶段很快就开始了。运动员必须争取机会从本赛季累积的疲劳中恢复过来。一段短暂的停训过渡期是运动员离开赛场后所急需的，他们将有机会休息并使身心得到恢复。在这段时间之后，赛季后阶段将作为一个精心设计的计划的起点，运动员将进行休赛季的抗阻训练计划。

　　季后赛的成功与否决定了赛季的长度，因为赛季后的训练阶段通常很短——持续4~6周，并且应该至少分为两个小周期，积极恢复和一般生理准备（GPP）。抗阻训练计划的时长和运动员的参与程度往往取决于最近结束赛季的结果和时间。在这一年中，当运动员的队伍被提前淘汰出局时，他们将有更多机会在休赛季阶段开始前进行积极的训练。与此相反的是取得冠军的成功赛季。在这种情况下，赛季后的训练主要以恢复为目的。制定赛季后的训练计划的第一步是确定并考虑可用的时间表。制定赛季后的训练计划时应平衡时间和适度的活动之间的关系，以促进运动员从上一赛季累积的疲劳中恢复，同时避免在重新引入抗阻训练时运动员状态不佳。

　　虽然提倡球员在决赛后休息一段时间，但是休息太久反而有害。在一个赛季结束时，篮球运动员，尤其是上场时间很长的运动员，更能保持良好的生理状态。完全无视他们目前的身体状况是不负责任的做法。在缺乏训练的情况下，短短两周内就会出现能力减退的情况。罗德里格斯-费尔南德斯（Rodriguez-Fernandez）及其同事们[20]发现，无论是较年轻的高中生足球运动员（18.3±0.8岁）还是较年长的职业足球运动员（24.0±2.8岁），在赛季间歇两周后，重复最大冲刺跑能力（总时间和最短时间）都有所下降。此外，速度更快的运动员，无论年龄大小，重复冲刺跑能力都有较大幅度的下降。尽管两组运动员的运动距离确实略有减少，但是Yo-Yo间歇性恢复测试的结果表明其间歇性耐力没有受到明显的影响。在另一项研究中，诺昂（Joo）[9]发现，两周的停训削弱了运动员的间歇性耐力。

因此，即使只有两周不运动，也会导致不良的后果。此外，考虑到篮球运动员的身体特点，在两周的休息时间中进行一定的训练可能会对运动员的表现有积极影响。例如，布赫海特（Buchheit）及其同事们发现，在两周的假期内，在无人监督的情况下完成简短的抗阻训练的澳大利亚足球运动员，在休假结束后力得到了保持或提高。因此，应该鼓励运动员在赛季结束后的两周内进行体育活动。

这一建议并不意味着运动员应该重返篮球场，相反，他们应该回归积极的生活方式。通常这一时期他们可参与结合了软组织练习和轻抗阻训练的运动，以及参与其他与篮球无关的运动或交叉训练活动，如游泳、瑜伽、拳击或骑自行车。在赛季后阶段开始前，任何可能限制运动员参加训练的潜在身体问题应由运动医疗人员进行诊断。初步评估和检查结果可用于制定必要的纠正或恢复性训练和康复措施。运动员在这段时间的运动量较小，可通过加强营养、改善生活方式和睡眠，减轻压力。

经过短暂的休息后，运动员将进入以主动恢复为重点的赛季后小周期，这一阶段通常会持续两周。请注意，这取决于运动员的生理年龄和训练年龄，以及力量和爆发力水平，这一阶段仍然可能会受停训的影响。一名运动员可能会连续几周都无法达到之前的最大力量和爆发力阈值。在这段时间里，训练有素的运动员将很难保持力量和爆发力。然而，这个小周期旨在继续恢复和康复，让运动员熟悉新训练计划，并强化运动员对其整体优势、劣势和筛查过程中可能未被确认的限制因素的理解。

在这段时间内，同样需要考虑改变环境的方法。一些简单的改变，如在不同的地点进行训练，或者在户外而不是在室内进行训练，或许值得考虑。这样有助于促进赛季后运动员的恢复进程，避免赛季中训练的单调。

在重新引入活动和训练的过程中，另一个关键方法是加入一些有趣的东西，如玩躲避球之类的游戏，加入越障课程，或者设置新的挑战（如徒步旅行或绳索课程）。这些活动是避免单调和运动过度的好方法，因为两者都会导致运动员出现过度训练的现象。积极的恢复期不仅能让运动员更好地休息，还能为体能训练专业人员提供时间，让他们能够为运动员制定一个完整的休赛季计划。

在主动恢复小周期中，抗阻训练计划的重点是调整方法和促进组织再生或再训练，以优化运动范围和动作模式。这种小周期通常持续两周，旨在让运动员重新适应抗阻训练。对于高中生、大学生和职业运动员来说，比赛结束后，体能训练专业人员仍然可以在主动恢复小周期中评估本赛季的结果，并为即将到来的休赛季制定计划。这个计划由体能教练、篮球教练、运动医疗人员、运动员等根据运动员自身的情况制定。在这个小周期中，体能训练专业人员也可以根据运动分析、运动测试、体成分和当前训练年龄来评估运动员的目前状态和发展潜力。此外，这个小周期将有助于确定一个综合计划，该计划将重点关注篮球专项技能发展需求，这个计划是为了让运动员能够在球场上和需要继续发展的领域里改善身体力量而制定的。赛季之后阶段的关键阶段为运动员在球场上和举重室里的训练奠定了基础，使其为将来的成功做好准备。

目标与目的

从事青少年运动员训练的教练需要了解性别和成熟过程可能会影响青少年运动员在抗阻训练中的表现。**身高增长速度高峰**（PHV）指的是青少年的生长速度达到最高值的时期。这一时期也经常被用来确定何时提高抗阻训练的强度。通常，女孩（12岁）比男孩（14岁）早经历身高增长速度高峰。性别对身高增长速度高峰前后男孩和女孩的抗阻训练效果没有影响[17]。男孩和女孩在经历身高增长速度高峰前后，均可以通过抗阻训练来增强力量。

在制定青少年抗阻训练计划前，应了解哪些计划的效果较好，这么做对制定计划很有帮助。苏莱曼（Slimani）总结说，持续时间超过8周的训练计划似乎比持续时间少于8周的训练计划的效果更好[23]。特别是对青少年运动员来说，需要将赛季后的重点——一般生理准备阶段延续至休赛季。根据皮茨（Pietz）及其同事们[17]的说法，对于未受过训练的年轻人，建议其每周进行两次抗阻训练，训练强度为60%1RM以下或中等负荷，每次训练2~4组，每组重复6~12次[11]。考虑到很难在青少年运动员中进行以1RM为基础的强度测量，最好使用速度或RPE来监测抗阻训练计划[23]。

同样，高中生、大学生或职业运动员可能有一段时间停止了训练，所以他们应在赛季结束、休息和主动恢复期间减少抗阻训练的总运动量。因此，一开始的总运动量较低，然后逐渐增加。选择的练习相对简单，通常负荷较低，并需要重复多次。低运动负荷、高运动量的训练会引发神经肌肉适应，影响肌肉耐力[24]。赛季后，动作练习以及组织建模和重塑主要使用较轻的负荷、每组中到高的重复次数，并通过等长保持和慢节奏重复（同时规避失败的情况）延长肌张力时间——在低负荷下有意延长向心和离心阶段来协助运动员从赛季的高强度训练中恢复过来[30]。

每年的这个时候，运动员将会进行运动学习或再学习。运动员将了解新的练习，并将探索不同的动作模式。为了获得运动技能，运动员应练习特定的动作，并通过反复练习来形成肌肉记忆[12]。运动员应反复强化肌肉记忆和协调能力，以找到执行给定任务的最有效策略。事实上，仅通过1RM测试就可以观察到类似的力量适应，而进行较高运动量、中等负荷的抗阻训练会导致肌肉肥大[14]。教练应该知道，中枢性疲劳与外周性疲劳之间存在年龄相关性差异，因为这与抗阻训练有关。例如，与成年男性相比，青春期前的男孩可以保持更长时间的力量输出，同时外周性疲劳程度较低，但在进行最大等长自主收缩训练时，中枢性疲劳程度会更高[19]。年轻运动员的抗疲劳能力较强，能接受的抗阻训练负荷较低，因此可以进行重复训练，这可能有助于他们获得运动技能和运动记忆。与此同时，年龄较大的篮球运动员或不希望增加肌肉的人可以在低运动量的情况下，使用接近1RM的负荷量来练习特定动作，进而增强力量。换句话说，如果运动员需要改善单侧下半身功能，那么他们需要优先选择单侧下半身动作进行练习。

在主动恢复的小周期结束后，教练应向运动员传达一个明确的、清晰的计划，运动员也应理解这个计划。运动员应该知道即将进行的训练、期望的结果，以及他们对体能训练专业人员的期望。运动员也应该有机会公开讨论任何悬而未决的问题。在主动恢复阶段，运动员与教练应该积极交流，教练应鼓励运动员积极地沟通和参与活动，掌握自己的个人发展。与运动员建立伙伴关系是一个至关重要但常常被忽视的方面，它将在很大程度上影响运动员的整体发展。

一般来说，运动员应发展4个关键素质以提升自身的整体表现（图9.1）。这些素质可以用金字塔的形式来表达。一般生理准备为基础。一般生理准备涉及运动能力、基础力量和旨在改善姿势和稳定性问题的纠正性强化练习，是进一步加强力量、爆发力和速度的基础。整个赛季后阶段的主要目标是，通过增强整体力量和稳定性来建立一个良好的结构基础，同时消除局限性、缺陷和不平衡。

赛季后一般生理准备小周期的目标是增强运动员的力量−耐力。尽管高无氧能力对篮球运动中的表现至关重要，但是产生能量的有氧机制也不容忽视。有

图9.1 运动表现的4个关键素质
源自：NSCA, *Basics of Strength and Conditioning Manual*.

氧系统有助于篮球运动员在无氧运动后的恢复[26]。在重复的高强度训练中，有氧能力在维持高功率方面起到了重要作用。这一结论得到了多份报告的支持，其报告了有氧能量系统在高强度间歇运动中的积极作用[2, 7, 15, 22]。同步训练是指同时进行抗阻训练和有氧耐力训练[21]。篮球运动员需要平衡性、爆发性和有氧耐力运动。因此，尽管运动员正在参加低负荷、高重复次数的抗阻训练计划，但是也应该进行更多的有氧耐力训练，以最大限度地提高耐力和有氧能力，并为训练和发展无氧能力打下基础。

训练时长、结构和组织

一般生理准备很重要，即使对于高训练水平的运动员来说，这一阶段也会延续到休赛

季的中周期。整个赛季后阶段通常持续4~6周，因此运动员可以在这期间为更密集的休赛季训练做准备。其时长影响休赛季阶段一般生理准备小周期的时长。一般生理准备抗阻训练计划的目的是增强运动员的运动能力，以便其在随后的中周期中能承受更高的运动量。虽然运动学习是通过重复练习来实现的，但在短休息时间的次最大负荷下，可以通过增加训练量来提高运动能力。高训练量、中等负荷的训练可以提高血乳酸浓度和血清激素浓度，激活细胞信号通路，进而增强抗疲劳能力[29]。

　　休赛季后期的训练计划将出现更大的专项性。然而，在这个赛季后的阶段里，个人训练计划的差异很大程度上取决于运动员的训练年龄、初步评估结果和目前的力量水平。这些差异还可能改变所用设备的类型或应用负荷的方式。例如，训练有素的运动员使用杠铃，而缺乏经验的运动员使用哑铃或只用自身重量来做同样的动作。即使是等长训练，训练有素的运动员可以在开始时使用这些相同的基本保持动作，同时使用外部阻力，或者对不可移动的负荷进行最大强度的等长对抗。

　　赛季之后，一般生理准备和赛季后阶段不应该被简单地视为低强度恢复期。它也不应该仅仅专注于跑步形式的有氧和无氧体能训练。与跑步相比，抗阻训练需要产生更高的力量输出和激活更多的运动单位[27]。赛季后的抗阻训练计划应该是具有挑战性的，并逐步调整，以增加每周的总运动量，从而顺利进入休赛季阶段。

　　为了使肌肉适应、生长和承担更大的负荷，赛季后的抗阻训练计划应该采用中等负荷和高训练量，这将促使运动员产生意志性疲劳。肌肉重塑将激活卫星细胞，从而增加肌纤维的尺寸[5]。只有离心和缓慢向心运动才能激活卫星细胞。因此，为了达到适当的训练效果，赛季后的抗阻训练计划中应该采用更长的练习时间或使肌肉承受张力的时间更长。

　　为了获得更强的额外的工作能力，可以在中等负荷（70%1RM~75%1RM）下采用复合组，其中多项练习是连续进行的，组间休息时间少。在这个阶段里，交替使用主动肌和拮抗肌或许是一个不错的方法。主动肌-拮抗肌配对组（APS）是一种交替锻炼拮抗肌和主动肌的抗阻训练技术。预先激活拮抗肌有助于增强主动肌的表现，从而改善重复性运动表现[27]。此外，研究表明，在两次练习之间安排较短的休息时间（30~60秒）可以提升重复性运动表现，这使得这项技术在以耐力为目标的赛季后阶段尤其具有吸引力[27]。

　　循环抗阻训练已被证明可以提高肌肉耐力和有氧能力[7]。然而，对于篮球运动员来说，爆发性循环抗阻训练可能优于传统的循环抗阻训练。高强度循环抗阻训练已经被证明是一个有效的训练模式，有助于提高最大力量和爆发力，以及改善折返跑运动表现和瘦体重[1]。泰帕莱（Taipale）及其同事们[27]的研究表明，当结合了有氧耐力训练后，爆发性的训练和最大力量训练优于自重循环训练。在一般生理准备小周期中，有经验且生理状况良好的运动员如果持续专注于能使肌纤维快速收缩的力量-耐力训练，将会得到相应的益处。训练有素的运动员可以使用爆发性的、与杠铃相关的奥林匹克举重动作，初学者或中等水平的运动员可以用哑铃进行类似的爆发力练习。因为多次重复练习是在较低负荷下进行的，所以赛季后阶段也是练习爆发性技术的黄金时间。

赛季后阶段不应该被看作赛季延续的另一个原因是，初步评估结果通常显示肌肉肥大和体成分改善是这一阶段的主要目标。因此，赛季后阶段应该用来启动这一过程，并为休赛季的更密集和紧张的训练打下基础。年轻运动员和身材瘦弱、未充分发育的运动员需要数月时间以增加肌肉量。超重的运动员可能也需要时间来显著改善体成分。休赛季阶段（第10章）将引入一般生理准备小周期，因此重要的是通过调整抗阻训练的训练频率、训练负荷和训练时间，提高运动员的运动能力。

其他篮球运动员可能也希望增加肌肉量，但往往发现自己需要进行高强度的训练。然而，同时进行高强度间歇训练和抗阻训练可能会造成干扰效应。萨巴格及其同事们[21]得出结论，高强度间歇训练和抗阻训练结合似乎并不影响抗阻训练引起的肌肉肥大或上肢力量增加。然而，高强度间歇训练可能干扰抗阻训练引起的下肢力量改善，尤其是使用循环模式。一般生理准备小周期中，我们可以探索的另一种方法是，逐渐增加每周抗阻训练课程的频率，以运用多种技术抵消干扰效应。更高的训练频率等同于更多的练习。如果以增肌为目标，那么可以用这种方法来增加总的训练量。

对于想要提高抗疲劳能力的高水平运动员来说，可变抗阻训练（即外部阻力根据力–角度关系变化的训练）已经被证明比外部阻力恒定的传统抗阻训练更有效。例如，沃克（Walker）及其同事们[29]的研究显示，受试者参与为期10周的可变抗阻训练和外部阻力恒定的抗阻训练，1RM和肌肉量均得到提高。在第1~4周（在本例中，这可能是赛季后阶段的一大部分）中，以60%1RM~70%1RM的负荷完成2~3组练习，每组重复12~14次。在第5~7周中，以70%1RM~80%1RM的负荷完成2~3组练习，每组重复10~12次。在第8~10周中，以75%1RM~85%1RM的负荷完成3~4组练习，每组重复8~10次。在为期10周的训练中，每组训练结束后会安排1分钟的休息时间。在负荷过程中，可变抗阻训练似乎能够完成更高的训练量，产生更大的急性神经肌肉疲劳，并且比恒定抗阻训练的激素反应更大[29]。第11章将对可变抗阻训练进行详细讨论，并解释如何使用这种先进的技术来提高发力率。

总的来说，赛季后阶段应着重发展渐进式抗阻训练，使运动员掌握基本动作模式，并建立更强的运动能力，以承受更高的运动强度和更重的负荷，为即将到来的休赛季阶段做准备。这有利于解决任何可能限制运动表现和可训练性的潜在问题。运动员需要练习以下动作：双腿站姿、分腿站姿和单侧蹲姿；弓步跳、双脚跳和交换跳；髋关节铰链；水平、垂直的拉和推；以及多个平面的移动（比如头顶、下方、侧面和向后旋转）。无论是内部的还是外部的执行，每一个动作都需要良好的力学质量。

高中生篮球运动员

由于高中生篮球运动员赛季的赛程更短，比赛也少得多，所以他们的赛季后阶段通常比大学生或职业篮球运动员更长。一个较长的赛季后阶段对年轻的、发展中的运动员非常有益，因为他们可能缺乏抗阻训练和运动经验。此外，因为他们通常有较大的发展空间，所以他们可以在这段时间内进行重大的调整。综合性项目运动员和参加春季和夏季篮球联赛和锦标赛的运动员，不会有太多的休息时间。在这种情况下，可安排一个为期1周的主动恢复小周期，随后立即进行赛季中的抗阻训练。无论如何，考虑到高中生篮球运动员普遍缺乏抗阻训练经验，他们有时间在赛季后的训练中得到较大的神经肌肉改善。

最初1~2周的赛季后训练应该以最终适应和建立运动能力为主。在这个阶段，每周的训练变化并不是很关键，因为积极的适应会通过增加运动员需要学习的特定任务的总运动量和整体实践来实现，以便之后进阶到更困难的任务。在减少干扰的情况下，长时间的练习可以提高运动员技能的执行[25]。换句话说，应该以高重复次数为重点，同时尽量减少疲劳，以最佳技术反复执行基本动作来促进运动员的运动学习。年轻且健康的运动员不需要花很多时间来学习基本的动作模式。

注意，疲劳可能会对运动执行和运动学习产生负面影响，所以重复次数和恢复时间之间的安排应该与任务相适应。在一段时间内进行多组数、多次重复的训练可能会使运动员疲劳，因此运动员需要特别注意使用适当的运动技术，并在技术出现问题时终止运动[31]。疲劳会导致运动员的技术动作变形，最终养成不良习惯。大多数高中生篮球运动员的训练经验有限，各种各样的运动会促进变化和更全面的肌肉发育，但只有在运动员完成需要练习和学习的特定任务后，才应进行训练计划设计。这种混合方法可能会建立一个更广泛的基础，在休赛季和赛季前阶段，可以在这个基础上进行更激烈的专项抗阻训练。

大学生篮球运动员

大学生篮球运动员的赛季后训练计划几乎完全取决于前一个赛季成功与否。体能训练专业人员应与运动员合作，为休赛季阶段做准备。在这种情况下，当有限的时间用于赛季后的抗阻训练阶段而不是积极的恢复时，建议运动员与主教练和运动医疗人员会面，以制定休赛季的计划。此外，赛季不太成功时，大学生篮球运动员在篮球赛季结束和学年结束之间可以投入更多的时间用于训练。赛季后恢复阶段最早可能在最后一场比赛的后一周开始。

大学生篮球运动员赛季后阶段的第1周或第2周主要进行恢复训练，以尽量减少运动员整体的酸痛和疲劳。这个目标往往可以通过赛季中使用的训练模式来实现。例如，研究表明，高频率振动训练可以有效减少感知到的肌肉酸痛。约迪切（Iodice）及其同事们[8]发现，受试者经过一次离心训练后出现延迟性肌肉酸痛，高频率振动训练可以帮助运动员恢复运动姿势并减少感知到的肌肉酸痛。在这项研究中，受试者在运动后24小时和48小时后分别进行了15分钟频率为120赫兹的局部连续振动。此外，迈哥斐（Magoffin）及其同事[13]得出结论，通过全身振动进行热身有助于缓解离心运动引起的延迟性肌肉酸痛。维尔（Veqar）和泰吉（Imtiyaz）[28]的研究表明，运动后进行全身振动对于减少肌肉酸痛具有积极作用。

在最初1~2周的适应期后，可以迅速增加训练量，特别是对于即将进入大三、大四的运动员来说。提高运动员的训练量，进而提高他们的整体运动能力，从而为一个成功的休赛季奠定基础。但也要注意，当我们专注于运动学习和重新整合动作时，训练之间的恢复至关重要。较大的运动负荷会引起延迟性肌肉酸痛，这可能会影响运动姿势。例如，完成股四头肌离心运动后，由于头部和骨盆的重心随后发生变化，髋关节的运动会发生改变[8]。在即将到来的训练阶段，离心运动将作为主要的训练方式，但对于即将结束艰苦赛季的健康运动员来说，在每年的这个时候可能不太适合尝试新的训练模式。

职业篮球运动员

对于职业篮球运动员来说，赛季后阶段的抗阻训练通常侧重于恢复，这一阶段可能会持续2~4周。这取决于赛季的持续时间，传统赛季后阶段的时间可能有限。NBA级别的成功赛季可能会让运动员在8~9个月的时间里打超过100场比赛。因此，无论是主动恢复还是被动恢复，在制定赛季后的抗阻训练计划时都应予以优先考虑。事实上，考虑到职业篮球运动员赛季后的时间可能只有两周，赛季后的训练计划可能完全由恢复训练构成。在这种情况下，职业篮球运动员有足够的抗阻训练经验，几乎不需要时间来学习正确的运动技术。积极恢复和一般生理准备阶段可以结合在一起，以促进长时间赛季后的恢复，并为在休赛季阶段进行更激烈的抗阻训练奠定坚实的基础。

在这个阶段，职业篮球运动员应该回归到基本的动作模式，以引起神经肌肉的适应和使运动范围恢复。复杂的动作模式组合可以结合传统的下半身和上半身运动。例如，举着一个重量较轻的哑铃，运动员可以做一个弓步并进入推举阶段。从弓步到推举有助于发展运动能力、协调能力、姿势控制能力和核心稳定性，同时促进适应，使运动员为即将到来的休赛季阶段做好准备，应对更大的训练负荷和训练量。

使用先进技术可以为赛季后的训练提供变化，以帮助运动员恢复和成长。血流限制训练被认为可以提高力量、肌肉量和肌肉耐力。多年来，血流限制训练已成为一种新颖的训练模式，方法是在下肢或上肢的近端部分使用压力袖带。通过适当的压力限制动脉血液的流入，同时限制静脉血液向肢体远端流出，这会引起代谢性酸中毒、细胞内水肿，以及蛋白质合成增加和生长激素的释放[18]。在比较低负荷血流限制抗阻训练与低负荷抗阻训练时，发现低负荷血流限制抗阻训练在力量和肌肉尺寸方面带来了更大的增益[10]。就低负荷血流限制抗阻训练而言，20%1RM~50%1RM的负荷范围似乎是最有益的。血流限制训练通常用于康复治疗，当重负荷不利于康复或运动员不能承受高强度机械压力时，血流限制训练可以提供额外的好处。同样，在赛季后阶段，负荷通常较轻，如此一来，血流限制训练便成为改善局部肌肉耐力和使肌肉肥大的有用工具。

血流限制训练是康复治疗中常用的一种手段。对于一些运动员来说，由于受伤，赛季后阶段可能比预期的更早。血流限制训练在有负荷和无负荷情况下均可作为维持肌肉量的方法。血流限制训练可能适用于早期康复阶段[4]。血流限制训练可能并不适合每位运动员。因此，体能训练专业人员应咨询血流限制专家，只有合格的临床医生才能推荐此方法给运动员。

虽然血流限制训练在赛季后阶段是一个很好的方法，但不应该用它来代替高负荷抗阻训练。根据系统回顾和Meta分析，得出结论：高负荷抗阻训练（>65%1RM）比低负荷血流限制抗阻训练更能有效地提高力量，并且在提高肌肉量方面具有可比性[10]。因此，当运动员进入休赛季阶段时，他们应该继续用传统的方法解决力量问题。在使用血流限制训练时，运动员应以30%1RM~50%1RM的负荷进行2~4组练习，直至无法完成，两组练习之间休息30~60秒[18]。运动员也可以进行传统的双侧和单侧练习，如深蹲或卧推。

在本章介绍的训练计划示例中，使用了较多传统的训练模式。如前所述，职业篮球运动员通常更有经验，因此可以用更复杂的动作开始赛季后的训练。然而，负重运动更为重要，如俯卧撑、反向划船和深蹲。在每一个例子中，职业篮球运动员可以使用负重背心增加外部负荷，从而增加这些动作的难度。同样，在赛季后期间，抗阻训练是最简单的形式。与总负荷相比，在全运动范围内以正确的技术来完成每一个动作更为重要。因此，在这一小段时期，大部分的抗阻训练计划是：使用60%1RM~70%1RM的负荷，每组练习重复8~12次。每次训练的量保持在相对较低的水平（3组）。虽然我们可以将这个方法理解为一个轻量级的训练模块，但它为高效的休赛季训练模块奠定了基础。

小结

赛季后的抗阻训练很容易被忽视，因为它通常是一年中最短的阶段。但是，这个阶段是一个重要的计划和准备阶段。它应该被用于评估运动员在前一个赛季的表现、运动员的发展状况，以及目前适合运动员的抗阻训练计划，为休赛季阶段做准备。赛季后阶段可能是在设计路线图和有效确立运动员训练起点方面的关键阶段。抗阻训练计划主要包括正确执行基本的动作模式，注重力量–耐力训练，让运动员为休赛季阶段更高强度的抗阻训练和专项技能训练做好准备。赛季后训练计划表如表9.1～表9.4所示。

对训练计划表的解释

- DB=哑铃。
- KB=壶铃。
- RDL=罗马尼亚硬拉。
- PAP=激活后增强。
- BW=自重。
- RFD=发力率。
- BB=杠铃。
- 顺序=在一个组别（1、2、3，等等）中，每个练习（1a、1b、1c，等等）执行一组。然后回到组别中的第1个练习，接着进行第2组练习，以此类推。在一个组别里，如果某些练习的组数比其他练习少，则在其他组别的后面执行这组训练。例如，如果练习1a和练习1b要求执行4组，而练习1c要求执行3组，则在练习1a和练习1b的第2组～第4组中执行练习1c。
- 节奏以秒为单位，用于练习的每个阶段或部分，写为"离心阶段：顶部（或底部）位置：向心阶段"（King, I., How to write strength training programs. In *Speed of Movement*, 1998, p.123）。例如，颈后深蹲"1：5：1"的节奏意味着用1秒来降低身体，在身体降至最低时保持5秒，用1秒站起来。注：X表示运动员在运动的某一阶段应该具有爆发力。由于没有为动作的每一部分设置规定的时间，"X：X：X"的节奏表示与爆发力练习有关。

表9.1 后卫：赛季后的小周期1，主动恢复，第1~2周

全身训练（第1天）

顺序	练习	组数	重复次数或持续时间	节奏	休息时间
1a	高脚杯深蹲（专注于灵活性）	3	12~15次	1：2：1	<30秒
1b	反向划船*	3	12~15次	1：2：1	<30秒
1c	反向髋部伸展（屈腿后踢）	3	8~10次	1：2：1	60秒
2a	DB登阶	2	12~15次	2：1：1	<30秒
2b	俯卧撑**	2	12~15次	2：2：1	<30秒
2c	半跪姿伐木（从高到低）	2	12~15次	1：2：1	60秒

*表示每次重复的最终姿势保持2秒。**表示缓慢且有控制地降低，并在身体降至最低时保持2秒，肘部和肩部呈90度。

全身训练（第2天）

顺序	练习	组数	重复次数或持续时间	节奏	休息时间
1a	单臂绳索胸前推*	3	12~15次	1：2：1	<30秒
1b	侧弓步**	3	8~10次	1：2：1	<30秒
1c	单腿臀推	3	12~15次	1：2：1	60秒
2a	直臂下拉	2	12~15次	1：1：2	<30秒
2b	单腿RDL	2	12~15次	2：1：1	<30秒
2c	侧平板支撑（专注于耐力）	2	30~60秒	等长保持	60秒

*表示如果没有绳索训练器械，可以用单臂上斜卧推代替。**表示手持DB或KB时，在身体前呈架式姿势或呈高脚杯姿势。

表9.2 大前锋：赛季后小周期1，主动恢复，第1~2周

全身训练（第1天）

顺序	练习	组数	重复次数或持续时间	节奏	休息时间
1a	高脚杯深蹲（专注于灵活性）	3	12~15次	1：2：1	<30秒
1b	反向划船*	3	12~15次	1：2：1	<30秒
1c	半跪姿DB或KB肩部推举**	3	8~10次	1：5：1	60秒
2a	DB登阶	2	12~15次	2：1：1	<30秒
2b	俯卧撑***	2	12~15次	2：2：1	<30秒
2c	死虫动作（借助瑞士球）	2	15~20次	1：3：1	60秒

*表示每次重复的最终姿势保持2秒。**表示在身体降至最低时保持5秒，肘部呈90度。***表示缓慢且有控制地下降，在身体降至最低时保持2秒，肘部和肩部呈90度。

（续）

全身训练（第2天）

顺序	练习	组数	重复次数或 持续时间	节奏	休息 时间
1a	单臂绳索胸前推*	3	12~15次	1：2：1	<30秒
1b	DB分腿姿深蹲	3	8~10次	1：2：1	<30秒
1c	单腿臀推	3	12~15次	1：2：1	60秒
2a	单臂背阔肌高位下拉	2	12~15次	2：2：1	<30秒
2b	RDL	2	12~15次	2：1：1	<30秒
2c	侧平板支撑（专注于耐力）	2	30~60秒	等长保持	60秒

*表示如果没有绳索训练器械，可以用单臂上斜卧推代替。

表9.3 后卫：赛季后小周期2，一般生理准备，第3~4周

全身训练（第1天）

顺序	练习	组数	负荷	重复次数或 持续时间	节奏	休息 时间
1a	颈前深蹲*	3	50%1RM~ 65%1RM	12~15次	1：3：1	<30秒
1b	反向划船	3		12~15次	1：2：1	<30秒
1c	俯卧Y、T、I字练习**	3	1~5磅	5~6次	1：5：1	60秒
2a	DB后弓步	3		12~15次	2：1：1	<30秒
2b	俯卧撑	3		12~15次	2：1：2	<30秒
2c	单腿臀推**	3		8~10次	1：5：1	60秒
3a	腿弯举（借助瑞士球）	2		10~12次	2：1：1	<30秒
3b	单腿RDL	2		8~10次	3：1：1	<30秒
3c	单臂绳索划船（旋转）	2		10~12次	1：2：1	60秒

*表示在身体降至最低时保持3秒。**表示每次重复的最终姿势保持5秒。

（续）

全身训练（第2天）

顺序	练习	组数	负荷	重复次数或持续时间	节奏	休息时间
1a	硬拉	3	50%1RM~65%1RM	6~8次	仅向心	<30秒
1b	单臂绳索胸前推*	3		12~15次	1:2:1	<30秒
1c	绳索D2ª模式，单腿站姿**	3		10~12次	1:5:1	60秒
2a	侧弓步***	3		12~15次	1:2:1	<30秒
2b	单臂绳索划船（分腿姿）****	3		12~15次	1:2:1	<30秒
2c	杠铃臀推**	3		8~10次	1:5:1	60秒
3a	直臂下拉（髋部伸展）	2		10~12次	2:1:1	<30秒
3b	单臂单腿绳索RDL（有划船）	2		8~10次	3:1:1	<30秒
3c	平板支撑（手触胸部）	2		10~12次	1:1:1	60秒

*表示如果没有绳索训练器械，可以用单臂上斜卧推代替。**表示每次重复的最终姿势保持5秒。***表示手持DB时，在体前呈架式姿势。****表示如果没有绳索训练器械，可以用单臂DB划船代替。ª译者注：PNF技术中上肢动作模式的一种。上肢D2模式包括D2屈曲模式和D2伸展模式，其中D2屈曲模式指的是上肢屈曲、外展、外旋；D2伸展模式指的是上肢伸展、内收、内旋。

表9.4 大前锋：赛季后小周期2，一般生理准备，第3~4周

全身训练（第1天）

顺序	练习	组数	负荷	重复次数或持续时间	节奏	休息时间
1a	颈前深蹲*	3	50%1RM~65%1RM	12~15次	1:3:1	<30秒
1b	反向划船	3		12~15次	1:2:1	<30秒
1c	俯卧Y、T、I字练习**	3	1~5磅	5~6次	1:5:1	60秒
2a	DB弓步走	3		10~12次	2:1:1	<30秒
2b	俯卧撑	3		12~15次	2:1:2	<30秒
2c	侧平板支撑***	3		8~10次	1:10:1	60秒
3a	腿弯举（借助瑞士球）	2		10~12次	2:1:1	<30秒
3b	单腿RDL	2		8~10次	3:1:1	<30秒
3c	半跪姿DB或KB肩部推举****	2		8~10次	1:5:1	60秒

*表示在身体降至最低时保持3秒。**表示每次重复的结束姿势保持5秒。***表示保持这个姿势10秒，然后放松，并重复推荐的次数。****表示在身体降至最低时保持5秒，肘部呈90度。

（续）

全身训练（第2天）

顺序	练习	组数	负荷	重复次数或持续时间	节奏	休息时间
1a	硬拉	3	50%1RM~65%1RM	6~8次	仅向心	<30秒
1b	单臂绳索胸前推 *	3		12~15次	1：2：1	<30秒
1c	死虫动作（借助瑞士球）**	3		15~20次	1：3：1	60秒
2a	单腿DB深蹲（保加利亚）***	3		6~8次	1：2：1	<30秒
2b	单臂绳索划船（分腿姿）****	3		12~15次	1：2：1	<30秒
2c	杠铃臀推	3		8~10次	1：5：1	60秒
3a	直臂下拉（髋部伸展）	2		10~12次	2：1：1	<30秒
3b	单臂单腿绳索RDL（有划船）	2		8~10次	3：1：1	<30秒
3c	绳索D2模式，单腿站姿 *****	2		10~12次	1：5：1	60秒

*表示如果没有绳索训练器械，可以用单臂上斜卧推代替。**表示交替前保持伸展姿势3秒。***表示手持DB时，在体前呈架式姿势。****表示如果没有绳索训练器械，可以用单臂DB划船代替。*****表示每次重复的最终姿势保持5秒。

第 10 章

休赛季训练方案

约书亚·博霍塔尔（Joshua Bonhotal）、布赖斯·道布（Bryce Daub）

休赛季进行抗阻训练的目的是通过降低可预防性伤害的可能性和优化运动员的表现，让篮球运动员为应对未来的激烈比赛做好准备。篮球运动的抗阻训练是独特的，因为它需要肌肉耐力和肌肉力量之间达到很好的平衡。要设计一个有效的休赛季抗阻训练计划，应考虑比赛需求、比赛风格、运动员在场上的位置和训练年龄。抗阻训练计划应适应个人的需要[12, 39, 47]。因此，休赛季抗阻训练计划必须与运动的生理需求以及每个运动员的身体优劣势相适应。一个精心设计的休赛季抗阻训练计划将对篮球运动员的竞技发展产生深远而积极的影响。如果运动员进行了正确的运动学习，并且所获得的技能可在不使用补偿策略的情况下重复执行，那么在一个有效的休赛季抗阻训练计划中应该充分地将外部负荷用作一种刺激，以最大限度地增加力量和爆发力。

目标与目的

由于这项运动具有复杂的生理特性，在休赛季抗阻训练计划中应设置多个训练变量。在小周期里，周期化计划比非周期化计划更有效[44]。运动员的整体发展应该以进行更有效的运动为首要目标。然而，仅侧重于动作的训练计划在专项力量和爆发力的获得和应用方面存在局限性。如果运动员在赛季后阶段正确运用了动作，那么运动员的能力将获得较大程度的提升，进而能承担更困难的技能性任务，其中包括提高强度、爆发力的训练，以及篮球专项训练。

休赛季阶段的主要目标是最大限度地优化力量和爆发力。然而，篮球运动员往往同时进行抗阻训练和有氧耐力训练。对于篮球运动员来说，同步训练是有必要的。不幸的是，当我们花时间为运动员发展一种潜能时，可能会阻碍另一种潜能的发展。在与每位运动员讨论休赛季抗阻训练计划时，这种干扰是需要考虑的一个关键因素。与同时进行高强度间歇训练和抗阻训练相比，单独进行抗阻训练能更好地改善下半身力量[36]。虽然渐进式体能训练方案不在本书的讨论范围内，但在整个休赛季里应予以安排，教练应该意识到过多的体能训练可能会限制力量和爆发力的提升。

休赛季阶段训练的重点是提升力量-耐力、高负荷低速度的力量、发力率、低负荷高速度的力量和反应性力量。这些训练为运动员带来的益处略有不同，但都有助于力量和爆发力的全面发展。为了满足专项运动的速度，在抗阻训练计划中提高力量的这些组成部分是十分重要的。在休赛季抗阻训练计划中，虽然运动员的每一种素质都会有所体现，但有些更依赖其他的素质，因此在每个训练周期中保持专注于一种或两种素质是很重要的，这样才能最大限度地促进运动员的发展。

训练时长、结构和组织

一个精心策划且全面的抗阻训练计划能够保持肌肉力量和有氧耐力之间的适当平衡，同时制定计划时要重视每位运动员与力量相关的素质的发展。

在本章中，休赛季抗阻训练计划的时间被设计为12周。休赛季阶段的长短取决于比赛的水平。典型的高中生运动员休赛季抗阻训练计划一般持续12~16周，而典型的大学生或职业运动员休赛季抗阻训练计划一般持续8~12周。

休赛季抗阻训练阶段可分为3个小周期：一般生理准备小周期、力量小周期和爆发力小周期。每个小周期的持续时间取决于运动员的训练年龄、特定发展需求，以及运动员如何适应训练。我们需要了解不同的力量素质是如何相互作用和影响运动员在球场上的表现，因为这不仅有助于确定重点领域，还有助于确保训练计划在整个休赛季的推进。每位运动员都有不同的身体特征、身体成熟度、训练经验和对训练刺激的反应，可以使用不同的方法来实现发展目标。因此，休赛季抗阻训练计划应个体化，并根据运动员目前的发展水平循序渐进。

一般生理准备小周期

休赛季阶段的第1个小周期是赛季后阶段的延续，用于解决耐力-力量问题。这段时间相对较短，但要注意较年轻且未充分发育的运动员可能会在这一阶段度过整个休赛季。对于拥有更成熟的训练背景，并能获得完整赛季的运动员来说，在进入下一个小周期之前，只要在一般生理准备小周期阶段多花两周时间就足够了。在一般生理准备小周期应该继续专注于改善神经肌肉的适应性、强调基本的动作模式、优化移动能力和核心稳定性，以及为随之而来的整体运动负荷的增加做好准备。每周至少应完成两次抗阻训练。训练量应该保持较高的水平（70%1RM~75%1RM，3组×8~12次重复），而且运动员应在给定的重复次数中尽最大努力完成练习。

应以正确和有意义的方式增加负荷和强度。动态热身和移动练习有助于提高主动柔韧性。进行核心稳定练习时应注重提高肌肉耐力和稳定性。高运动量的等长练习可以非常有效地改善结构问题，增强肌肉耐力，从而让运动员在压力更大的训练中保持正确的姿势[14, 40]。传统的力量与爆发力训练应该以提高技术效率为重点。在运动员没有运动限制或其他禁忌证的情况下，借助杠铃训练可以让他们熟悉奥林匹克举重的基本原理，并为以后的小周期训练做准备。当力量水平能支持整体的抗疲劳能力时，运动员可以过渡到下一个小周期，将注意力转移到发展最大力量和爆发力上。

在制定抗阻训练计划时，要考虑抗阻训练的频率。虽然越来越多的证据表明，抗阻训练的训练量和训练强度可能是训练适应的主要驱动因素，但训练频率将影响每节训练课的训练量、训练强度和练习的类型[13b, 36b]。因此，让肌肉再次承受高压之前，应仔细规划抗阻训练之间的时间，以使肌肉得到充分的恢复。

在特定的训练阶段，体能训练专业人员可能会有意识地选择增加训练量、训练强度或训练频率，以挑战运动员的恢复能力。这一阶段通常被称为"过量训练阶段"，如果在此之后的一段时间内减少训练负荷，运动员表现得更好，这一现象被称为"超量恢复"。但是，如果没有仔细把握训练负荷，训练过度的同时没有进行必要的恢复，那么运动表现就会受到影响。随着时间的推移，可能导致过度训练[12, 39]。

力量小周期

第2个小周期旨在提高最大力量。运动员达到一般生理准备小周期中的目标并获得足够的运动能力后，才能进入力量小周期。在这个小周期中，抗阻训练的重点是提高最大力量。在此期间，应该逐步增加训练负荷，以达到适当的训练效果。

随着训练强度的增加，总的训练量通常会下降，而练习之间的休息时间会增加。因此，当教练尝试采用周期化抗阻训练计划时，应该将训练强度这一因素纳入训练量的计算公式中。平均训练强度相对训练量（IRV）公式是一个简单的公式（IRV=组数×重复次数×训练强度），它可以用来计算总的抗阻训练负荷[30]。

无论时间长短，都应在力量小周期里考虑运动员的最大力量。最终，当时间成为力量产生方程的一个重要组成部分时，提高最大力量有助于在后续更高水平的爆发力和速度训练中改善运动员的适应能力。负荷取决于运动员的抗阻训练经验和目前的体能状况。对于刚开始接受外部负荷训练的人来说，抗阻训练初始的神经肌肉适应有助于快速增强力量。对于未经训练的运动员来说，负荷可能会相当低。尽管未经训练的运动员可能无法使力量适应最大化[23b]，但是45%1RM~50%1RM的负荷可以有效地提高他们的动态力量[2]。对于训练有素的运动员来说，负荷应逐步增加。与9~11RM练习相比，以80%1RM以上的负荷进行3~5RM练习的力量提升效果更好[2]。

专注于特定肌肉收缩阶段的抗阻训练值得考虑，其能帮助运动员进一步增强力量。等长练习中的张力时间及其对力量发展的影响常常被忽视。超慢重复对篮球运动员不利。事实上，在这个时候不应进行超慢重复（即持续时间超过10秒的向心动作），因为有意地放慢速度需要减少负荷[2]。此外，超慢重复不一定利于肌肉量增长[37]。

等长抗阻训练已被证明是提高动态力量和提升肌肉运动表现的有效方法。在赛季后会引入等长训练，主要的形式是核心稳定性训练，即在有肌肉张力且几乎没有外部阻力的情况下长时间保持某一姿势。根据李（Lee）和麦吉尔[27]的研究，以核心为目标的等长训练使身体更加健壮，并能增强轴向承重能力。在休赛季阶段，等长保持还能在较重的负荷下进行较短时间的肌张力刺激，以提高下半身和上半身的力量素质，或者达到最大、次最大的肌肉激活。地面式双侧练习（如等长大腿中段拉）和单侧练习（如单腿深蹲的等长保持，可以在静态姿势下使用较重的负荷进行更长时间的肌肉张力刺激）。

为了计算运动负荷，并获得良好的等长抗阻训练效果，应考虑训练量以及肌肉处于张力状态下的总时间。在低训练量的情况下，最大等长练习可以产生增强作用。色诺芬多（Xenofondos）及其同事们[45]发现，3秒和6秒的最大等长收缩（4组，重复6次）均能改善峰值力矩和力矩的速率。在这种情况下，保持姿势6秒具有更大的增强效应，而保持姿势3秒具有更持久的增强效应。在另一项关于卧推的研究中，巴托洛梅（Bartolomei）及其同事们[8]发现，与低负荷（70%1RM）等长练习和传统的向心练习相比，进行1次100%1RM等长预负荷练习后，在接下来的20%1RM、30%1RM、40%1RM、50%1RM的卧推中（3分钟恢复期）可以产生更大的爆发力。如前几章所述，在经过短暂的最大自主收缩后，肌肉收缩力量增强[45]。

为了最大限度地提高力量输出，可以在练习的向心或离心阶段的末端范围内进行较短的（3~6秒）等长抗阻训练。当运动员非常健壮且能够承受非常重的负荷时，他们可以在向心阶段末端范围内坚持一段时间。当运动员非常脆弱且易受重负荷影响时，他们可以在离心阶段末端范围内坚持一段时间，这也可能使运动员更快地产生疲劳。对于等长大腿中段拉练习，多斯桑托斯（Dos' Santos）及其同事们[15]建议髋部提拉的角度为145度。与175度和125度[9]相比，145度的髋部提拉角度有助于更快地产生力量。注意，不同角度的等长练习已被证明对急性、动态的肌肉力量有积极的影响。左科斯（Tsoukos）及其同事们[42]研究了等长深蹲并得出结论，进行膝关节角度为140度的等长深蹲练习后，运动员在随后的第6分钟、第9分钟和第12分钟的垂直跳跃表现更好。

力量小周期是运动员专注离心负荷的最佳时机。当肌肉产生的收缩力量小于阻力时，肌肉会发生离心运动，且肌纤维会被拉长。通常情况下，抗阻训练负荷是根据1RM设定的，它通常受限于向心力量，而非离心力量，因此可能无法恰当地解决离心力量问题[16]。休赛季的训练负荷主要是由运动员在向心收缩阶段的运动表现和运动员克服惯性的能力决定的。然而，强化的离心训练可能通过促进与增强皮层驱动相关的中枢神经系统适应或超微结构适应[28]来增强对抗阻训练的适应[43b]。这些适应有利于防止受伤或修复受伤的肌肉或关节。

离心训练对追求力量最大化的人来说是非常有帮助的，对于篮球运动员来说是必要的。道格拉斯（Dauglas）及其同事们[16]对此做出了非常恰当的总结：

> 离心训练能增强肌肉力学功能及肌腱单位（MTU）形态和结构适应。在改善与力量、爆发力和速度表现相关的变量方面，引入不受向心力量约束的离心负荷似乎优于传统的抗阻训练。

篮球运动员能从离心训练中获得许多好处。离心训练可以增加肌肉横截面积（针对Ⅱ型肌纤维）、显著强化肌腱，以及增强运动员运用拉长–缩短周期的能力[16, 28]。许多运动员存在神经肌肉控制能力不足的问题，这可能使他们更容易受伤。例如，神经肌肉控制能力差会导致躯干侧移和膝关节力学异常（如落地或支撑），增加前交叉韧带损伤的风险[28]。在需要运动员经常突然地减速的比赛中，运动员具有较强的离心力量有助于加强身体控制，减少膝关节和脚踝受伤的可能性。

重负荷（>80%1RM）抗阻训练可以提高离心力量。根据力量水平和训练经验，负荷范围是80%1RM~120%1RM。由于负荷较重和动作的性质（如主动拉长），离心运动比向心运动更容易造成肌肉损伤[34]。麦克（Mike）及其同事们[31]进行了一项为期4周的研究，受试者每周训练两次，使用80%1RM~85%1RM的负荷进行4组练习，每组重复6次。3组受试者进行相同的练习（史密斯器械杠铃深蹲），离心动作的持续时间分别为2秒、4秒和6秒。所有组别的受试者的力量和爆发力都有明显的提高，然而6秒组的受试者在深蹲跳跃时，峰值速度明显下降，而2秒组的受试者的肌肉酸痛感最为明显。

由于离心运动给关节和肌肉带来的压力很大，并且会造成较严重的组织损伤，所以进行该训练时，最好在训练后安排适当的恢复时间。例如，没有训练经验的运动员不应在篮球比赛前一天进行高训练量、大负荷的离心训练。离心训练引起的肌肉损伤可能会使运动员的受伤风险较高，因此在抗阻训练计划中针对不同运动，应设定适当的训练量。在重负荷（>80%1RM）下，较长的离心动作持续时间（大于6秒）可能会对爆发力产生负面影响，而较短的离心动作持续时间（小于2秒）可能会导致肌肉酸痛加剧[31]。在设计休赛季训练的负荷模式时，需要考虑延迟性肌肉酸痛和运动表现削弱等问题。

贝姆（Behm）及其同事们[10]建议，抗阻训练应先于爆发力训练（例如，增强式训练），以此来建立适当的力量基础。尤其是对年轻人或未经训练的运动员来说，缺乏力量会对运动表现产生负面影响。对于青少年运动员来说，相较于爆发力训练，抗阻训练能让他们更好地提高冲刺跑和跳跃能力。成熟度和离心力量不足会影响单侧发力和落地[10]。因此，年轻运动员可能会在这种力量小周期中停留更长的时间，也许是整个休赛季，但是他们在变向和速度方面的改善效果较好。

对于训练有素的运动员来说，可以在适当的监督下进行超大负荷（超过100%1RM）训练。在超大负荷下训练可以在较短的时间内产生较大的力量。离心挂钩（以及其他先进的电子手段）提供了一种新颖的方式，能够将额外的负荷施加到练习的离心阶段。在使用杠铃的传统力量练习（如深蹲或卧推）中，可以将额外的重量加在两个挂钩上，然后将其挂在杠铃的两侧，这个重量通常根据运动员1RM的百分比设定。挂在杠铃上的重量通常低于85%1RM，因此运动员可以在向心阶段有效地控制加速度。应该谨慎地设定挂钩上的额外重量，并且该方法只适用于训练有素的运动员，它可以将离心阶段的总阻力提高到100%1RM以上。当运动员进行离心阶段的练习时，挂钩与地面接触，并且运动员在最低点放下杠铃，从而减少向心阶段的负荷。离心挂钩的高度可以调整，以适应关节角度。对于这种离心负荷模式，负荷为120%1RM的训练已被证明可以提高运动员的向心爆发力和速度[32]。值得注意的是，挂钩训练虽然有效，但也极具挑战性，而且可能比其他训练方法更危险，因此需要进行适当的安排和监督。

在力量小周期中，年龄较大且训练有素的高中生、大学生和职业运动员应该开始适当地结合一些爆发性抗阻技术，以提高发力率。虽然奥林匹克举重不是重点练习项目，但是它能让运动员学会如何向地面施力及如何吸收力量。詹森（Jensen）[24]提出，在抗阻训练计划中加入奥林匹克举重可以帮助运动员为比赛做准备。此外，考虑到篮球运动员需要改善跳跃能力，进行奥林匹克举重可能更有意义，因为二者在垂直于地面的反作用力方面有相似之处[19]。增强式训练的训练量也应该随着训练强度的增加而增加，因为训练开始时以爆发力和速度的发展为重点。在这个阶段，大量的体能训练会对力量的提高和力的发展产生负面影响。因此，体能训练的总量应该减少。

篮球运动员训练的最终目标是建立可转移的力量和爆发力，并在适当的时候加以运用——跑得更快，跳得更高，变向更敏捷。重负荷训练会降低速度。在重负荷（>80%1RM）训练中花费过多的时间不利于爆发力的发展[20, 21]。当试图提高力量和爆发力时，训练的动作速度越快，效果就越好[2]。因此，当最大力量足够且运动员提升运动表现不受限时，总的离心动作持续时间和训练量可以减少，并将训练计划的着重点转向爆发力。

爆发力小周期

最后的休赛季小周期侧重于爆发力的发展，并且强调动作速度。爆发力小周期的重点转移至爆发性力量素质的发展。向素质金字塔顶端发展的时候，重要的是不能完全脱离先前训练阶段发展的素质。同样地，可以继续用更高的训练负荷和更少的重复次数来维持最大的力量。与此同时，这一阶段更注重应用爆发力的抗阻训练。奥林匹克举重及其衍生训练是值得推荐的。这些练习需要运动员能快速产生力量，并且已经被证明可以有效地增加爆发力[2]。虽然应该继续进行负荷为80%1RM以上的传统抗阻训练，但是也应该在更轻的负荷下进行爆发力训练，同时要注意最大的动作速度。

肌肉收缩速度对篮球运动员的爆发力有很大的影响。发力率用于衡量肌肉或肌群产生力量的速度，可以根据力量–时间曲线的斜率推导出来。抗阻训练计划中解决快速发力可以提高爆发力。优化发力率对于篮球运动员来说至关重要，因为大多数在球场上进行的动态运动需要运动员在较短的时间（200~250毫秒）内产生力量[3]。收缩性发力率的增加通常归因于爆发力训练引起的神经功能（快速激活肌肉的能力、肌纤维大小和结构、肌腱的刚度以及反射特性）的改善[29]。此外，重负荷训练也能改善发力率，这可能是峰值力量提高所带来的结果。阿哥达（Aagaard）及其同事们[1]认为，在收缩性的发力率中，尽可能快地移动指定负荷的意图或努力程度可能比实际的动作速度更重要。换句话说，最初的百分之几秒的速度比峰值速度更重要。蒂林（Tillin）和法朗（follond）[41]发现，在提高早期爆发性力量方面，爆发性训练比最大等长训练更有效。因此，尽管在这个小周期内继续进行重负荷训练，但实施重负荷训练时应强调发力率，以避免对爆发力的发展造成不利影响。

爆发力小周期和力量小周期的主要区别在于训练计划的结构和练习类型。在这一阶段，重负荷训练中应包含爆发力训练。虽然传统抗阻训练的负荷很高，但动作是根据速度而不是总负荷来量化的。此外，在设计奥林匹克举重和其他需要快速产生力量的爆发力练习时，应着重强调爆发性力量，而传统的抗阻练习，如颈后深蹲和卧推，强调快速移动负荷。应在主要练习之后进行额外的辅助练习，以便在良好的平衡计划中增加训练量。

在早期的小周期中引入等长练习，如等长大腿中段拉，也有利于提高力量的产生速率，换句话说，可以通过这些练习来使运动员尽可能快地达到峰值力量。在这种情况下，教练应指导运动员尽可能快且尽最大努力用力，使其肌肉在1秒内达到最大或接近最大的收缩，休息5~10秒，然后重复规定的次数。

当通过抗阻训练来提高爆发力时，离心动作持续时间和训练量都应该少于前一小周期，离心和向心阶段的发力率均显著高于前一小周期。如果不能监控发力率，动作节奏应为1秒离心、1秒向心。这些快节奏的训练更有利于提高爆发力和发力率[2]。博费（Boffey）及其同事们[11]研究了史密斯器械杠铃卧推的不同负荷模式，并得出结论：在中等负荷下进行3组练习，每组重复10次，几次重复后就会引起疲劳，峰值爆发力也有所降低；在30%1RM、45%1RM和60%1RM的负荷下分别重复5~7次、3~4次和2~3次练习时，所导致的疲劳会让爆发力减弱[11]。此外，45%1RM是达到峰值爆发力的最佳负荷。力量水平相对较低的运动员应以较低的负荷进行爆发力训练[11]。一般来说，当进行上半身爆发力训练时，根据相对力量水平，应该以 30%1RM ~ 60%1RM 的负荷进行 3 组练习，每组重复 4 ~ 5 次。

即将进入赛季前阶段时，休赛季抗阻训练计划开始侧重发展高速力量，这为减少负荷提供了理论依据。低负荷爆发性抗阻训练可以使神经系统产生适应性，从而对发力率产生积极的影响[26]。速度–力量训练可以被纳入休赛季训练计划中，通过训练运动员可以尽量减少肌肉收缩时间，最大限度地提升发力率和爆发力。

在某种程度上，特别是对训练有素的运动员来说，传统的抗阻训练受到向心力量的限制。反应性力量是决定运动员成功与否的一个特别重要的因素[6]。反应性力量被定义为承受相对高的延展负荷并从离心收缩阶段快速过渡到向心收缩阶段的能力[33]。在动作的离心阶段，负荷相对较低，速度缓慢，力量较小。然而，当快速执行动作时，内部负荷将会显著增加。通过抗阻训练提高离心力量产生的速率，运动员可以更好地利用拉长–缩短周期，最终提高运动专项技能水平。

弹道式收缩常常是通过增强式训练来完成的，但是抗阻训练技术也可以提高反应性力量。例如，加重式离心负荷（AEL）训练提供的离心负荷高于向心负荷。当以类似的方式进行增强式训练时，离心负荷的增加可能会提升运动员在向心训练中的表现[43]。进行加重式离心负荷训练的方式包括使用双手握住弹力带进行深蹲跳跃（或 Vertimax 垂直下拉）和双手持哑铃进行跳深练习。在这两种情况下，运动员会在向心阶段开始之前、离心阶段结束时释放阻力。

虽然这不是本书的重点，但休赛季的训练计划往往涵盖了传统的增强式训练。增强式训练的训练量很大程度上取决于运动员的力量、训练经验和适应水平，因此有必要深入了解如何制定适当的训练方案。例如，对青少年篮球运动员来说，与篮球训练相结合的增强式训练（117 ~ 183 次跳跃）可以提高他们的灵敏性和速度，但会降低他们的力量和爆发力，而只参加篮球训练的运动员在这些方面没有改善[5]。为了增强效果，完成 1 组 3 次跳深练习后休息 15 秒，然后进行 5 米、10 米和 20 米的冲刺跑，结果表明这种跳跃方案练习后可以改善不同时间（15 秒 ~ 12 分钟）的冲刺运动表现[13]。

篮球运动员进行抗阻训练的一个主要目标是提高变向能力。根据阿赛达（Asadi）及其同事们[4]的研究，相较于其他项目的运动员，篮球运动员对增强式训练有更好的适应性。此外，与单一类型的跳跃相比，不同跳跃方式（反向跳跃、跳深和跳远）的组合对变向能力的影响更大[4]。在这项 Meta 分析[4]中，关于训练频率和训练量的最佳建议是：在 6 ~ 8 周内，每周 2 ~ 3 次的训练中，共进行 800 ~ 1 200 次跳跃，训练强度为中–高，两组之间休息 60 ~ 120 秒。在休赛季缺少篮球专项训练的情况下，这种混合强度的训练可能适合需要在比赛中进行多次快速加速或减速，以及在多次重复中保持爆发力的篮球运动员。

在跳跃、冲刺跑和反应性力量方面，可以通过降低训练量来改善运动表现。例如，杰弗里斯（Jeffreys）及其同事们[23]得出结论，在为期 6 周的训练中，低训练量的增强式训练

（480次地面接触）和高训练量的增强式训练（1 920次地面接触）在改善反应性力量方面同样有效。在这种情况下，连续6周，每周进行两次40次混合跳跃就足够了。对于训练有素的运动员来说，使用加重式离心负荷训练时应该减少训练量。约翰逊（Johnson）及其同事们[25]建议，对于极有可能不参加增强式抗阻训练的儿童（也许还有未经训练的人）来说，每一次训练跳跃不超过50~60次。

高中生篮球运动员

本章的大部分内容集中在介绍周期化训练计划的概念上，并没有提及长期运动发展模型。当和一个年轻且成熟的运动员（如一位高中生篮球运动员）一起训练时，可能需要在整个休赛季致力于发展素质金字塔的基础——一般生理准备及力量。针对青少年和高中生篮球运动员的抗阻训练计划不应该效仿那些为经验更多的年长运动员设计的训练计划。一名在场上表现出非凡运动能力的年轻运动员不一定能在举重室中表现出高超的技巧。具备足够稳定的核心、良好的技术和力量将有利于提高爆发力和速度。高频率地练习基本动作模式将对运动表现产生深远的影响[18]。这时可以反复进行基本的抗阻训练并重点关注对技术的掌握，以便获得相应的适应性。为了让高中生篮球运动员，甚至是年龄较大、抗阻训练经验较少的运动员适应训练，可以在高训练量和低训练强度下执行进阶的一般练习。对抗阻训练的适应性会随着时间而积累，有时需要几年，因此在设计抗阻训练计划时，需要构想一个长期的发展计划，以此来建立进阶练习，并确定适当的负荷和运动量。

一般生理准备小周期是一个较短的赛季后训练计划的延伸，同时在4周的时间里，它将帮助运动员建立牢固的基础并熟悉抗阻训练动作。对于高中生篮球运动员来说，该阶段仍然以低负荷的自重训练为重点，更重要的是，在缺乏运动技术的情况下，需要有意识地避免引入外部负荷。也可以根据运动员当前的力量水平对自重练习进行调整。例如，一位运动员如果不能在地板上正确地做俯卧撑，那么他应先按照指示，从一个较高的位置做这个练习——双手放在凳子上或箱子上，甚至是靠在墙上。这种方法提供了必要的力学优势，使运动员在运动中做出和保持适当的姿势，而且没有任何代偿动作。

第5周的时候，开始通过增加外部负荷来持续进阶之前的练习。随着总负荷的增加，每组重复次数逐渐减少，总组数逐渐增加，这取决于运动员的整体力量水平。在这一点上，需要注意热身组和训练组之间的区别。为了达到适当的训练效果（肌肉肥大、力量增强、爆发力提高等），总的训练量既可能包含热身组，也可能不包含热身组。例如，进行4组练习，每组重复5次，练习负荷可以是50%1RM、65%1RM、75%1RM和85%1RM。在这种情况下，第1~3组可以被认为是热身组，而第4组是训练组。这种安排与设定3组相同进阶训练之间有着很大的区别。3组负荷为85%1RM的训练与1组负荷为85%1RM的训练的效果差别很大。此外，在团队训练中，运动员的力量水平会影响他们的热身进阶。被安排进行3组训练的运动员将最终执行6组训练，包括前文描述的热身组。因此，设定严格的4组训练进阶可能会对强壮的运动员产生负面影响，因为他们可能需要更多的组数来适当地提高运动负荷。

休赛季的最后4周着重于提高爆发力。当运动员已经建立了良好的基本动作模式时，可以尝试更高的负荷，从而提高最大力量和发力率。在较重的抗阻训练负荷下，主要强调动作速度。同时，练习的进阶和变式可能会带来更好的训练效果。例如，考虑到长期发展模型，高中生篮球运动员可首先进行哑铃高脚杯深蹲（小周期1），然后进行杠铃颈前深蹲（小周期2），最后进行杠铃颈后深蹲（小周期3），从而形成神经肌肉学习曲线，使自己在更具挑战性的环境中能承受更大的负荷。几年后（大周期），其训练年龄将有所增加，一般生理准备所需的时间将减少。

大学生篮球运动员

对于更有经验的运动员来说，一般生理准备阶段变成了热身阶段，因此他们可以很快开始更复杂的训练。与训练不足的运动员相比，训练有素的大学三年级和四年级篮球运动员可能有更长的休赛季来专注于发展最大力量和爆发力。当训练有素的大学生篮球运动员处于爆发力小周期的末期时，其目标是以较高的速度举起较重的负荷。

在经过适当设计的休赛季抗阻训练计划中，可以补充和增加爆发力训练及增强式训练。在赛季前阶段，许多主要练习的外部负荷会减少，因为这些练习的侧重点为速度。休赛季应该被视为赛季前阶段的准备期，在这个阶段，运动员要进行更多的增强式训练，以最大限度地提升运用拉长-缩短周期的能力。在赛季前阶段，最大化力量和爆发力对球队的表现至关重要。

职业篮球运动员

职业篮球运动员的地位越高并不一定意味着其训练年龄越久，也不意味着他们已经是强壮的运动员，更不意味着一定要以更复杂的方式为其制定抗阻训练计划。一位年轻的运动员，也许还是一位十几岁的少年，在身体成熟和准备方面与一位经验丰富的运动员有着明显的不同。因此，未经训练的运动员不能像训练有素的运动员那样进行训练。此外，同一年龄段的两名运动员可能有着截然不同的抗阻训练经验。在为职业篮球运动员设计合适的休赛季抗阻训练计划时应考虑到这一关键因素。对于进入职业篮球领域的年轻运动员来说，休赛季抗阻训练的目标可能需要更加专注于一般生理准备，旨在让运动员适应训练技术和外部负荷。对于年龄较大、经验丰富的运动员来说，抗阻训练的水平可能更高、更具有针对性。

假设职业篮球运动员在高中和大学期间已经进行了足够的抗阻训练，他们可能需要在休赛季的前1~2周专门进行一般生理准备训练，然后再进行更具有针对性的训练。有更高水平抗阻训练经验的人可以通过更具有针对性的，不足的力量素质来开始休赛季的训练，他们需要在最高水平的篮球比赛中竞争。和年轻运动员一样，运动能力和整体关节稳定性对年纪较大的职业篮球运动员很重要，但其原因可能不同，包括但不限于受伤史和力量不足。虽然18岁的新手运动员和34岁的成熟运动员在训练计划上可能会有很大的不同，但不应将动作复杂化，以至于阻碍力量和爆发力的进步。

小结

对于篮球运动员来说，休赛季应该致力于身体的发展，并在力量和爆发力上寻求积极的、全面的变化。无论年龄和比赛水平如何，休赛季抗阻训练计划应满足运动员的特定需求。练习类型、训练频率、训练负荷、训练强度、训练量、速度和恢复时间都是设计休赛季训练计划时需要考虑的因素。一个有效的为期12周的休赛季抗阻训练计划能以进阶的方式优化本章所提到的各种素质，从而让赛季前后期和赛季中阶段引入的篮球专项技能训练能够以更高效和更具爆发力的方式执行。休赛季抗阻训练计划表如表10.1~表10.6所示。

对训练计划表的解释

- DB=哑铃。
- KB=壶铃。
- RDL=罗马尼亚硬拉。
- PAP=激活后增强。
- BW=自重。
- RFD=发力率。
- BB=杠铃。
- 顺序=在一个组别（1、2、3，等等）中，每个练习（1a、1b、1c，等等）执行一组。然后回到组别中的第1个练习，接着进行第2组练习，以此类推。在一个组别里，如果某些练习的组数比其他练习少，则在其他组别之后执行这些训练。例如，如果练习1a和练习1b要求执行4组，而练习1c要求执行3组，则在练习1a和练习1b的第2组~第4组中执行练习1c。
- 节奏以秒为单位，用于练习的每个阶段或部分，写为"离心阶段：顶部（或底部）位置：向心阶段"（King, I., How to write strength training programs. In *Speed of Movement*, 1998, p.123）。例如，颈后深蹲"1：5：1"的节奏意味着用1秒来降低身体，在身体降至最低时保持5秒，用1秒站起来。注：X表示运动员在运动的某一阶段应该具有爆发力。由于没有为动作的每一部分设置规定的时间，"X：X：X"的节奏表示与爆发力练习有关。

表10.1 后卫：休赛季小周期1，一般生理准备，第1~2周

以下半身为主的全身训练（第1天）

顺序	练习	组数	负荷	重复次数或持续时间	节奏	休息时间
1a	颈前深蹲（专注于离心阶段）	1	53%1RM	8~10次	3：1：1	<30秒
		2	67%1RM	8~10次	3：1：1	<30秒
		3	70%1RM~76%1RM	8~10次	3：1：1	<30秒
		4	70%1RM~76%1RM	8~10次	3：1：1	<30秒
1b	单臂绳索划船（分腿姿）*	4		8~10次	1：3：1	<30秒
1c	杠铃臀推**	4		8~10次	1：5：1	60秒
2a	等长提拉（使用架子，分腿姿）***	3		5~6次	1：5：1	<30秒
2b	单臂绳索胸前推（后跨步）	3		10~12次	1：2：1	<30秒
2c	平板支撑（交替抬腿）	3		15~20次	1：2：1	60秒
3a	腿弯举（借助瑞士球）	3		10~12次	3：1：1	<30秒
3b	RDL（DB）	3		8~10次	3：1：1	<30秒
3c	单臂绳索肩部推举（单腿站姿）****	3		10~12次	1：2：1	60秒

*表示如果没有绳索训练器械，可以用单臂DB划船代替。**表示每次重复的最终姿势保持5秒。***表示快速用力拉杆，等长保持5秒后放松，重复推荐的次数。****表示面向绳索训练器械，单脚站立，将把手推举过头顶。

以上半身为主的全身训练（第2天）

顺序	练习	组数	负荷	重复次数或持续时间	节奏	休息时间
1a	卧推*	1	53%1RM	8~10次	1：3：1	<30秒
		2	67%1RM	8~10次	1：3：1	<30秒
		3	70%1RM~76%1RM	8~10次	1：3：1	<30秒
		4	70%1RM~76%1RM	8~10次	1：3：1	<30秒
1b	DB分腿姿深蹲**	4		8~10次	1：3：1	<30秒
1c	俯卧Y、T、I字练习***	4	1~5磅	8~10次	1：3：1	60秒
2a	背阔肌高位下拉	3		10~12次	3：1：1	<30秒
2b	单腿绳索髋外展***	3		10~12次	1：3：1	<30秒
2c	侧旋转V字起	3		10~12次	1：1：1	60秒
3a	帕洛夫胸前推（等长保持）****	2		5~6次	1：5：1	<30秒
3b	单腿深蹲（借助跳箱）	2		8~10次	3：1：1	<30秒
3c	肩外旋	2		10~12次	1：2：1	60秒

*表示在身体降至最低时保持3秒，肘部呈90度。**表示在身体降至最低时保持3秒。***表示每次重复的最终姿势保持3秒。****表示在最终姿势保持5秒。

（续）

基于速度的全身训练（第3天）

顺序	练习	组数	负荷	重复次数或持续时间	节奏	休息时间
1a	硬拉	1	53%1RM	6~8次	仅向心	<30秒
		2	67%1RM	6~8次	仅向心	<30秒
		3	76%1RM~85%1RM	4~6次	仅向心	<30秒
		4	76%1RM~85%1RM	4~6次	仅向心	<30秒
1b	借力推举（或挺举）	4		6~8次	2：X：X	<30秒*
1c	Bosch髋部伸展保持	4		8~10次	1：5：1	60秒
2a	登阶	3		5~6次	2：1：1	<30秒
2b	单臂DB划船	3		10~12次	1：2：1	<30秒
2c	侧平板支撑**	3		15~20次	1：5：1	60秒
3a	腘绳肌滑动	2		10~12次	1：1：1	<30秒
3b	直臂下拉（髋部伸展）	2		10~12次	1：1：1	<30秒
3c	单腿深蹲伸展	2		10~12次	1：1：1	60秒

*表示休息时间很短，因为运动员从基于运动表现的练习（借力推举）转向更为孤立的预防损伤的练习（Bosch髋部伸展保持）。**表示保持这个姿势5秒，然后放松，并重复推荐的次数。

表10.2　大前锋：休赛季小周期1，一般生理准备，第1~2周

以下半身为主的全身训练（第1天）

顺序	练习	组数	负荷	重复次数或持续时间	节奏	休息时间
1a	颈前深蹲（坐于箱子上；专注于离心阶段）	1	53%1RM	8~10次	3：1：1	<30秒
		2	67%1RM	8~10次	3：1：1	<30秒
		3	70%1RM~76%1RM	8~10次	3：1：1	<30秒
		4	70%1RM~76%1RM	8~10次	3：1：1	<30秒
1b	半跪姿单臂绳索划船*	4		8~10次	1：3：1	<30秒
1c	杠铃臀推**	4		8~10次	1：5：1	60秒
2a	DB弓步走	3		5~6次	1：3：1	<30秒
2b	单臂绳索胸前推（后跨步）	3		10~12次	1：2：1	<30秒
2c	平板支撑（交替向前伸展手臂）	3		15~20次	1：2：1	60秒
3a	腿弯举（借助瑞士球）	3		10~12次	3：1：1	<30秒
3b	RDL（DB）	3		8~10次	3：1：1	<30秒
3c	单臂绳索肩部推举（单腿站姿）***	3		10~12次	1：2：1	60秒

*表示每次重复的最终姿势保持3秒。**表示每次重复的最终姿势保持5秒。***表示面向绳索训练器械，单脚站立，将把手举过头顶。

（续）

以上半身为主的全身训练（第2天）

顺序	练习	组数	负荷	重复次数或持续时间	节奏	休息时间
1a	卧推*	1	53%1RM	8~10次	1：3：1	<30秒
		2	67%1RM	8~10次	1：3：1	<30秒
		3	70%1RM~76%1RM	8~10次	1：3：1	<30秒
		4	70%1RM~76%1RM	8~10次	1：3：1	<30秒
1b	单腿深蹲（保加利亚）**	4		8~10次	1：3：1	<30秒
1c	俯卧Y、T、I字练习**	4	1~5磅	8~10次	1：3：1	<30秒
2a	背阔肌高位下拉	3		10~12次	3：1：1	<30秒
2b	单腿绳索髋外展**	3		10~12次	1：3：1	<30秒
2c	侧旋转V字起	3		10~12次	1：1：1	60秒
3a	伐木（从低到高）***	2		5~6次	1：5：1	<30秒
3b	单腿深蹲（借助跳箱）	2		8~10次	3：1：1	<30秒
3c	肩外旋	2		10~12次	1：2：1	60秒

*表示在身体降至最低时保持3秒，肘部呈90度。**表示每次重复的最终姿势保持3秒。***表示每次重复的最终姿势保持5秒。

基于速度的全身训练（第3天）

顺序	练习	组数	负荷	重复次数或持续时间	节奏	休息时间
1a	硬拉	1	53%1RM	6~8次	仅向心	<30秒
		2	67%1RM	6~8次	仅向心	<30秒
		3	76%1RM~85%1RM	4~6次	仅向心	<30秒
		4	76%1RM~85%1RM	4~6次	仅向心	<30秒
1b	借力推举（或挺举）	4		6~8次	2：X：X	<30秒*
1c	Bosch髋部伸展保持	4		8~10次	1：5：1	60秒
2a	登阶	3		5~6次	2：1：1	<30秒
2b	单臂DB划船	3		10~12次	1：2：1	<30秒
2c	侧平板支撑**	3		15~20次	1：5：1	60秒
3a	腘绳肌滑动	2		10~12次	1：1：1	<30秒
3b	直臂下拉（髋部伸展）	2		10~12次	1：1：1	<30秒
3c	单腿深蹲伸展	2		10~12次	1：1：1	60秒

*表示休息时间很短，因为运动员从基于运动表现的练习（借力推举）转向更为孤立的预防损伤的练习（Bosch髋部伸展保持）。**表示保持这个姿势5秒，然后放松，并重复推荐的次数。

表10.3 后卫：休赛季小周期2，力量，第3~10周

下半身训练（第1天）

顺序	练习	组数	负荷	重复次数或持续时间	节奏	休息时间
1	颈后深蹲	1	53%1RM~67%1RM	5次	3：3：1	1分钟
		2	67%1RM~76%1RM	5次	3：1：1	2分钟
		3	76%1RM~85%1RM	5次	3：1：1	3分钟
		4	85%1RM~92%1RM	3~5次	3：1：1	3分钟
		5	>92%1RM	1次*	仅离心	3分钟
2a	高翻或悬垂高翻（峰值速度1.3~1.4米/秒）	1	25%1RM~45%1RM	4~5次	X：X：X	<30秒
		2	45%1RM~65%1RM	4~5次	X：X：X	<30秒
		3	45%1RM~65%1RM	4~5次	X：X：X	<30秒
		4	45%1RM~65%1RM	4~5次	X：X：X	<30秒
2b	杠铃臀推**	4		5~6次	1：5：1	2分钟
3a	后弓步	3		6~8次	2：1：1	<30秒
3b	单臂分腿姿抓举	3		4~5次	X：X：X	<30秒
3c	北欧腿弯举	3		5~6次	1：5：1	<30秒
3d	鸟狗式保持（对侧手臂和腿抬起）***	3		5次	1：10：1	2分钟
额外的高级复合训练——大学生或职业运动员						
4a	单腿RDL	2		6~8次	2：1：1	<30秒
4b	反向髋部伸展保持***	2		5~6次	1：10：1	60秒

*表示重复5~6次，每次重复之间休息20秒。**表示每次重复的最终姿势保持5秒。***表示保持这个姿势10秒，然后放松，并重复推荐的次数。

（续）

上半身训练（第2天）

顺序	练习	组数	负荷	重复次数或持续时间	节奏	休息时间
1	卧推（专注于离心阶段）	1	53%1RM~67%1RM	5次	3：3：1	1分钟
		2	67%1RM~76%1RM	5次	3：1：1	2分钟
		3	76%1RM~85%1RM	5次	3：1：1	3分钟
		4	85%1RM~92%1RM	3~5次	3：1：1	3分钟
		5	>92%1RM	1次*	仅离心	3分钟
2a	背阔肌高位下拉	4		8~10次	2：1：1	<30秒
2b	土耳其起立	4		2~4次	缓慢，稳定	2分钟
3a	单臂绳索划船**	3		8~10次	1：3：1	<30秒
3b	单臂肩部推举（分腿姿）	3		8~10次	1：1：1	<30秒
3c	俯卧Y、T、I字练习***	3	2~8磅	8~10次	1：2：1	<30秒
3d	侧旋转V字起	3		10~15次	1：1：1	2分钟
额外的高级复合训练——大学生或职业运动员						
4a	单臂绳索胸推（后跨步）	2		8~10次	1：2：1	<30秒
4b	单腿V字起	2		10~15次	1：1：1	60秒

*表示重复5~6次，每次重复之间休息20秒。**表示如果没有绳索训练器械，可以用单臂DB划船代替。***表示每次重复的最终姿势保持2秒。

基于速度的下半身训练（第3天）

顺序	练习	组数	负荷	重复次数或持续时间	节奏	休息时间
1	硬拉（平均速度0.75~1.0米/秒）	1	53%1RM~67%1RM	5次	仅向心	1分钟
		2	67%1RM~76%1RM	5次	仅向心	2分钟
		3	76%1RM~85%1RM	5次	仅向心	3分钟
		4	85%1RM~92%1RM	2~4次	仅向心	3分钟
		5	85%1RM~92%1RM	2~4次	仅向心	3分钟
2a	分腿姿深蹲	4		5~6次	5：1：1	<30秒
2b	侧平板支撑（髋外展保持）*	4		5~6次	1：10：1	2分钟
3a	单腿深蹲（借助跳箱）	3		6~8次	3：1：1	<30秒
3b	腘绳肌滑动**	3		6~8次	2：1：X	<30秒
3c	RDL	3		6~8次	3：1：1	<30秒
3d	帕洛夫胸前推（等长保持）***	3		5~6次	1：5：1	2分钟
额外的高级复合训练——大学生或职业运动员						
4a	DB弓步走	2		6~8次	1：1：1	<30秒
4b	单腿深蹲伸展（专注于耐力）	2		10~15次	1：3：1	60秒

*表示保持这个姿势10秒，然后放松，并重复推荐的次数。**表示缓慢且有控制的离心阶段，爆发性的向心阶段。***表示在最终姿势保持5秒。

（续）

基于速度的上半身训练（第4天）

顺序	练习	组数	重复次数或持续时间	节奏	休息时间
1	单臂绳索划船（分腿姿，旋转）	5	6~8次	1∶1∶X	3分钟
2a	单臂借力推举	4	6~8次	1∶1∶X	<30秒*
2b	伐木（从低到高）	4	6~8次	2∶2∶1	2分钟
3a	单臂卧推	3	6~8次	2∶1∶X	<30秒
3b	绳索三角肌后束划船（髋部旋转）	3	6~8次	3∶1∶1	<30秒
3c	单腿V字起	3	10~15次	1∶1∶1	<30秒
3d	肩外旋（专注于耐力）	2	10~15次	3∶2∶1	2分钟
额外的高级复合训练——大学生或职业运动员					
4a	D2模式，单腿站姿	2	10~15次	2∶1∶1	<30秒
4b	鸟狗式平板支撑（对侧手臂和腿抬起；专注于耐力）	2	10~15次	1∶2∶1	<30秒

*表示休息时间很短，因为运动员从基于运动表现的练习（单臂借力推举）转向更为孤立的预防损伤的练习（伐木）。

表10.4　大前锋：休赛季小周期2，力量，第3~10周

下半身训练（第1天）

顺序	练习	组数	负荷	重复次数或持续时间	节奏	休息时间
1	颈后深蹲（专注于离心阶段）	1	53%1RM~67%1RM	5次	3∶3∶1	1分钟
		2	67%1RM~76%1RM	5次	3∶1∶1	2分钟
		3	76%1RM~85%1RM	5次	3∶1∶1	3分钟
		4	85%1RM~92%1RM	3~5次	3∶1∶1	3分钟
		5	>92%1RM	1次*	仅离心	3分钟
2a	高翻或悬垂高翻（峰值速度1.3~1.4米/秒）	1	25%1RM~45%1RM	4~5次	X∶X∶X	<30秒
		2	45%1RM~65%1RM	4~5次	X∶X∶X	<30秒
		3	45%1RM~65%1RM	4~5次	X∶X∶X	<30秒
		4	45%1RM~65%1RM	4~5次	X∶X∶X	<30秒
2b	杠铃臀推**	4		5~6次	1∶5∶1	2分钟
3a	侧弓步	3		6~8次	2∶1∶1	<30秒
3b	侧向DB高翻	3		4~5次	X∶X∶X	<30秒
3c	腿弯举（借助瑞士球）	3		5~6次	2∶1∶1	<30秒
3d	鸟狗式保持（对侧手臂和腿抬起）****	3		5次	1∶10∶1	2分钟
额外的高级复合训练——大学生或职业运动员						
4a	单腿RDL***	2		6~8次	2∶1∶X	<30秒
4b	反向髋部伸展保持****	2		5~6次	1∶10∶1	60秒

*表示重复5~6次，每次重复之间休息20秒。**表示每次重复的最终姿势保持5秒。***表示缓慢且有控制的离心阶段，爆发性的向心阶段。****表示保持这个姿势10秒，然后放松，并重复推荐的次数。

（续）

上半身训练（第2天）

顺序	练习	组数	负荷	重复次数或持续时间	节奏	休息时间
1	卧推（专注于离心阶段）	1	53%1RM~67%1RM	5次	3：3：1	1分钟
		2	67%1RM~76%1RM	5次	3：1：1	2分钟
		3	76%1RM~85%1RM	5次	3：1：1	3分钟
		4	85%1RM~92%1RM	3~5次	3：1：1	3分钟
		5	>92%1RM	1次*	仅离心	3分钟
2a	背阔肌高位下拉	4		8~10次	2：1：1	<30秒
2b	土耳其起立	4		2~4次	缓慢，稳定	2分钟
3a	单臂绳索划船**	3		8~10次	1：3：1	<30秒
3b	单臂肩部推举（分腿姿）	3		8~10次	1：1：1	<30秒
3c	俯卧Y、T、I字练习***	3	2~8磅	8~10次	1：2：1	<30秒
3d	侧旋转V字起	3		10~15次	1：1：1	2分钟
额外的高级复合训练——大学生或职业运动员						
4a	单臂绳索胸前推（后跨步）	2		8~10次	1：2：1	<30秒
4b	单腿V字起	2		10~15次	1：1：1	60秒

*表示重复5~6次，每次重复之间休息20秒。**表示如果没有绳索训练器械，可以用单臂DB划船代替。***表示每次重复的最终姿势保持2秒。

基于速度的下半身训练（第3天）

顺序	练习	组数	负荷	重复次数或持续时间	节奏	休息时间
1	硬拉（如果有需要，可以不用杠铃台；平均速度为0.75~1.0米/秒）	1	53%1RM~67%1RM	5次	仅向心	1分钟
		2	67%1RM~76%1RM	5次	仅向心	2分钟
		3	76%1RM~85%1RM	5次	仅向心	3分钟
		4	85%1RM~92%1RM	2~4次	仅向心	3分钟
		5	85%1RM~92%1RM	2~4次	仅向心	3分钟
2a	单腿深蹲（保加利亚）（专注于离心阶段）	4		5~6次	5：1：1	<30秒
2b	侧平板支撑（髋外展保持）*	4		5~6次	1：10：1	2分钟
3a	单腿深蹲（借助跳箱）	3		6~8次	3：1：1	<30秒
3b	腘绳肌滑动**	3		6~8次	2：1：X	<30秒
3c	RDL	3		6~8次	3：1：1	<30秒
3d	绳索旋转后跨步过顶下拉***	3		5~6次	1：3：1	2分钟
额外的高级复合训练——大学生或职业运动员						
4a	DB弓步走	2		6~8次	1：1：1	<30秒
4b	单腿深蹲伸展（专注于耐力）	2		10~15次	1：3：1	60秒

*表示保持这个姿势10秒，然后放松，并重复推荐的动次数。**表示缓慢且有控制的离心阶段，爆发性的向心阶段。***表示每次重复的最终姿势保持3秒。

（续）

基于速度的上半身训练（第4天）

顺序	练习	组数	重复次数或持续时间	节奏	休息时间
1	单臂绳索划船（分腿姿，旋转）	1	6~8次	1：1：X	1分钟
		2	6~8次	1：1：X	2分钟
		3	6~8次	1：1：X	3分钟
		4	6~8次	1：1：X	3分钟
		5	6~8次	1：1：X	3分钟
2a	单臂借力推举	4	6~8次	1：1：X	<30秒*
2b	伐木（从低到高）	4	6~8次	2：2：1	2分钟
3a	单臂卧推	3	6~8次	2：1：X	<30秒
3b	绳索三角肌后束划船（髋部旋转）	3	6~8次	3：1：1	<30秒
3c	单腿V字起	3	10~15次	1：1：1	<30秒
3d	肩外旋（专注于耐力）	3	10~15次	3：2：1	2分钟
额外的高级复合训练——大学生或职业运动员					
4a	D2模式，单腿站姿	2	10~15次	2：1：1	<30秒
4b	鸟狗式平板支撑（对侧手臂和腿抬起）（专注于耐力）	2	10~15次	1：2：1	<30秒

*表示休息时间很短，因为运动员从基于运动表现的练习（单臂借力推举）转向更为孤立的预防损伤的练习（伐木）。

表10.5 后卫：休赛季小周期3，爆发力，第11~14周

下半身训练（第1天）

顺序	练习	组数	负荷	重复次数或持续时间	节奏	休息时间
1a	颈后深蹲（平均速度0.5~0.75米/秒）	1	53%1RM	10~12次	2：1：X	1分钟
		2	67%1RM	8~10次	2：1：X	1分钟
		3	76%1RM	5~6次	2：1：X	2分钟
		4	76%1RM~85%1RM	4~5次	2：1：X	2分钟
		5	40%1RM~50%1RM	2次*	1：1：X	2分钟
1b	杠铃深蹲跳跃（PAP）	1	BW	4~5次	X：X：X	1分钟
		2	BW	4~5次	X：X：X	2分钟
		3	BW	4~5次	X：X：X	3分钟
	加重式离心负荷	4	20%1RM~40%1RM	4~5次	X：X：X	3分钟
	加重式离心负荷	5	20%1RM~40%1RM	4~5次	X：X：X	3分钟
2a	高翻或悬垂高翻（峰值速度1.3~1.4米/秒）	1	25%1RM~45%1RM	5~6次	X：X：X	<30秒
		2	50%1RM~65%1RM	2~4次	X：X：X	<30秒
		3	50%1RM~65%1RM	2~4次	X：X：X	<30秒
		4	50%1RM~65%1RM	2~4次	X：X：X	<30秒
2b	杠铃臀推**	4		5~6次	1：5：1	2分钟
3a	单腿深蹲（保加利亚）	4		5~6次	5：1：1	<30秒
3b	分腿姿深蹲跳跃	4		4~5次	X：X：X	<30秒
3c	鸟狗式保持（对侧手臂和腿抬起）****	4		5次	1：10：1	2分钟
额外的高级复合训练——大学生或职业运动员						
4a	北欧腿弯举	3		5~6次	5：1：1	<30秒
4b	单腿RDL***	3		5~6次	2：1：X	<30秒
4c	反向髋部伸展保持****	3		5~6次	1：10：1	60秒

*表示重复3~4组，每组2次，每组之间休息20秒。**表示每次重复的最终姿势保持5秒。***表示缓慢且有控制的离心阶段，爆发性的向心阶段。****表示保持这个姿势10秒，然后放松，并重复推荐的次数。

（续）

上半身训练（第2天）

顺序	练习	组数	负荷	重复次数或持续时间	节奏	休息时间
1a	卧推（平均速度0.5~0.75米/秒）	1	53%1RM	10~12次	2：1：X	1分钟
		2	67%1RM	8~10次	2：1：X	1分钟
		3	76%1RM	5~6次	2：1：X	2分钟
		4	76%1RM~85%1RM	4~5次	2：1：X	2分钟
		5	40%1RM~50%1RM	2次*	2：1：X	2分钟
1b	爆发性俯卧撑（双手离开地面；PAP）	1	BW	5~6次	X：X：X	1分钟
		2	BW	5~6次	X：X：X	2分钟
		3	BW	5~6次	X：X：X	3分钟
		4	BW	5~6次	X：X：X	3分钟
		5	BW	5~6次	X：X：X	3分钟
2a	背阔肌高位下拉	4		6~8次	2：1：X	<30秒
2b	土耳其起立	4		1~2次	缓慢，稳定	2分钟
3a	单臂DB划船	4		6~8次	1：2：1	<30秒
3b	单臂肩部推举（分腿姿）	4		8~10次	1：1：1	<30秒
3c	侧旋转V字起	4		10~15次	1：1：1	2分钟
额外的高级复合训练——大学生或职业运动员						
4a	单臂绳索胸前推（后跨步）	3		10~12次	1：2：1	<30秒
4b	俯身侧平举	3		10~12次	1：2：1	<30秒
4c	单腿V字起	3		10~15次	1：1：1	60秒

*表示重复3~4组，每组2次，每组之间休息20秒。

（续）

基于速度的下半身训练（第3天）

顺序	练习	组数	负荷	重复次数或持续时间	节奏	休息时间
1a	硬拉（平均速度0.75~1.0米/秒）	1	53%1RM~67%1RM	5次	仅向心	1分钟
		2	67%1RM~76%1RM	5次	仅向心	1分钟
		3	76%1RM~85%1RM	5次	仅向心	2分钟
		4	85%1RM~92%1RM	3~5次	仅向心	2分钟
		5	>92%1RM	1~2次	仅向心	2分钟
1b	跳箱	5		4~5次	X:X:X	3分钟
2a	侧弓步	4		6~8次	2:1:X	<30秒
2b	侧平板支撑（髋外展保持）*	4		5~6次	1:10:1	2分钟
3a	单腿深蹲（借助跳箱）	4		6~8次	3:1:1	<30秒
3b	单臂分腿姿抓举	4		4~5次	X:X:X	<30秒
3c	帕洛夫胸前推（等长保持）**	4		5~6次	1:5:1	2分钟
	额外的高级复合训练——大学生或职业运动员					
4a	腘绳肌滑动***	3		6~8次	2:1:X	<30秒
4b	RDL**	3		6~8次	1:2:1	<30秒
4c	单腿深蹲伸展（专注于耐力）	3		10~15次	1:2:1	60秒

*表示保持这个姿势10秒，然后放松，并重复推荐的次数。**表示在最终姿势保持5秒。***表示缓慢且有控制的离心阶段，爆发性的向心阶段。

（续）

基于速度的上半身训练（第4天）

顺序	练习	组数	负荷	重复次数或持续时间	节奏	休息时间
1a	坐姿划船（或俯身划船）	1		5~6次	1：1：X	1分钟
		2		5~6次	1：1：X	1分钟
		3		5~6次	1：1：X	2分钟
		4		5~6次	1：1：X	2分钟
		5		5~6次	1：1：X	2分钟
1b	药球下砸	1		5~6次	X：X：X	1分钟
		2		5~6次	X：X：X	2分钟
		3		5~6次	X：X：X	3分钟
		4		5~6次	X：X：X	3分钟
		5		5~6次	X：X：X	3分钟
2a	交替DB卧推	4		5~6次	1：1：X	<30秒
2b	伐木（从低到高）	4		6~8次	2：2：1	2分钟
3a	站姿单臂肩部推举（分腿姿）	4		8~10次	1：1：1	<30秒
3b	俯卧Y、T、I字练习*	4	2~8磅	8~10次	1：2：1	<30秒
3c	单臂绳索划船（旋转）	4		8~10次	1：1：1	2分钟
额外的高级复合训练——大学生或职业运动员						
4a	D2模式，单腿站姿	3		10~15次	2：1：1	<30秒
4b	鸟狗式平板支撑（对侧手臂和腿抬起）	3		10~15次	1：2：1	<30秒
4c	肩外旋（专注于耐力）	3		10~15次	3：2：1	60秒

*表示每次重复的最终姿势保持2秒。

表10.6 大前锋：休赛季小周期3，爆发力，第11~14周

下半身训练（第1天）

顺序	练习	组数	负荷	重复次数或持续时间	节奏	休息时间
1a	颈后深蹲（平均速度0.5~0.75米/秒）	1	53%1RM	10~12次	2：1：X	1分钟
		2	67%1RM	8~10次	2：1：X	1分钟
		3	76%1RM	5~6次	2：1：X	2分钟
		4	76%1RM~85%1RM	4~5次	2：1：X	2分钟
		5	40%1RM~50%1RM	2次*	1：1：X	2分钟
1b	杠铃深蹲跳跃（PAP）	1	BW	4~5次	X：X：X	1分钟
		2	BW	4~5次	X：X：X	2分钟
		3	BW	4~5次	X：X：X	3分钟
	加重式离心负荷	4	20%1RM~40%1RM	4~5次	X：X：X	3分钟
	加重式离心负荷	5	20%1RM~40%1RM	4~5次	X：X：X	3分钟
2a	高翻或悬垂高翻（峰值速度1.0~1.2米/秒）	1	25%1RM~45%1RM	5~6次	X：X：X	<30秒
		2	50%1RM~65%1RM	2~4次	X：X：X	<30秒
		3	50%1RM~65%1RM	2~4次	X：X：X	<30秒
		4	50%1RM~65%1RM	2~4次	X：X：X	<30秒
2b	杠铃臀推**	4		5~6次	1：5：1	2分钟
3a	单腿深蹲（保加利亚）	4		5~6次	5：1：1	<30秒
3b	分腿姿深蹲跳跃	4		4~5次	X：X：X	<30秒
3c	鸟狗式保持（对侧手臂和腿抬起）****	4		5次	1：10：1	2分钟
	额外的高级复合训练——大学生或职业运动员					
4a	腿弯举（借助瑞士球）	3		5~6次	5：1：1	<30秒
4b	单腿RDL***	3		5~6次	2：1：X	<30秒
4c	反向髋部伸展保持****	3		5~6次	1：10：1	60秒

*表示重复3~4组，每组2次，每组之间休息20秒。**表示每次重复的最终姿势保持5秒。***表示缓慢且有控制的离心阶段，爆发性的向心阶段。****表示保持这个姿势10秒，然后放松，并重复推荐的次数。

（续）

上半身训练（第2天）

顺序	练习	组数	负荷	重复次数或持续时间	节奏	休息时间
1	卧推（平均速度0.5~0.75米/秒）	1	53%1RM	10~12次	2：1：X	1分钟
		2	67%1RM	8~10次	2：1：X	1分钟
		3	76%1RM	5~6次	2：1：X	2分钟
		4	76%1RM~85%1RM	4~5次	2：1：X	2分钟
		5	40%1RM~50%1RM	2次*	2：1：X	2分钟
1b	药球过顶投掷（向墙上投掷；双腿站姿；PAP）	5	15~30磅	5~6次	X：X：X	3分钟
2a	背阔肌高位下拉	4		6~8次	2：1：X	<30秒
2b	土耳其起立	4		1~2次	缓慢，稳定	2分钟
3a	单臂DB划船	4		6~8次	1：2：1	<30秒
3b	单臂肩部推举（分腿姿）	4		8~10次	1：1：1	<30秒
3c	侧旋转V字起	4		10~15次	1：1：1	2分钟
额外的高级复合训练——大学生或职业运动员						
4a	单臂绳索胸推（后跨步）	3		10~12次	1：2：1	<30秒
4b	站姿单臂绳索反向飞鸟	3		10~12次	1：2：1	<30秒
4c	单腿V字起	3		10~15次	1：1：1	60秒

*表示重复3~4组，每组2次，每组之间休息20秒。

（续）

基于速度的下半身训练（第3天）

顺序	练习	组数	负荷	重复次数或持续时间	节奏	休息时间
1a	等长大腿中段拉	1	75%1RM的努力	4~5次	仅向心	1分钟
		2	85%1RM的努力	4~5次	仅向心	1分钟
	最大RFD；快速用力拉	3	100%1RM的努力	4~5次	仅向心	2分钟
	最大RFD；快速用力拉	4	100%1RM的努力	3~5次	仅向心	2分钟
	最大RFD；快速用力拉	5	100%1RM的努力	1~2次	仅向心	2分钟
1b	跳箱	1		4~5次	X：X：X	1分钟
		2		4~5次	X：X：X	2分钟
		3		4~5次	X：X：X	3分钟
		4		4~5次	X：X：X	3分钟
		5		4~5次	X：X：X	3分钟
2a	DB侧弓步	4		6~8次	2：1：X	<30秒
2b	侧平板支撑（髋部外展保持）*	4		5~6次	1：10：1	2分钟
3a	单腿深蹲（借助跳箱）	4		6~8次	3：1：1	<30秒
3b	单臂分腿姿抓举	4		4~5次	X：X：X	<30秒
3c	绳索旋转后跨步过顶下拉**	4		5~6次	1：3：1	2分钟
额外的高级复合训练——大学生或职业运动员						
4a	腘绳肌滑动***	3		6~8次	2：1：X	<30秒
4b	RDL***	3		6~8次	1：2：1	<30秒
4c	单腿深蹲伸展（专注于耐力）	3		10~15次	1：2：1	60秒

* 表示保持这个姿势10秒，然后放松，并重复推荐的次数。** 表示每次重复的最终姿势保持3秒。*** 表示缓慢且有控制的离心阶段，爆发性的向心阶段。

（续）

基于速度的上半身训练（第4天）

顺序	练习	组数	负荷	重复次数或持续时间	节奏	休息时间
1a	俯身划船（或坐姿划船）	1		5~6次	1:1:X	1分钟
		2		5~6次	1:1:X	1分钟
		3		5~6次	1:1:X	2分钟
		4		5~6次	1:1:X	2分钟
		5		5~6次	1:1:X	2分钟
1b	药球下砸	1		5~6次	X:X:X	1分钟
		2		5~6次	X:X:X	2分钟
		3		5~6次	X:X:X	3分钟
		4		5~6次	X:X:X	3分钟
		5		5~6次	X:X:X	3分钟
2a	交替DB卧推	4		5~6次	1:1:X	<30秒
2b	伐木（从高到低）	4		6~8次	2:2:1	2分钟
3a	站姿单臂肩部推举（双腿中立站姿）	4		8~10次	1:1:1	<30秒
3b	俯卧Y、T、I字练习*	4	2~8磅	8~10次	1:2:1	<30秒
3c	单臂绳索划船（旋转）	4		8~10次	1:1:1	2分钟
额外的高级复合训练——大学生或职业运动员						
4a	D2模式，单腿站姿	3		10~15次	2:1:1	<30秒
4b	鸟狗式平板支撑（对侧手臂和腿抬起）	3		10~15次	1:2:1	<30秒
4c	肩外旋（专注于耐力）	3		10~15次	3:2:1	60秒

*表示每次重复的最终姿势保持2秒。

第 11 章

赛季前训练方案

尼克·希金斯（Nic Higgins）、斯科特·汤姆（Scott Thom）

当运动员的篮球赛季快开始时，他们赛季前的抗阻训练应该反映专项和位置的具体需求，使他们能够将自己从举重室里获得的训练成果高效地应用到球场上。赛季前中周期将运动员的表现与之前中周期发展的身体素质联系起来，从而让运动员在球场上表现出最佳水平。本章讨论了在整个赛季前阶段应用的先进的抗阻训练方法，并为高中、大学和职业篮球运动员提供了训练建议。

目标与目的

由于篮球运动的复合特性，运动员需要提高力量、爆发力和有氧耐力。在赛季前，篮球运动员开始通过增加练习、争球或体能训练来增加球场上的运动负荷时，在举重室的同步训练有利于其发展力量和爆发力，使其为完成跳跃、切入和冲刺跑等做好准备。巴拉比尼斯（Balabinis）及其同事们[1]在赛季前对篮球运动员进行了一项研究，结果表明，如果赛季前的训练计划合理，同步训练就可以显著提高力量、爆发力和有氧耐力。

对于篮球运动员来说，虽然有氧耐力非常重要，但在赛季前的强化训练计划中仍然可以有效地使用同步训练模式。注意，前文所提到的研究指出[1]，运动员应在早上进行有氧耐力训练，7小时后再进行抗阻训练。如果在抗阻训练和篮球专项训练之间适当地休息，就能给恢复和运动表现带来积极的影响。如果旨在增加力量和爆发力，抗阻训练应该在体能训练之前完成。但是，单独进行技能训练和体能训练可能对运动员最有益，因为这样可以帮助运动员更全面地恢复并减少干扰。

赛季前抗阻训练的强度增加，而且重点在于整体力量-速度曲线的力量发展部分，以及保持爆发力训练和篮球专项体能训练之间的平衡。因此，赛季前阶段的时长相对较短——无论比赛水平如何，只持续4~6周。休赛季的持续时间应该更长，该阶段关注的是身体方面的发展，而在大周期的早期阶段，不应考虑与篮球运动相关的活动。与其他阶段的抗阻训练不同，赛季前的抗阻训练引入了更多的与篮球相关的活动。因此，大多数篮球运动员在备战新赛季时，无论是在专项训练中，还是在抗阻训练中，都采用很大的运动负荷。运动员应完成抗阻训练和所有篮球专项训练，这样才能在赛季前得到调整，并让运动技能得到发展。

在适当的进阶中，运动员应该完成之前以有氧耐力、肌肉肥大、最大力量和爆发力为重点的中周期阶段。在运动员完成了针对这些部分的休赛季抗阻训练计划后，赛季前抗阻训练计划应着重培养运动员运用拉长-缩短周期的能力，以及提高运动员在极短时间内产生大量力量的能力。因此，需要将训练的重点放在动作速度上，让运动员将在先前的中周期中发展的力量和爆发力转化为更具有专项性的反应性力量和爆发力。只有全面了解篮球运动的需求，才能正确选择训练计划。制定赛季前抗阻训练计划时，应考虑训练频率、练习类型、训练强度、训练量及其他力量和体能训练参数。

训练时长、结构和组织

赛季前阶段的抗阻训练计划应包括每周1~2次的全身抗阻训练。由于练习类型、训练量、训练强度、训练状态等变量的变化，很难确定最佳的抗阻训练频率。在赛季前阶段，随着篮球相关运动和训练负荷的增加，应减少休赛季抗阻训练的训练量，使运动员适应总负荷的增加。未经训练的运动员将受益于每周2~3次的抗阻训练[15]。训练有素的运动员需要继续锻炼，以增加力量、塑造体型，同时他们应该更频繁地进行全身训练或进行每周4天的单独的上、下半身抗阻训练。在任何情况下，这些训练频率仅适用于旨在提高力量和爆发力的抗阻训练计划，不适用于整体体能训练计划里的附加体能训练、灵敏性训练、变向训练、增强式训练和速度训练。因此，一般来说，进行1次或2次只注重力量和爆发力的抗阻训练就足以改善未经训练的年轻运动员的运动表现。中等水平和训练有素的运动员每周可以进行3~4次爆发力训练，同时每周保持1~2次的力量训练[15]。

在这一阶段，随着篮球专项负荷的增加，抗阻训练不仅能提高篮球运动表现，同时也是建立支持耐久性和应对整个赛季需求的基础。因此，可以通过控制练习顺序、训练强度和训练量来改变抗阻训练计划，以帮助运动员提高力量并适当地将其应用到球场上。训练应该包括1~3个主要练习和2~4个辅助练习，以促进力量和爆发力的发展，以及训练内容的平衡。一般来说，赛季前的抗阻训练项目应该强化多关节练习，以协调的方式锻炼肌肉，这与篮球的动作模式相似。在赛季前阶段，对矢状面、冠状面和水平面的基础动作，如深蹲和硬拉，以及单侧下半身练习和上半身练习，仍然要保持适当的训练频率。这种方法能让运动员继续提升先前发展的稳定性、力量和爆发力。此外，由于赛季前主要专注于篮球专项爆发力的改善，因此以奥林匹克举重及其衍生动作、负重跳跃和其他基于速度的练习为主，运动员可以以较高的效率来完成这些练习。

在赛季前抗阻训练计划中选择的辅助练习不仅要着重于提升运动员的表现，还要为整体肌肉功能和力量提供支持，让运动员为整个赛季做好准备。训练计划需要在专项运动的爆发力训练和综合力量训练（包括辅助练习的选择）之间保持平衡。

制定赛季前计划的方法包括群聚组、复合组、对比组和重复组。其中，采用**群聚组**时，需要在较小的重复组之间安排较短的休息时间，这已被证明有利于训练计划的发展，以最大化爆发力和速度[5, 6]。当每组练习重复1~3次时，两组之间的休息时间通常持续15~45秒，这样有助于增加后续组别的爆发力输出。在恢复期内，磷酸肌酸和三磷酸腺苷（ATP）储存量在一定程度上得到了恢复。传统的抗阻训练组和重复组的训练量可以设置为3组×10次，4组×6次或5组×5次。运动员在每组练习中连续进行重复，每两次重复之间不安排休息时间。然而，当运动员开始成组训练时，疲劳会逐渐累积，爆发力和速度也会受到影响[5, 6]。群聚组将一个组别拆分为多个内部组合。例如，运动员不进行一组10次的重复，而是进行5组、每组2次的重复，同时在完成每一组的练习后，将安排15秒的短暂休息。在完成5个内部组合（如一个群聚组）后，运动员需要休息3~4分钟才能完全恢复，然后再完成另一个群聚组。这种方法能够让运动员以更高的速度和爆发力，以及更好的技术完成训练，因为运动员休息过后，就能更好地恢复和完成高质量动作。

在训练过程中，根据所设定的强度，群聚组训练有三种变式：标准的、波动的和渐进的[8]。在标准模式中，运动员使用相同的负荷完成整组动作。波动模式以金字塔的概念为参照，在这种模式下，负荷先增加后减少，理论上可以利用激活后增强的作用。最后，在渐进模式中，负荷将在整个群聚组内逐渐增加。注意，这些方法适用于具备抗阻训练经验和适当力量水平的运动员[8]。

激活后增强是指在受到接近最大负荷的刺激后，神经肌肉运动表现增强的生理现象[12, 19]。换句话说，为了诱导产生激活后增强，运动员在进行典型的爆发力自重训练前，需要完成最大或接近最大肌肉收缩的活动。一次接近最大或最大的急性神经肌肉刺激变化可能引起肌球蛋白调节轻链磷酸化，增加肌质网的钙离子释放，也可能增加II型运动单位的募集，进而改善肌肉的运动表现[2, 10]。例如，完成一次接近最大负荷的深蹲练习后可以增强运动员的反向跳跃能力。

复合组和对比组通过配对的重负荷抗阻训练与增强式训练来利用激活后增强。这些方法在赛季前阶段是有益的，因为这个阶段旨在最大限度地提高运动员在专项运动中的爆发力。重负荷抗阻训练与增强式训练相结合可以提高运动员拉长–缩短周期的能力，最终增加爆发力[8]。在复合组训练中，首先要完成所有的重负荷组，然后完成轻负荷的爆发力和增强式训练[3b]。对比组训练是在每组中交替使用重负荷和轻负荷，运动员首先进行一组重负荷抗阻训练（如颈后深蹲），然后进行一组在生物力学上与之相似的增强式训练（如反向垂直跳跃）[3b]。这两种类型的训练都利用了激活后增强。年纪较大、技术熟练的运动员能够从复合组训练中获得更多益处[9]。技术水平较低的运动员或许不能通过足够重的负荷来引起激活后增强。此外，如果这些运动员不能正确地进行训练，让他们在重负荷下完成训练可能是不安全的。瘦弱的运动员可能会感到更加疲劳，在进行随后的增强式训练前无法恢复[11]。

法国对比法结合了4种练习，而且这4种练习需要交替使用重负荷和轻负荷。根据埃尔南德斯－普雷西亚多[9]的描述，法国对比法结合了近最大抗阻练习、增强式练习、基于速度的抗阻练习和反应性（较短的接触地面时间）增强式练习。例如，篮球运动员可能会先进行重负荷的颈后深蹲结合跳箱练习，然后再进行杠铃深蹲跳跃结合有弹力带辅助的重复反向垂直跳跃。埃尔南德斯－普雷西亚多及其同事们[9]运用等长部分深蹲（85%1RM，保持3秒），3次跳深，3次动态深蹲（50%1RM）和3次栏架跳跃（高度为20英寸）来研究法国对比法对运动员垂直跳跃能力的显著影响，每组练习后休息20秒。测试的结果表明，运动员的反向跳跃高度显著提高。

值得注意的是，这些用于诱导产生激活后增强的训练是为具有丰富训练经验、快缩型肌纤维分布更广、力量更强、爆发力和力量比更低的运动员设置的[7]。需要再次说明的是，两次训练之间的恢复时间可能会产生积极或消极的影响。如果设定不当，复合组与对比组往往会变成代谢性的体能训练循环，并会带来完全不同的训练效果。对强壮的运动员，5~7分钟的恢复时间和单组最大训练更能有效诱导产生激活后增强，但较瘦弱的运动员对较长的恢复时间（超过8分钟）和多组数的次最大训练的反应更好[17]。

由于每个人对激活后增强的反应都不一样，古拉斯（Gołaś）建议测试时间为2~12分钟[4]。无论如何，都必须注意，训练方式不能令运动员产生疲劳。根据塞茨（Seitz）和哈弗[17]的研究，在使用深蹲诱导产生激活后增强时，无论运动员的力量水平如何，较浅幅度的深蹲都会产生明显的效果。同时，他们指出，等长训练也会产生负面影响。埃尔南德斯－普雷西亚多及其同事们[9]进行的这项研究中，只使用了一次重复的等长深蹲练习，其深蹲幅度是部分的自我选择的深度。

当使用这些方法时，第一个动作的强度应大于80%1RM，以提供有效的负荷来强化之后的训练。根据使用的方法不同，第2个练习既可以进行弹道式自重增强式训练，也可以进行负荷为30%1RM~50%1RM的杠铃深蹲跳跃训练。在赛季前阶段，可以实施其他的对比配对练习，如杠铃弓步和自重分腿姿深蹲，杠铃卧推和药球胸前推，罗马尼亚硬拉和抗阻水平跳远。记住，所执行的动作应该募集相似的肌肉，采用相似的运动范围和运动平面。

年轻或缺乏经验的运动员可能不具备完成复合组或对比组等高水平训练所需要的力量，因此专注于传统力量和爆发力发展的训练可能更合适这些运动员。这种情况下，在运动员完成负荷较重的初级力量训练之前，应该先进行爆发力训练和弹道式训练；应该在课程结束时进行辅助训练，这样疲劳就不会影响力量和爆发力的发展。

在许多情况下，教练可能会发现需要解决多种技术问题，然而每次训练的总时间是有限的。在时间紧迫的情况下，年轻运动员，特别是在大型团队环境中技术水平较低的运动员，仍然可以受益于有针对性的超级组训练。在这些情况下，仍然需要优先考虑力量的强化。运动学习和功能性动作模式方面的问题需要得到解决，而在时间紧迫的情况下，复合组和对比组能够带来更好的训练效果。当为年轻或经验不足的运动员设计这种训练计划时，抗阻训练可以与强调技术性、灵活性和稳定性的增强式训练相结合。此外，尽管两组训练之间需要安排足够的恢复时间，但在额外的灵活性或稳定性训练中，主动休息能够提高运动能力。为了防止疲劳，需要保持较低的训练量。在这种情况下，可以调整对比组的训练，例如，从主要的下半身练习（如颈前深蹲）转换到爆发性的增强式练习（如跳箱），然后进行髋部灵活性练习（如髋部屈曲或股四头肌伸展），如此一来就可以达到主动休息的效果。训练年龄较大和体能水平较高的运动员可以在更短的休息时间内完成随后的训练，因为他们可以更快地恢复[11]。

训练量

在赛季前，篮球专项训练的训练量可能会影响抗阻训练的时间、训练频率、训练量和训练强度。对于专项训练前的抗阻训练，教练可能会采用高强度的负荷，但会减少训练量，以确保运动员完成主要的练习。此外，可在专项训练后进行抗阻训练，这样可以让运动员在较低的强度下承受较高的训练量，并侧重于辅助练习。教练应根据篮球运动的日程安排和需求对训练做出明智的选择和适当的调整。

考虑到篮球或其他运动的日程安排和训练负荷，赛季前的抗阻训练往往很有挑战性，但事实上，这一阶段仍然是非常重要的。在这一阶段可让篮球运动员做好准备，以满足新赛季的体能需求。

训练强度

在赛季前阶段进行训练时，应根据训练目标和运动员的适应情况来确定训练强度，如增加力量、不断发展力量、爆发力训练和速度训练。如前所述，在这一阶段里，一次训练可能包括力量-速度曲线的训练组，或通过结合不同强度负荷的训练来增强运动员的爆发力。在此阶段，运动员可以完成的重复次数比设定的次数多。前几个阶段主要以增强有氧耐力和肌肉肥大为目标，而在后续的几个阶段，运动员主要进行绝对力量训练——这些训练具有更高的训练量和较慢的动作速度，这样可能会引起疲劳。因此，训练中产生的适应性可以让运动员更好地抵抗疲劳。赛季前抗阻训练侧重于加速度和速度-力量训练。因此，虽然训练的质量保持不变，但在这个阶段减少总训练量变得非常重要。每一次重复都应使用爆发力，以便尽可能快地移动。

赛季前的辅助训练用于维持肌肉量和耐力。就辅助训练而言，运动员应完成1~3组练习，每组重复8~12次。

基于速度的训练

基于速度的训练是一种先进的抗阻训练方法，训练过程中，教练可指定目标速度，以达到预期的训练效果，并根据运动员的能力来调节负荷以加大阻力。无论赛季前的目标是保持绝对的力量，还是转向力量和爆发力，基于速度的抗阻训练都是追求爆发力的篮球运动员首选的赛季前训练方法。在外部反馈的帮助下，基于速度的训练可提高力量和爆发力，而且还可用于监控运动员当前的训练状态和所施加的负荷的适当性。反馈有助于自动调节强度，因此在团队中，它可以成为一项重要的激励策略。

在实施基于速度的抗阻训练时，教练可以根据不同的训练区域来选择目标速度，以达到不同的训练适应需求（图11.1）。在早期阶段，教练不仅要关注高负荷的训练动作，还要注意其较低的速度输出。例如，相比为运动员设定的1RM的百分比而言，教练可能更想要专注于加速力量，可以选择0.45~0.75米/秒的目标速度范围。尽管仍然可以进行传统的4~6组，每组重复3~5次的练习，但是负荷的大小取决于运动员在特定速度下移动最

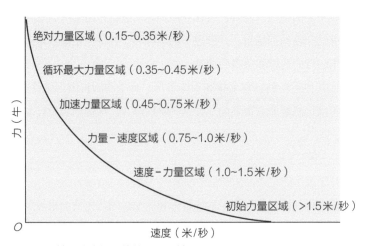

图11.1　基于速度的训练的不同区域

源自：NSCA, Advanced Power Techniques, D.N. French, in *Developing Power*, edited by M. McGuigan (Champaign, IL：Human Kinetics, 2017), 191.

大抗阻的能力。运动员进入赛季前阶段后，可以根据运动员当前的状态来设定负荷和训练量。目标区域会向较高速度下的低负荷区域转移——从加速力量区域转移到力量–速度及速度–力量区域。

在完成奥林匹克举重及其衍生训练时，应记录向心阶段的峰值速度（表11.1），而不是记录通常用于卧推、深蹲和硬拉（或其变式）的平均速度[13]。在这些信息和理解奥林匹克举重需求的基础上，建议进行2~5组的低负荷训练，以产生最大的峰值速度。这种训练动作极具爆发力，因此运动员训练时不能有任何闪失。

有训练经验的运动员在准备高水平的比赛时，如果想表现出足够的力量和爆发力，可能需要在赛季前阶段引入更高水平的训练。例如，加重式离心负荷的跳深练习已被证明可以改善运动员的表现。布里奇曼（Bridgeman）及其同事们[2]观察到，在一组重复5次的跳深练习中，相较于无负重的情况，当负重为体重的20%时，运动员的反向跳跃能力得到了更明显的改善。为了完成加重式离心负荷的跳深练习，运动员双手各持一个哑铃，然后跳向地面。落地后，运动员放开哑铃，进行无负重垂直跳跃。外部阻力会产生一个离心过重的负荷，这可以加快神经肌肉的激活。此外，研究表明，习惯性的加重式离心负荷会在力量、爆发力、反应性力量和冲刺跑方面带来更大的改善[3]。

可变抗阻训练

可变抗阻训练是另一种可以在赛季前阶段实施的高水平训练。在使用钢链或弹力带的自由重量练习中，经常采用可变抗阻训练方法，以便在整个运动范围内提供更多的动态负荷。例如，当链条离开地面时运动员会承受更大的负荷，当肌肉处于一个更有利的位置时可以传递更高的力量输出。以90度深蹲为例，当运动员下蹲时，下半身肌肉会被拉长，链条落在地上，负荷降低。在蹲至最低时，下半身肌肉处于拉长和弱化的状态，此时负荷最小，可使运动员更容易变向及向上运动。当运动员向上运动时，链条逐渐离开地面，负

表11.1　奥林匹克举重及其衍生训练的峰值速度

练习	峰值速度
抓举（从地面）	1.52~1.67米/秒
抓举高拉	1.81米/秒
抓举耸肩	1.45米/秒
悬垂抓举	1.96米/秒
高翻	1.2~1.32米/秒
悬垂高翻	1.3~1.4米/秒
爆发力耸肩	1.15米/秒

源自：J. B. Mann, "Power and Bar Velocity Measuring Devices and Their Use for Autoregulation," *NSCA's Hot Topic Series*, 2011.

荷增加。如此一来，运动员将在伸展的状态下承担较高的负荷，此时下半身肌肉能够产生更大的力量。

可变抗阻训练比传统抗阻训练产生的刺激大，而且在力量、速度和爆发力方面的改善效果更好[16]。里维埃（Rivière）及其同事们[16]对这种训练效果提出了以下几种可能：①较高的初始负荷可以加速肌肉激活并募集更多的运动单位；②在离心阶段，可变阻力有助于储存更多的弹性能量，进而在转换到向心阶段时，可以释放更多的能量。

可变抗阻训练已经被证明可以减少向心阶段结束时的减速时间并增加肌肉张力，这样就能在整个运动的向心阶段带来更大的恒定加速度。此外，在练习中身体下降至最低点时，肌肉被拉长，关节在力学方面也处于一个被削弱的位置。此时，我们可以观察到速度有所损失[18]。当身体承受较重负荷时，肌肉必须更加努力地工作。在休赛季，可变抗阻训练是非常有用的训练方法之一，因为在练习的最低位置的机械应力较低，这样可以降低肌肉的损伤和酸痛。

高中生篮球运动员

大多数高中生篮球运动员的抗阻训练经验处于低到中等水平，而且技术水平较低。此外，在这个抗阻训练阶段中，他们通常会制定一个包括学习活动、课外活动和篮球专项活动的日常计划。因此，考虑到运动员的训练年龄及其在举重室里的经验，应该适当地设定练习的类型、训练负荷、训练强度和训练量。设计得当的抗阻训练计划通常遵循线性或波动的进阶规律，而且主要侧重于技术方面的发展。这种方法能够让运动员在进行更高水平的训练之前，建立动作模式、获得信心，并获得基础的体能和力量。在上学前、体育课中或篮球练习后，很难寻找机会安排抗阻训练计划，所以可以就此与运动员进行适当的沟通。

高中生篮球运动员的赛季前抗阻训练阶段持续4~6周，每周进行1~2次全身训练，每次训练的时间通常为30~45分钟。由于篮球专项活动的训练量将随着练习和现场球员之间竞争的增加而增加，抗阻训练应该与篮球专项技能训练相辅相成。交替使用重负荷、中等负荷和轻负荷可以使运动员在训练之间得到恢复，并平衡自己在赛场上和抗阻训练中的总训练负荷。第4章讨论了这种波动周期。

在高中阶段，应该对参加多种运动的运动员进行特殊的考虑。正如前几章所述，当运动员完成一个中周期时，他们往往会通过专注于主动恢复来过渡到下一个中周期。这段短暂的时间可以让运动员从之前的训练、练习和比赛中恢复过来，然后再开始下一阶段的训练。对于参加秋季运动的篮球运动员来说，从秋季运动的比赛季过渡到篮球的赛季，是对传统周期模型的一种无视。因此，体能训练专业人员需要认识到，这些运动员的力量水平和体能不同于能够完成一个完整的休赛季中周期的运动员，在训练量和训练强度方面做出适当的调整之后，运动员可以获得长期收益。例如，参加秋季运动的运动员可能会退出一个以维持或达到峰值速度和减量为目标的计划，因为他们在赛季前阶段可能更需要逐步地重新引入抗阻训练。通过改变抗阻训练的训练频率、训练负荷、训练强度或训练量，鼓励这些运动员进行额外的恢复。

大学生篮球运动员

虽然大学生篮球运动员可能在高中就接触过抗阻训练，但是要了解他们的生理年龄和训练年龄之间的差异。例如，如果运动员的生理年龄为21岁，但训练年龄较低，意味着他具备抗阻训练方面的经验，而且能以较高的效率完成动作。在先前的中周期中应该有足够的时间来评估和解决运动员动作和技术的不足，让运动员为进行更高水平的赛季前抗阻训练做好准备。在团队环境中，教练可能会发现，根据训练年龄、训练目标或抗阻训练动作熟练程度来对运动员进行分组是一个很有用的方法。无论采用哪种方法，练习类型、训练量、训练强度和抗阻训练方法都应该适合团体环境中的个体，这样每位运动员都能从训练计划中受益。

大学生篮球运动员的赛季前阶段通常会持续4~6周。一个典型的体能训练计划应该包括每周至少一次或两次的全身抗阻训练，每次训练一般持续30~45分钟。与高中生篮球运动员一样，在大学生篮球运动员中，篮球专项活动的训练量将随着练习和现场球员竞争的增加而增加，因此抗阻训练与篮球专项技能训练应相辅相成。大学生篮球运动员的学习安排和运动的需求与高中生篮球运动员不同，教练在安排和设计抗阻训练时需要考虑这些方面。高中生篮球运动员的课堂学习时间通常较为固定，例如周一至周五，上午8:30到下午3:30。大学生篮球运动员的课程时间在一天或一周内会发生变化，经常持续到晚上。体能训练专业人员应该与学术顾问、教练组工作人员和运动员密切交流，以便协调抗阻训练的时间。

此外，在美国，大学生篮球运动员及其教练需要遵守NCAA的规章制度。NCAA制定了学生运动员在一年中的特定时间里需要练习或训练多少小时的规章制度。体能训练专业人员需要协调每次抗阻训练计划的持续时间和训练频率（每周），以确保符合NCAA所制定的规章制度。因此，抗阻训练计划既需要及时、有效，还需带来积极的回报。同样，与教练组的沟通对于赛季前抗阻训练计划的规划非常重要。教练需要保持计划的灵活性，并在抗阻训练计划因时间限制或总时间表的变化而必须修改的情况下快速调整。要想制定一个成功的赛季前训练计划，就应了解计划中最为重要的训练方法和练习。

职业篮球运动员

在为职业篮球运动员制定赛季前的抗阻训练计划时，体能训练专业人员应考虑年龄因素。篮球运动员的生理年龄一般为十几岁到四十岁出头，NBA球员的平均年龄约为28岁。教练在制定赛季前抗阻训练计划时，应考虑每位运动员的生理年龄和训练年龄。与年龄较大的运动员相比，即将进入运动生涯的第一年的青少年运动员的训练计划将有所不同。此外，同一年龄的两位运动员可能有着不同的训练背景。年轻的运动员需要了解力量和抗阻训练的重要性，以及它对篮球运动表现、耐久性和职业寿命的影响。运动员应定期完成动作和运动表现评估，以便设计合适的抗阻训练计划。虽然一名精英运动员可能会展示出高超的篮球技巧，但这些天赋不一定会延续到举重室和抗阻训练动作中。对于训练年龄低的职业篮球运动员来说，在使用高水平的练习和训练来最大限度地提高力量和爆发力之前，需要更多地注意健全的技术和动作模式的指导。

职业篮球运动员的赛季前规划对教练来说往往是一项挑战，因为运动员通常不在球队比赛的城市生活和训练。职业篮球运动员需要准备好进入赛季前的训练营，所以后续训练是必要的，以确保他们能够坚持抗阻训练计划，为比赛做好准备。新手和年轻的、发展中的运动员可能会被要求留在球队中训练，这样可以更好地控制他们进入赛季前训练营的身体状态。经验丰富的运动员在整个职业生涯中积累了大量的来自不同休赛季的篮球训练经验，因此当他们回到赛季前训练营时，教练需要评估他们目前的准备状态，并根据评估结果对抗阻训练计划的训练量和训练强度进行适当的调整。虽然环境会影响赛季前的中周期，但是对于在激烈的休赛季训练里始终贯彻一般方法的运动员来说，应该为其设计和制定赛季前抗阻训练计划，以确保他们在回到球队训练营和赛季前的热身赛中继续实施这种训练，直到开始第1场常规赛。

职业篮球运动员的赛季前抗阻训练计划应该持续4~6周，每周安排2~4次训练，每次训练持续30~45分钟。同样地，这段时间也包括赛季前训练营和热身赛。很大程度上，这些抗阻训练计划应该保持全面性，以解决每节训练课中的全身力量问题。与高中生篮球运动员和大学生篮球运动员一样，在职业篮球运动员中，赛季前篮球专项活动的训练量将随着练习和现场球员竞争的增加而增加，因此抗阻训练应与篮球专项技能训练相辅相成。身体疲劳会影响篮球运动员的表现，并可能导致过度使用性损伤，因此解释这一中周期的目的和总体目标，将会为运动员提供更好的指导，也能使他们了解如何在到达训练营之前做好充分的准备。随着赛季前热身赛的进行，时间、训练、比赛日程等的局限性会对抗阻训练计划产生影响。在外地比赛时，提前联系其他球队的教练和酒店，这将有助于协调当地设施和器材的使用。有适当的计划，并且能够根据不同地方提供的内容进行快速调整，将会促进计划的有效推进，以及确保后续工作的一致性。

无论水平如何，教练、医务人员和运动员都应讨论抗阻训练的时间表，以确定最合适的训练天数和时间。在高中或大学环境中，可以为整个团队制定一个完整的抗阻训练时间表。在职业环境中，运动员可以全身心投入篮球运动中，因此训练计划更加灵活——运动员通常在一天中的不同时间进行个人或小组训练。训练组织和教练都有自己的规则、标准和要求，以及篮球练习和抗阻训练安排，因此体能训练专业人员应该为篮球运动员制定一个适合的训练计划。

小结

赛季前的抗阻训练是赛季开始前的最后一项训练。因此，训练方法、训练强度、训练量、练习类型和其他力量发展参数的选择是制定一个成功的赛季抗阻训练计划的关键。通过掌握先前所列的方法和方案，体能训练专业人员可以开发抗阻训练计划，这将有助于运动员提升整体表现并发展运动专项技能。与运动员沟通时，教练应了解他们的需求、目标和其他的计划，从而更好地制定和实施有效的赛季前抗阻训练计划。赛季前抗阻训练计划表如表11.2、表11.3所示。

对训练计划表的解释

- DB=哑铃。
- KB=壶铃。
- RDL=罗马尼亚硬拉。
- PAP=激活后增强。
- BW=自重。
- RFD=发力率。
- BB=杠铃。
- 顺序=在一个组别（1、2、3，等等）中，每个练习（1a、1b、1c，等等）执行一组。然后回到组别中的第1个练习，接着进行第2组练习，以此类推。在一个组别里，如果某些练习的组数比其他练习少，则在其他组别之后执行这些训练。例如，如果练习1a和练习1b要求执行4组，而练习1c要求执行3组，则在练习1a和练习1b的第2组~ 第4组中执行练习1c。
- 节奏以秒为单位，用于练习的每个阶段或部分，写为"离心阶段：顶部（或底部）位置：向心阶段"（King, I., How to write strength training programs. In *Speed of Movement*, 1998, p.123）。例如，颈后深蹲"1：5：1"的节奏意味着用1秒来降低身体，在身体降至最低时保持5秒，用1秒站起来。注：X表示运动员在运动的某一阶段应该具有爆发力。由于没有为动作的每一部分设置规定的时间，"X：X：X"的节奏表示与爆发力练习有关。

表11.2 后卫：赛季前小周期1，反应性力量和速度，第1~6周

下半身推的训练（第1天）

顺序	练习	组数	负荷	重复次数或持续时间	节奏	休息时间
1a	颈后深蹲（平均速度0.8~1.0米/秒）	1	53%1RM	10次	3：1：1	1分钟
		2	67%1RM	8次	3：1：1	1分钟
		3	76%1RM	5次	3：1：1	2分钟
	可变抗阻训练	4	76%1RM~85%1RM	5次	1：X：X	2分钟
	可变抗阻训练	5	76%1RM~85%1RM	5次	1：X：X	2分钟
1b	箱式跳深（PAP）	1		3~5次	X：X：X	1分钟
		2		3~5次	X：X：X	2分钟
		3		3~5次	X：X：X	3分钟
		4		3~5次	X：X：X	3分钟
		5		3~5次	X：X：X	3分钟
2a	单腿深蹲（借助跳箱）	4		4~6次	2：1：X	<30秒
2b	单腿弯举（借助瑞士球）	4		6~8次	3：1：1	<30秒
2c	RDL	4		4~6次	3：1：1	2分钟
	额外的高级复合训练——大学生或职业运动员					
3a	单腿深蹲-反应性直腿跳*	2		3~5次	1：X：1	<30秒
3b	站姿腹股沟挤压（借助瑞士球）**	2		10~15次	1：3：1	60秒

*表示Cal-Dietz版本：在较低位置快速进行爆发式直腿跳。**表示挤压并保持3秒，释放张力，然后重复推荐的次数。

（续）

上半身推的训练（第2天）

顺序	练习	组数	负荷	重复次数或持续时间	节奏	休息时间
1a	卧推（平均速度0.8~1.0米/秒）	1	53%1RM	10次	3：1：1	1分钟
		2	67%1RM	8次	3：1：1	1分钟
		3	76%1RM~85%1RM	5次	3：1：1	2分钟
		4	76%1RM~85%1RM	5次	1：X：X	2分钟
		5	76%1RM~85%1RM*	5次	1：X：X	2分钟
1b	药球反应性胸前推（向墙上投掷；PAP）	1		3~5次	X：X：X	1分钟
		2		3~5次	X：X：X	2分钟
		3		3~5次	X：X：X	3分钟
		4		3~5次	X：X：X	3分钟
		5		3~5次	X：X：X	3分钟
2a	单臂DB肩部推举**	4	40%1RM~50%1RM	4~6次	2：1：X	<30秒
2b	单臂绳索划船（分腿姿）***	4		4~6次	3：1：1	<30秒
2c	侧旋转V字起	4	5磅	8~12次	3：1：1	2分钟
额外的高级复合训练——大学生或职业运动员						
3a	俯卧Y、T、I字练习****	2		5~8次	1：3：1	<30秒
3b	鸟狗式平板支撑（对侧手臂和腿抬起）	2		10~12次	1：2：1	60秒

*表示强度可接近60%1RM~70%1RM。**表示缓慢且有控制的离心阶段，爆发性的向心阶段。***表示如果没有绳索训练器械，则用单臂DB划船代替。****表示每次重复的最终姿势保持3秒。

下半身拉的训练（第3天）

顺序	练习	组数	负荷	重复次数或持续时间	节奏	休息时间
1a	分腿姿抓举或分腿姿悬垂抓举（峰值速度1.2~1.4米/秒）	1	25%1RM~45%1RM	4~5次	X：X：X	1分钟
		2	25%1RM~45%1RM	4~5次	X：X：X	1分钟
	峰值速度>1.9米/秒	3	25%1RM~45%1RM	4~5次	X：X：X	2分钟
	峰值速度>1.9米/秒	4	25%1RM~45%1RM	4~5次	X：X：X	2分钟
	峰值速度>1.9米/秒	5	25%1RM~45%1RM	4~5次	X：X：X	2分钟
1b	侧跨步跳箱	1		3~5次	X：X：X	1分钟
		2		3~5次	X：X：X	2分钟
		3		3~5次	X：X：X	3分钟
		4		3~5次	X：X：X	3分钟
2a	弓步走	4		4~6次	1：1：1	<30秒
2b	站姿帕洛夫推举（侧弓步）*	4		4~6次	2：1：1	<30秒
2c	单腿RDL（专注于等长）	4		4~6次	2：1：1	2分钟
额外的高级复合训练——大学生或职业运动员						
3a	Bosch单腿髋部伸展保持	2		5~6次	1：3：1	<30秒
3b	单腿深蹲伸展（专注于耐力）	2		10~15次	1：3：1	60秒

*表示向绳索训练器械方向侧弓步，同时保持手臂伸展。

（续）

上半身拉的训练（第4天）

顺序	练习	组数	重复次数或持续时间	节奏	休息时间
1a	背阔肌高位下拉（或引体向上*）	1	5~6次	1：1：X	1分钟
		2	5~6次	1：1：X	1分钟
		3	5~6次	1：1：X	2分钟
		4	5~6次	1：1：X	2分钟
		5	5~6次	1：1：X	2分钟
1b	反应性药球过顶下砸（弹力球）	1	3~5次	X：X：X	1分钟
		2	3~5次	X：X：X	2分钟
		3	3~5次	X：X：X	3分钟
		4	3~5次	X：X：X	3分钟
2a	单臂DB划船	4	4~6次	2：1：X	<30秒
2b	单臂绳索胸前推（分腿姿）**	4	4~6次	2：1：X	<30秒
2c	双腿V字起***	4	10~15次	1：2：1	2分钟
额外的高级复合训练——大学生或职业运动员					
3a	D2模式，单腿站姿****	2	10~15次	1：3：1	<30秒
3b	侧平板支撑（髋外展保持；专注于耐力）	2	10~15次	1：3：1	60秒

*表示用一件负重背心来增加重量。**表示缓慢且有控制的离心阶段，爆发性的向心阶段。***表示进入向心阶段前停顿2秒。****表示手臂伸过头顶时停顿3秒。

表11.3　大前锋：赛季前小周期1，反应性力量和速度，第1~6周

下半身推的训练（第1天）

顺序	练习	组数	负荷	重复次数或持续时间	节奏	休息时间
1a	颈后深蹲（平均速度0.8~1.0米/秒）	1	53%1RM	10次	3：1：1	1分钟
		2	67%1RM	8次	3：1：1	1分钟
		3	76%1RM	5次	3：1：1	2分钟
	可变抗阻训练	4	76%1RM~85%1RM	5次	1：X：X	2分钟
	可变抗阻训练	5	76%1RM~85%1RM	5次	1：X：X	2分钟
1b	箱式跳深（PAP）	1		3~5次	X：X：X	1分钟
		2		3~5次	X：X：X	2分钟
		3		3~5次	X：X：X	3分钟
		4		3~5次	X：X：X	3分钟
		5		3~5次	X：X：X	3分钟
2a	单腿深蹲（借助跳箱）	4		4~6次	2：1：X	<30秒
2b	单腿弯举（借助瑞士球）	4		6~8次	3：1：1	<30秒
2c	RDL	4		4~6次	3：1：1	2分钟
额外的高级复合训练——大学生或职业运动员						
3a	单腿深蹲－反应性直腿跳*	2		3~5次	1：X：1	<30秒
3b	站姿腹股沟挤压（借助瑞士球）**	2		10~15次	1：3：1	60秒

*表示Cal-Dietz版本：在较低位置快速进行爆发式直腿跳。**表示挤压并保持3秒，释放张力，然后重复推荐的次数。

（续）

上半身推的训练（第2天）

顺序	练习	组数	负荷	重复次数或持续时间	节奏	休息时间
1a	卧推（平均速度0.8~1.0米/秒）	1	53%1RM	10次	3：1：1	1分钟
		2	67%1RM	8次	3：1：1	1分钟
		3	76%1RM~85%1RM	5次	3：1：1	2分钟
		4	76%1RM~85%1RM	5次	1：X：X	2分钟
		5	76%1RM~85%1RM*	5次	1：X：X	2分钟
1b	药球过顶投掷（向墙上投掷；单腿站姿；PAP）	1		3~5次	X：X：X	1分钟
		2		3~5次	X：X：X	2分钟
		3		3~5次	X：X：X	3分钟
		4		3~5次	X：X：X	3分钟
		5		3~5次	X：X：X	3分钟
2a	单臂借力推举	4	40%1RM~50%1RM	4~6次	2：1：X	<30秒
2b	单臂绳索划船（分腿姿）**	4		4~6次	3：1：1	<30秒
2c	侧旋转V字起	4	5磅	8~12次	3：1：1	2分钟
额外的高级复合训练——大学生或职业运动员						
3a	俯卧Y、T、I字练习***	2		5~8次	1：3：1	<30秒
3b	鸟狗式平板支撑（对侧手臂和腿抬起）	2		10~12次	1：2：1	60秒

*表示强度可接近60%1RM~70%1RM。**表示如果没有绳索训练器械，则用单臂DB划船代替。***表示每次重复的最终姿势保持3秒。

（续）

下半身拉的训练（第3天）

顺序	练习	组数	负荷	重复次数或持续时间	节奏	休息时间
1a	高翻或悬垂高翻（峰值速度1.3米/秒或更快）	1	25%1RM~45%1RM	4~5次	X：X：X	1分钟
		2	45%1RM~65%1RM	4~5次	X：X：X	1分钟
		3	45%1RM~65%1RM	4~5次	X：X：X	2分钟
		4	45%1RM~65%1RM	4~5次	X：X：X	2分钟
		5	45%1RM~65%1RM	4~5次	X：X：X	2分钟
1b	侧跨步跳箱	1		3~5次	X：X：X	1分钟
		2		3~5次	X：X：X	2分钟
		3		3~5次	X：X：X	3分钟
		4		3~5次	X：X：X	3分钟
		5		3~5次	X：X：X	3分钟
2a	登阶	4		4~6次	1：1：1	<30秒
2b	站姿帕洛夫推举（侧跨步）*	4		4~6次	2：1：1	<30秒
2c	单腿深蹲伸展	4		4~6次	2：1：1	2分钟
额外的高级复合训练——大学生或职业运动员						
3a	T形杠铃深蹲旋转推举	2		5~6次	1：3：1	<30秒
3b	鸟狗式平板支撑（对侧手臂和腿抬起）**	2		10~15次	1：3：1	60秒

*表示伸展双臂并保持伸直，向远离绳索训练器械方向跨步，然后退回来。**表示每次重复的最终姿势保持3秒。

（续）

上半身拉的训练（第4天）

顺序	练习	组数	重复次数或持续时间	节奏	休息时间
1a	背阔肌高位下拉（或引体向上*）	1	5~6次	1：1：X	1分钟
		2	5~6次	1：1：X	1分钟
		3	5~6次	1：1：X	2分钟
		4	5~6次	1：1：X	2分钟
		5	5~6次	1：1：X	2分钟
1b	反应性药球过顶下砸（弹力球）	1	3~5次	X：X：X	1分钟
		2	3~5次	X：X：X	2分钟
		3	3~5次	X：X：X	3分钟
		4	3~5次	X：X：X	3分钟
		5	3~5次	X：X：X	3分钟
2a	单臂DB划船	4	4~6次	2：1：X	<30秒
2b	单臂绳索胸前推（分腿姿）**	4	4~6次	2：1：X	<30秒
2c	死虫动作***	4	10~15次	1：2：1	2分钟
额外的高级复合训练——大学生或职业运动员					
3a	D2模式，单腿站姿****	2	10~15次	1：3：1	<30秒
3b	侧平板支撑（髋外展保持；专注于耐力）	2	10~15次	1：3：1	60秒

*表示用一件负重背心来增加重量。**表示缓慢且有控制的离心阶段，爆发性的向心阶段。***表示保持伸展姿势2秒，然后重复另一侧。****表示手臂伸过头顶时停顿3秒。

第 12 章

赛季中训练方案

尼克·希金斯（Nic Higgins）、斯科特·汤姆（Scott Thom）

在经历了一个力量和爆发力得到发展的休赛季和一个使运动员为篮球比赛做好准备的赛季前之后，赛季中的抗阻训练应继续通过发展篮球所需的爆发力素质来实现从举重室到球场的过渡，以及保持在休赛季建立的力量素质。篮球运动员在赛季中应继续进行抗阻训练，不仅要不断提高身体素质，还要积累经验，提高运动技术水平。

目标和目的

在整个休赛季，可能会根据篮球运动员的训练年龄、具体目标、位置和整个团队的训练重点为他们安排不同的重点训练计划。例如，可以创建初级、中级和训练有素的训练组，并且可以根据运动员的抗阻训练情况、经验和熟练程度对他们进行分组。没有经过训练或者只有很少训练经验的新手运动员应该遵循循序渐进的训练顺序，这与训练有素的、已经经历多年抗阻训练的运动员是不同的。例如，新手运动员训练的重点是提高基本动作的技术熟练程度及其练习的进阶，无须在这段时间内太过强调提高训练强度或训练负荷。在赛季中阶段，也可以根据首发球员、比赛时间适中的球员和比赛时间很少甚至没有比赛时间的球员来区分抗阻训练的组别和计划。与参赛运动员相比，受伤的运动员、休赛运动员和不穿比赛服的运动员在这段时间的训练计划通常是完全不同的。同样，考虑到训练频率、训练量和训练强度，可以在赛季中抗阻训练计划中将篮球运动员分成不同的训练组。

训练时长、结构和组织

赛季中阶段是运动员需要充分利用的重要时期，同时在竞争激烈的赛季里，他们应该继续发展力量等素质。对于高中生篮球运动员来说，这段时间可以持续16~20周；对于大学生篮球运动员来说，可以持续24周；对于职业篮球运动员来说，则可以持续30周。因此，这一阶段可能是一年中最长的中周期，为实施抗阻训练计划提供了重要的机会。虽然在这一阶段充满了练习、比赛等，但适当的抗阻训练计划有助于防止运动员的运动技能退化，并有利于运动员的持续成长。赛季中抗阻训练应该以继续发展运动员整体的运动能力为重点，并最终帮助运动员在季后赛中最大化运动表现。

高中生篮球运动员

高中生篮球运动员应该每周完成1~2次抗阻训练，这些训练是根据他们的课程、练习、比赛日程和课外活动来安排的。高中生篮球运动员的全身抗阻训练计划应该持续30~45分钟，包括适当的热身和放松。每周进行抗阻训练的频率应该根据训练量来调整，不仅在抗阻训练之间要有足够的恢复期，在下一场比赛之前也要有适当的恢复期。

大学生篮球运动员

大学生篮球运动员的赛季中阶段的时长为20~24周，每周至少要进行1~2次全身抗阻训练。每次训练应持续30~45分钟，包括适当的热身和放松。赛季训练频率应根据比赛日程、旅行日程、学习日程和课外活动来安排。先前的训练周期可能需要一致的训练计划，如4天或5天不涉及篮球的训练，但赛季中抗阻训练计划需要与学习活动、练习、比赛及NCAA的规定相适应。

职业篮球运动员

职业篮球运动员的赛季可持续24~30周，这当中包括季后赛。当试图使职业篮球运动员的表现最优时，整体的比赛分布、赛季时长和旅行中的训练需求将带来相应的挑战。由于需要长途旅行，体能训练专业人员所面临的挑战之一是如何获得一个符合篮球运动员训练需要的举重室。在职业环境中，可以在一周内进行3~4场比赛，其中包括几场连续的背靠背的晚间比赛——有时一个在客场，另一个在主场。然而，随着NBA赛程的重新设计，通常每隔一天举行一场比赛。这种设置会使教练很难在训练日平衡训练负荷，以及确定何时该鞭策运动员或促进其恢复。一般来说，职业篮球运动员每周应参加1~2次持续时间为30~45分钟的全身抗阻训练。

推荐练习

由于在整个赛季中运动员都在进行抗阻训练，练习类型是在制定训练计划时必须考虑的方面。实施的练习对运动员身体的持续发展和形成高水平的篮球运动能力至关重要。

选择练习项目时，请参考中学、大学和职业篮球运动员的需求分析。一般来说，应优先选择地面式多关节运动，而不是单关节运动。在赛季中，选择的主要练习应有助于强化运动员在球场上的运动表现。赛季期间，如果在中周期里穿插小周期，训练就会更多样化，然而为了实现训练效果的转移，应该使用比赛中实施的动作模式和速度来完成训练计划中的练习。换言之，一个繁忙的赛季里的大多数练习应该反映出相应的运动需求。例如，篮球运动员的赛季中抗阻训练包括杠铃深蹲跳跃，其关键在于，运动员要尽最大努力加快肌肉收缩速度，从而获得最大的爆发力。赛季中使用篮球专项速度和强度的其他主要练习包括：单侧和双侧的负重深蹲变式、传统硬拉、六角杠铃硬拉和奥林匹克举重变式。

辅助练习提供了结构性的平衡，并且侧重于篮球训练中高度关注的领域，因此可以将其纳入各个年龄段运动员的赛季抗阻训练计划。这些练习可能有助于改善篮球运动员的表现，但更重要的是，可以更明确地针对个体制定训练计划，而且有助于提升运动员的整体健康水平并解决耐受力问题。练习变式会根据调用的身体部位、一个或多个运动平面，或两者兼而有之来设计。例如，水平提拉练习包括哑铃划船和反向划船，而垂直提拉练习包括背阔肌高位下拉、正握引体向上和反握引体向上。篮球运动员的下半身后侧链运动是非常重要的，它可以锻炼腘绳肌、臀大肌和竖脊肌，练习动作包括罗马尼亚硬拉（双侧和单侧）、早安式、髋部或下背部的反向伸展或后桥变式。虽然这些练习或许不能完全地模仿运动中的特定动作，但它们仍然有助于改善运动员的表现、耐受力和整体健康状况。由于篮球是一项复杂的多平面运动，运动员应该在矢状面、冠状面和水平面承受外部负荷进行锻炼。在这三个平面的辅助练习包括前弓步、侧弓步和后弓步的变式，以及负重哑铃或杠铃登阶。上半身伸展运动，如不同方向的肩部推举练习，不仅能增强力量，还能应对多个运动平面上的不同负荷模式，使运动员能够模拟篮球运动中的姿势和动作，并发展和强化肌肉。

在赛季中抗阻训练计划中，其他辅助练习包括旨在为关节提供支撑的小肌群的练习。例如，在篮球运动中，肩关节及肩胛骨稳定肌和肩袖肌群承受很大的压力，因此它的稳定性和力量对运动员的整体健康状况至关重要。这些练习可以是非疲劳的主要练习或其他辅助练习，并且可以与休息期间的练习相结合，以创建一个注重运动表现和耐受性的训练计划。

总之，赛季中阶段的训练计划应该包括旨在改善运动员的表现和持续发展身体素质的主要练习。同时，训练计划应包括辅助练习，以改善运动员的平衡和功能性，同时让运动员更好地承受篮球赛季中的训练负荷。

每周计划进行两次抗阻训练时，计划中可以包含一项下半身辅助练习——单侧矢状面练习。例如，第1次练习可以是杠铃登阶，而第2次练习可以是哑铃弓步走。赛季中阶段的小周期可以保持循序渐进的训练方法，并提供训练结构和训练变量。教练可以在第一个小周期内实施这些练习，并控制节奏，而不是改变练习类型。当运动员在赛季中阶段进入第2个小周期时，教练可以引入新的或更有挑战性的练习来进一步提高其力量或动作速度。另一个例子是，在第1个小周期中，教练可能会让运动员在较重的负荷下进行两项下半身侧平面的辅助练习——从哑铃侧向登阶进阶到杠铃侧向登阶。在第2个小周期中，运动员可以通过相同的练习来进阶，同时专注于以更高的速度完成弹道式动作。这些练习的变式和计划的进阶将继续加强赛季中运动员的力量。在赛季中阶段，应该通过控制运动范围、训练强度、动作速度、练习配对和器材等因素来对练习进行微调，而不是直接引入全新的练习。考虑到高强度的篮球比赛和赛季中的其他压力，运动员熟悉这些变化可能有助于减少疼痛和疲劳。

训练频率

赛季中抗阻训练的频率不仅取决于篮球比赛的水平，还取决于运动员个人的比赛时间和日程安排。另外，与先前的休赛季中周期不同的是，赛季中阶段可能存在练习、比赛和旅行日程的冲突。在某些情况下，根据比赛水平的不同，一支球队可能几天都不会打一场比赛，因此运动员能够按计划完成抗阻训练。但是在几周内进行1~2场比赛或存在其他日程冲突时，或许很难确定参加抗阻训练的最佳时间。例如，对于高中生篮球运动员来说，原本某一天是安排抗阻训练的好机会，结果却变成了休学日；而对于大学生篮球运动员或职业篮球运动员来说，则变成了旅行日。此外，NCAA和NBA就休息日和旅行日做出了规定：尽管某一天可能是一个很好的机会来进行抗阻训练，但教练还是需要做出调整。因此，尽管或许不是最佳的解决方案，但在某些情况下，还是需要在唯一可用的时间内安排训练。在这种情况下，应调整训练负荷和训练强度，以确保运动员在下次比赛前能适当地恢复。

在某些情况下，在比赛后或比赛后的一天完成抗阻训练时，由于运动员产生疲劳和酸痛，教练需要适当调整训练计划。例如，在NBA中比赛每隔一天进行一次，因此在赛后实施抗阻训练计划对于承担高比赛工作量的运动员来说可能很有用。由于这些运动员已经疲劳了，所以应以辅助训练为重点，并在高训练量下强调力量-耐力。在非比赛日，训练的重点是爆发性动作以发展爆发力和最大力量，而在比赛后的抗阻训练计划中，可以进行肌肉肥大和提高肌肉耐力的辅助训练，如弓步、罗马尼亚硬拉和腿弯举等。

训练强度

在设定练习强度和整体训练计划时，教练应该考虑运动员的训练年龄、篮球专项训练量、训练日程，以及他们承受当前赛季训练负荷的能力。

一般来说，与较重的训练负荷相比，相对较轻的训练负荷可能会表现出更多的运动专项性转移。从关节动力学的角度来看，不同的垂直跳跃抗阻训练动作在矢状面上并不完全相同，运动员在做这些动作时也不会采取相同的策略。对于高位膝关节优势的跳跃运动员来说，借力挺举更像反向跳跃的内部动力学（关节力矩）[3]。对于髋部优势的跳跃运动员来说，借力挺举是一项普通的练习动作，而不是专项的练习动作。另一个例子，库松（Cushion）及其同事们[3]提到，在深蹲跳跃时，施加在肩部后方的负荷会改变躯干的运动力学特征，因此，与低强度负荷相比，高强度负荷并不利于反向跳跃的运动表现。如前所述，在赛季中阶段的训练计划中，教练员应该优先专注于运动表现转移至篮球场上的练习。随着负荷的增加，关节运动力学的特征可能会发生改变。此外，绝对强度随每次重复而增加。就一些练习而言，一开始是以较轻的负荷进行重复1次或2次的专项性较强的练习，当重复次数增加后，练习强度变得更大，而专项性会减弱。因此，在设计赛季中训练计划时，要考虑重复次数的设定。

以下几种设定训练强度的工具可以帮助教练在负荷和强度方面做出明智的决定。Prilepin图表、相对强度量表和RPE都有助于体能训练专业人员为训练选择所需的难度、强度和负荷水平。这些工具可用于快速调整抗阻训练计划，在赛季中，它们也可用于为主要练习和辅助练习安排适当的训练负荷。

Prilepin图表

对于爆发力练习和爆发力性练习，Prilepin图表（表12.1）提供了选择负荷和最佳重复次数范围的一般建议[7]。

相对强度量表

相对强度量表（表12.2）考虑了绝对负荷，而且根据训练量进行了调整，这有助于解决赛季中疼痛和疲劳所带来的问题。例如，在赛后48小时的训练中，安排了一个5组×2次的颈后深蹲计划。教练可能会认为，与一位具备同等力量水平，但上场时间不足15分钟的运动员相比，上场时间很长或者疲劳或酸痛加剧的运动员最好在较轻的负荷下完成相同的训练量。上场时间较长的运动员以69%1RM的绝对负荷完成5组练习，每组重复2次，而上场时间较短的运动员以78.5%1RM的绝对负荷完成5组练习，每组重复2次。相对而

表12.1 Prilepin图表

负荷 （%1RM）	每个练习每组 最佳重复次数	每个练习的 最佳总重复次数*	每个练习的 最佳总重复范围*
55~65	3~6	24**	18~30***
70~80	3~6	18	12~24
80~90	2~4	15	10~20
>90	1~2	4	4~10

*表示总重复次数=组数×重复次数。**表示8×3、4×6或6×4等。***表示3×6、4×5、5×4等，每组3~6次。
源自：N.P. Laputin and V.G. Oleshko, *Managing the Training of Weightlifters* (Kiev：Zdorov' ya Publishers, 1982).

表12.2 相对强度量表

相对强度		绝对强度							
难度水平		1次/组	2次/组	3次/组	4次/组	5次/组	6次/组	8次/组	10次/组
最大	100%	100%1RM	95%1RM	92.5%1RM	90%1RM	87.5%1RM	85%1RM	80%1RM	72.5%1RM
重+	97.5%	97.5	92.8	90.3	87.8	85.5	83	78	70.8
	95%	95	90.3	88	85.5	83.3	80.8	76	69
重	92.5%	92.5	88	85.8	83.3	81	78.8	74	67.3
	90%	90	85.5	83.3	81	78.8	76.5	72	65.3
中等+	87.5%	87.5	83.3	81	78.8	76.8	74.5	70	63.5
	85%	85	80.8	78.8	76.5	74.5	72.3	68	61.8
中等	82.5%	82.5	78.5	76.5	74.3	72.3	70.3	66	60
	80%	80	76	74	72	70	68	64	58
轻+	77.5%	77.5	73.8	71.8	69.8	68	66	62	56.3
	75%	75	71.3	69.5	67.5	65.8	63.8	60	54.5
轻	72.5%	72.5	69	67.3	65.3	63.5	61.8	58	52.8
	70%	70	66.5	64.8	63	61.3	59.5	56	50.8
较轻	67.5%	67.5	64.3	62.5	60.8	59.3	57.5	54	49
	65%	65	61.8	60.3	58.5	57	55.3	52	47.3

源自：D. Boucher, *Citadel Football S&C*, Presented at the NSCA Coaches Conference (Indianapolis, IN, 2004). Based on Jerry Martin, University of Connecticut.

言，上场时间较长的运动员在72.5%的"轻度"难度水平下进行运动，而上场时间较短的运动员则在82.5%的"中度"难度水平下进行运动。要注意的是，这是一项要求更高的任务。此外，上一场比赛未上场的运动员可能会需要高难度的任务。例如，该运动员应在85.5%1RM的强度下进行5组练习，每组重复2次，从而产生90%的"重度"难度水平。

　　理解了训练量的累积效应及其与比赛季带来的疲劳和压力的相关性之后，教练就能更好地运用相对强度量表，以便在规划赛季中的训练强度时做出更明智的决定。

RPE

　　另一种可用于设定适当运动强度的工具是RPE，运动员可用该量表主观上对一组训练的难度、整个抗阻训练计划或两者同时进行评分（表12.3）。在赛季的后期，很难根据先前确定的（通常2到3个月前确定的）1RM设定抗阻训练强度。在之后的小周期中使用RPE可能是确定适当负荷和强度的一种有用的方法。知识渊博的运动员可以根据自己对难度的主观评分，自行选择重量，并完成所需的训练量。

　　利用RPE进行自我调节似乎是量化抗阻训练强度的一种有用方法[4, 14]。但是，这种方法有局限性，对新手运动员来说可能不是非常适合。研究表明，每天力量水平的波动可以

表12.3 抗阻训练特定的RPE

评分等级	自感努力描述
10	最大努力
9.5	不再重复，但会增加负荷
9	仅能重复1次
8.5	仅能重复1~2次
8	仅能重复2次
7.5	仅能重复2~3次
7	仅能重复3次
5~6	仅能重复4~6次
3~4	轻微努力
1~2	不费力

源自：M.C. Zourdos et al., "Novel Resistance Training-Specific RPE Scale Measuring Repetitions in Reserve," *Journal of Strength Condition Research*. 30(2016): 267–275.

高达18%，即使是有训练经验的运动员也会错误判断感知强度和实际强度[6]。运动员应对他们目前的身体状况、先前的力量水平及RPE中所使用的词汇非常了解。根据戴（Day）及其同事们[4]的研究，当在最高的绝对强度下重复最少的次数时，感知到的困难程度更高。作者发现，受试者在较轻的负荷下重复15次（50%1RM）练习比他们在较高的负荷下重复5次（90%1RM）或10次（70%1RM）练习的难度要小，而事实上，当他们在50%1RM的负荷下重复15次练习时，他们所完成的总训练量更多。因此，当使用较重的负荷（大于70%1RM）时，RPE可能更准确。这种设定强度的方法也可能更适合于有训练经验的运动员，他们对自己的力量水平、特定强度所需的努力及基于负荷的整体重复方案非常了解[6]。

为了准确地使用RPE，该表中10的评分应等同或接近相对强度量表（表12.2）上的100%的难度水平。当我们正确地使用这个方法时，意味着评分达到10的运动员进行8~10次重复之后，难度水平很可能已经达到了72.5%1RM~80%1RM的绝对强度，在此之后无法再次完成。与有经验的大学生篮球运动员或职业篮球运动员相比，缺乏经验且训练年龄较低的高中生篮球运动员可能无法真正理解RPE中的含义和联系，且可能高估或低估难度水平。不当的难度评估将不利于该方法的成功实施。运动员可以通过记录他们的训练、所使用的负荷，以及与这些训练相关的RPE来构建一项有用的学习工具。

比赛训练阶段

由于体能会在赛季期间起起落落，教练需要构建一个赛季中小周期，以便让运动员达到最佳的表现水平。乐观地说，在常规赛中，赛季后期的小周期将是季后赛冲刺的准备阶段，与此同时，该阶段能够让运动员在冠军赛中达到最优的表现。在赛季的每个小周期内，需要确定团队和每个人的训练目标，以及抗阻训练计划，以改善最合适该时期的力量素质。一般来说，可以将赛季中的中周期分为两个小周期：比赛阶段 I 及比赛阶段 II。

比赛阶段 I

在第 1 阶段的比赛中，运动员较注重最大力量的保持或发展，并以较高的强度和较低的训练量完成训练。赛季的早期，应该执行较低的训练量，因为运动员可能仍然需要适应较高的篮球专项训练负荷和比赛强度。研究表明，在赛季中，运动员在 85%1RM~100%1RM 的强度下执行 1~6 组练习，每组重复 1~6 次，最大力量可以得到保持；运动员在 70%1RM~88%1RM 的强度下执行 3~6 组练习，每组重复 4~10 次，力量和爆发力可以得到保持[10]。因此，如果已经完成一个适当的赛季前阶段，那么就可以在这个小周期里执行强度为 80%1RM~90%1RM 的较低训练量（重复 1~2 次）的主要练习，以保持最大力量，同时可以使用基于速度的训练来进一步发展爆发力。当我们在力量-速度曲线里强调这一部分时，运动员可以保持或继续发展绝对力量和力量-速度。主要练习的执行速度为 0.3 米/秒~0.6 米/秒[8]。不仅要精心选择训练强度，以继续发展和保持运动员在赛季中的力量，还应采用恰当的训练量，以保证训练强度合理，从而进一步提升运动员的水平和表现。

在传统的训练模式中，运动员首先执行爆发力较强的练习，接着进行负荷较重的练习，最后进行训练量相对较大的辅助练习。在时间有限的情况下，执行爆发性动作前，先在较重负荷下进行主要的抗阻训练，从而提升运动员在垂直方向和水平方向的表现[11, 12]。篮球动作需要高速执行，因此将重负荷抗阻训练和高速训练结合起来是很有效的——能够让体能训练专业人员同时关注力量-速度曲线的两端。

在第 1 阶段的比赛中，与休赛季的训练相比，辅助练习的量有所减少。在第一阶段比赛中进行辅助练习时，最好从较低的训练量开始，以抵消篮球活动的增加所带来的疲劳效应。为了更好地维持先前发展的肌肉量，训练强度应保持中至高等，训练量在肌肉肥大范围内设定。如前几章所述，运动员可以进行 2~3 组练习，每组重复 8~12 次，而不是进行 4 组或更多组数的练习，因为这个方法可以促进肌肉发育及力量-耐力的提高。

在赛季中，篮球运动员在抗阻训练中承受特定负荷和强度的能力取决于多种因素，其中包括篮球活动和其他压力源（如旅行、学业负担、课外活动和恢复状态）引起的疲劳，这种疲劳受营养、睡眠和水合作用的影响。教练应该认识到队员是在不同的状态下参加抗阻训练的。因此，可能需要根据运动员的训练状态来调整训练计划。教练可以使用第 11 章详细介绍的基于速度的方法，根据运动员的日常表现来调整负荷和训练量，而不是根据绝对负荷和与之相关的百分比来设定负荷量。每次重复的正确练习都可以影响运动专项性表现的效果迁移[3]。基于速度的抗阻训练会引起负荷的波动，同时仍然需要通过目标速度区域来提供有用的反馈，这是适合爆发力较强的篮球运动员的选择[9]。

如前所述，基于力量-速度曲线的训练区域既可以应用于传统的练习，如深蹲、硬拉和卧推，也可以应用于奥林匹克举重，如高翻、抓举、挺举及其衍生动作。在赛季中采用基于速度的训练的一个优点是，该训练能够提供外部反馈，进而为运动员提供即时信息，激励他们，并创造一个竞争环境。收集的数据不仅对体能训练专业人员有帮助，而且对处在训练期间的运动员也有帮助，因为它们是运动员与自己和队友竞争的动力[5]。

在第11章详细介绍的可变抗阻训练也是一种有用的方法，在赛季中可以用它设定负荷量。在重负荷（大于80%1RM）下，动作速度在接近黏滞点时会受到影响[13]。因此，当负荷大于80%1RM时，可以实施可变抗阻训练。当使用可变抗阻训练时，所计算的负荷应包括正在实施的可变阻力。教练应先确定在运动的顶部位置需要多大的负荷，然后确定这个负荷有多少来自可变阻力。通常，可变抗阻负荷以百分比来计算。例如，如果期望的颈后深蹲初始负荷为200磅，教练或许会判定20%的负荷来自链条。在这种情况下，教练将在杠铃上增加160磅的重量和重40磅的链条（每侧20磅）。杠铃装好后，运动员进入起始位置时，部分链条仍应与地板接触。如果链条在运动员移动时出现摆动，练习将极具挑战性，运动员也将面临更大的风险。

当试图制定赛季中的力量和爆发力训练计划时，教练应该重视质量而不是数量。从赛季比赛阶段 I 过渡到比赛阶段 II，总训练量将逐渐下降。在第11章中详细介绍了群聚组，它也可以作为管理赛季抗阻训练量和在特定速度下保持高强度做功的一种很好的方法。赛季抗阻训练将继续通过改变负荷或速度来解决强度问题，因此可以使用群聚组训练来减少疲劳，促进高质量地运动[9]。由于篮球项目的需求和力量素质的保持，相较于赛季前，赛季中总训练量应该有所减少。例如，如果在赛季前阶段以群聚组的方式进行5组练习，每组重复2次（共重复10次），每次重复之后休息20秒，那么在赛季中阶段里，则可以进行3组练习，每组重复2次（共重复6次）。

比赛阶段 II

随着赛季的推进，比赛强度仍然很高，但训练的重点已经转移到较高的动作速度。在第2阶段的比赛中，可以通过高速和爆发性的及可转移的动作模式来进一步强化加速力量或速度力量。与第1阶段的比赛相比，总训练量和运动负荷均比较低，其时长也缩短了。篮球运动员应该继续保持每周训练1~2次，并有计划地围绕篮球活动进行全身训练。对于每位运动员来说，抗阻训练的目标也会变得更加具体。如前所述，在运动员处于休赛状态，不穿球衣，上场时间有限或伤愈归来的情况下，教练可能会继续关注其基础力量。教练需要评估每位运动员目前的状态，并确定在常规赛结束和季后赛临近时，应重点提升哪些方面的力量。

第2阶段的比赛有多种目的，这取决于团队的成功与否。对于一支不参加季后赛的队伍来说，可以将最后的小周期视作休赛季的准备阶段，以确保每位运动员在进入休赛季时都是健康的，并且有较好的力量基础。在其他情况下，球队可能会为季后赛或锦标赛做准备。因此，第2阶段的训练应该采用类似于赛季前阶段的方法，旨在最大限度地提高运动能力，使运动员达到最佳表现水平。

对于较年轻的运动员来说，如高中生篮球运动员或训练年龄较低的运动员，力量–速度的保持或许会带来一些益处，因为他们可以在较高的强度下训练，并继续提升基础素质。即使一个赛季可能就要结束了，教练也需要把这些运动员的长期发展目标记在心里。运动员持续接受抗阻训练有利于速度的进一步发展。

在第2阶段的比赛中也可以使用基于速度的训练，重点应该继续发展速度–力量，并根据速度和执行情况来决定负荷量。在早期抗阻训练阶段，训练量可能会逐渐增加，以保持进行训练。然而，在这个小周期里，运动量会保持不变或减少，但目标速度会随着训练的进行而逐渐增加。因此，在赛季后期，在获得更大的爆发力和速度时，仍然可以保持很高的训练质量。

为了在赛季中以更新颖的方式处理力量–速度曲线的两端，以及在参加季后赛之前更快地提高运动员的力量和爆发力，教练可能会利用复合组。根据第11章的定义，激活后增强对训练有素的运动员有所帮助，因此，在第2阶段的比赛中，激活后增强能够让大学生运动员和职业运动员在季后赛进一步提升自己。在连续进行训练时[2, 11]，特别是在强壮的运动员中[11]，加重式离心负荷跳深和重负荷深蹲均能提高其反向跳跃能力和直线加速度。赛季后期，如果运动员的恢复受到了阻碍，非疲劳的爆发力和速度训练可能是适用的赛前训练。图尔基（Turki）及其同事们[15]假设，动态热身可以通过增强运动单位的兴奋性、收缩性和同步性来改善运动表现。如果制定了适当的强度和训练量，那么在比赛前进行这些训练也可能有助于改善运动员在比赛中的表现。正如在第11章中所提到且详细探讨的，虽然复合组训练的效率很高，但是休息时间将影响激活后增强的作用。

在第2阶段的比赛中，许多运动员可能仍然将肌肉肥大训练作为辅助练习，以保持肌肉的质量。在这一阶段，与先前休赛季和比赛阶段I里的小周期相比，总训练量应进一步减少。选择的辅助练习应该继续解决多个动作平面的问题，包括双侧和单侧动作，并改善稳定性、姿势和运动范围，同时还要关注运动员的整体健康状况。需要特别注意的是，在多平面训练中应该包括全身和下半身的练习，同时还应纳入后链式练习，以及上半身推拉练习，以保持练习平衡。

小结

从赛季开始到最后的冠军赛，每个人的状态都会出现高峰和低谷。体能训练专业人员需制定一个计划，并做出必要的调整，以帮助运动员在季后赛中保持最佳状态。有策略地实施本章所讨论的各种方法将有助于体能训练专业人员设计出一个高效的赛季中抗阻训练计划——能够用来保持或增加力量和爆发力，而不是造成力量或爆发力下降。为了实现这一目标，需要在两个或两个以上的小周期中适当安排赛季中抗阻训练计划。可以使用各种方法来促进篮球运动员的发展和提升其运动表现，并满足个人需求。

无论比赛的水平如何，只要遵循合理的、基于研究的原则制定并在一致的基础上实施赛季抗阻训练计划，运动员便可以在先前力量和爆发力的基础上继续发展。当我们运用各种抗阻训练方法，选择转移性较强的练习，以及在赛季适当的时候运用正确的强度和负荷后，不仅解决了篮球赛季的需求，还能保持或者进步。在赛季抗阻训练计划的支持和参与下，篮球运动员的表现和身体的发展会在整个赛季得到提高。赛季中抗阻训练计划表如表12.4~表12.7所示。

对训练计划表的解释

- DB=哑铃。
- KB=壶铃。
- RDL=罗马尼亚硬拉。
- PAP=激活后增强。
- BW=自重。
- RFD=发力率。
- BB=杠铃。
- 顺序=在一个组别（1、2、3，等等）中，每个练习（1a、1b、1c，等等）执行一组。然后回到组别中的第1个练习，接着进行第2组练习，以此类推。在一个组别里，如果某些练习的组数比其他练习少，则在其他组别之后执行这些训练。例如，如果练习1a和练习1b要求执行4组，而练习1c要求执行3组，则在练习1a和练习1b的第2组~第4组中执行练习1c。
- 节奏以秒为单位，用于练习的每个阶段或部分，写为"离心阶段：顶部（或底部）位置：向心阶段"（King, I., How to write strength training programs. In *Speed of Movement*, 1998, p.123）。例如，颈后深蹲"1：5：1"的节奏意味着用1秒来降低身体，在身体降至最低时保持5秒，用1秒站起来。注：X表示运动员在运动的某一阶段应该具有爆发力。由于没有为动作的每一部分设置规定的时间，"X：X：X"的节奏与爆发力练习有关。

表12.4 后卫：赛季中小周期1，比赛阶段I

全身力量训练（第1天）

顺序	练习	组数	负荷	重复次数或持续时间	节奏	休息时间
1a	颈后深蹲（平均速度0.6~0.8米/秒）	1	53%1RM	10次	3：1：1	1分钟
		2	67%1RM	8次	3：1：1	2分钟
		3	76%1RM	5~6次	3：1：1	3分钟
		4	76%1RM~85%1RM	5~6次	3：1：1	3分钟
1b	杠铃深蹲跳跃（PAP）	4	BW	3~5次	X：X：X	<30秒
1c	单臂绳索划船（分腿姿，从高到低）	4		6~8次	3：1：1	2分钟
2a	借力推举	3		5~8次	X：X：X	<30秒
2b	弓步走（或后弓步）	3		5~8次	2：1：1	<30秒
2c	腿弯举（借助瑞士球）	3		8~10次	2：1：1	<30秒
2d	单腿RDL	3		8~10次	2：1：1	2分钟
	额外的高级复合训练——大学生或职业运动员					
3a	反向髋部伸展保持*	2		5次	1：10：1	<30秒
3b	单腿或双腿V字起	2		10~15次	2：1：1	60秒

*表示保持这个姿势10秒，然后放松，并重复推荐的次数。

全身力量训练（第2天）

顺序	练习	组数	负荷	重复次数或持续时间	节奏	休息时间
1	高翻或悬垂高翻（峰值速度1.2~1.4米/秒）	1	25%1RM~45%1RM	3~5次	X：X：X	<30秒
		2	45%1RM~65%1RM	3~5次	X：X：X	<30秒
		3	45%1RM~65%1RM	3~5次	X：X：X	<30秒
		4	45%1RM~65%1RM	3~5次	X：X：X	<30秒
2a	卧推	1	53%1RM	10次	3：1：1	1分钟
		2	67%1RM	8次	3：1：1	2分钟
		3	76%1RM	5~6次	3：1：1	3分钟
		4	76%1RM~85%1RM	5~6次	3：1：1	3分钟
2b	杠铃臀推*	4		3~5次	1：3：1	2分钟
3a	单腿深蹲（借助跳箱）	3		6~8次	3：1：X	<30秒
3b	坐姿划船	3		8~10次	1：3：1	<30秒
3c	俯卧Y、T、I字练习**	3		5~6次	1：5：1	<30秒
3d	站姿帕洛夫推举（髋部旋转）	3		5~6次	1：5：1	2分钟
	额外的高级复合训练——大学生或职业运动员					
4a	土耳其起立	2		2~4次	缓慢，稳定	<30秒
4b	鸟狗式平板支撑（对侧手臂和腿抬起）***	2		5次	1：10：1	60秒

*表示每次重复的最终姿势保持3秒。**表示每次重复的最终姿势保持5秒。***表示保持这个姿势10秒，然后放松，并重复推荐的次数。

表12.5 大前锋：赛季中小周期1，比赛阶段I

全身力量训练（第1天）

顺序	练习	组数	负荷	重复次数或持续时间	节奏	休息时间
1a	颈后深蹲（平均速度0.6~0.8米/秒）	1	53%1RM	10次	3：1：1	1分钟
		2	67%1RM	8次	3：1：1	2分钟
		3	76%1RM	5~6次	3：1：1	3分钟
		4	76%1RM~85%1RM	5~6次	3：1：1	3分钟
1b	杠铃深蹲跳跃（PAP）	4	BW	3~5次	X：X：X	<30秒
1c	单臂绳索划船（分腿姿，从高到低）	4		6~8次		2分钟
2a	分腿姿挺举	3		5~8次	X：X：X	<30秒
2b	弓步走（或后弓步）	3		5~8次	2：1：1	<30秒
2c	腿弯举（借助瑞士球）	3		8~10次	2：1：1	<30秒
2d	单腿RDL	3		8~10次	2：1：1	2分钟
额外的高级复合训练——大学生或职业运动员						
3a	反向髋部伸展保持*	2		5次	1：10：1	<30
3b	单腿或双腿V字起	2		10~15次	2：1：1	60秒

*表示保持这个姿势10秒，然后放松，并重复推荐的次数。

全身力量训练（第2天）

顺序	练习	组数	负荷	重复次数或持续时间	节奏	休息时间
1	高翻或悬垂高翻（峰值速度1.2~1.4米/秒）	1	25%1RM~45%1RM	3~5次	X：X：X	<30秒
		2	45%1RM~65%1RM	3~5次	X：X：X	<30秒
		3	45%1RM~65%1RM	3~5次	X：X：X	<30秒
		4	45%1RM~65%1RM	3~5次	X：X：X	<30秒
2a	卧推	1	53%1RM	10次	3：1：1	1分钟
		2	67%1RM	8次	3：1：1	2分钟
		3	76%1RM	5~6次	3：1：1	3分钟
		4	76%1RM~85%1RM	5~6次	3：1：1	3分钟
2b	杠铃臀推*	4		3~5次	1：3：1	2分钟
3a	单腿深蹲（借助跳箱）	3		6~8次	3：1：X	<30秒
3b	坐姿划船	3		8~10次	1：3：1	<30秒
3c	俯卧Y、T、I字练习**	3		5~6次	1：5：1	<30秒
3d	站姿帕洛夫推举（髋部旋转）	3		5~6次	1：5：1	2分钟
额外的高级复合训练——大学生或职业运动员						
4a	土耳其起立	2		2~4次	缓慢，稳定	<30秒
4b	鸟狗式平板支撑（对侧手臂和腿抬起）***	2		5次	1：10：1	60秒

*表示每次重复的最终姿势保持3秒。**表示每次重复的最终姿势保持5秒。***表示保持这个姿势10秒，然后放松，并重复推荐的次数。

表12.6 后卫：赛季中小周期2，比赛阶段 II

全身力量推和拉的训练（第1天）

顺序	练习	组数	负荷	重复次数或持续时间	节奏	休息时间
1a	颈后深蹲（平均速度0.8~1.0 米/秒）	1	53%1RM	10次	2：1：1	1分钟
		2	67%1RM	8次	2：1：1	2分钟
		3	76%1RM	4~5次	1：X：X	3分钟
		4	85%1RM	4~5次	1：X：X	3分钟
1b	箱式跳深	4		4~5次	X：X：X	<30秒
2a	BB或DB分腿姿抓举	3		5~6次	X：X：X	<30秒
2b	背阔肌高位下拉（或引体向上）*	3		6~8次	2：1：X	<30秒
3a	土耳其起立	3		1~2次	缓慢，稳定	<30秒
3b	绳索推出保持（侧跨步）	3		4~5次	1：1：1	2分钟
额外的高级复合训练——为季后赛准备						
4a	DB弓步走	2		5~6次	2：1：1	<30秒
4b	单腿深蹲伸展（专注于耐力）	2		10~15次	1：2：1	60秒

*表示缓慢且有控制的离心阶段，爆发性的向心阶段。

全身力量推和拉的训练（第2天）

顺序	练习	组数	负荷	重复次数或持续时间	节奏	休息时间
1a	高翻或悬垂高翻（峰值速度1.2~1.4米/秒）	1	25%1RM~45%1RM	3~5次	X：X：X	<30秒
		2	45%1RM~65%1RM	3~5次	X：X：X	<30秒
		3	45%1RM~65%1RM	3~5次	X：X：X	<30秒
		4	45%1RM~65%1RM	3~5次	X：X：X	<30秒
1b	DB卧推*	1	53%1RM	10次	2：1：1	1分钟
		2	67%1RM	8次	2：1：1	2分钟
		3	76%1RM	4~5次	1：X：X	3分钟
		4	76%1RM~85%1RM	4~5次	1：X：X	3分钟
2a	登阶	4		4~5次	1：1：1	<30秒
2b	坐姿划船**	3		6~8次	2：1：X	<30秒
3a	RDL	3		6~8次	2：1：X	<30秒
3b	鸟狗式平板支撑（对侧手臂和腿抬起）（矢状面）	3		10~12次	1：1：1	2分钟
额外的高级复合训练——为季后赛准备						
4a	D2模式，单腿站姿***	2		10~15次	1：2：1	<30秒
4b	侧平板支撑（专注于耐力）	2		45~60秒	等长保持	<30秒

*表示缓慢且有控制的离心阶段，快速过渡，然后是爆发性的向心阶段。**表示较长的离心阶段和爆发性的向心阶段。
***表示手臂伸过头顶时停顿2秒。

表12.7 大前锋：赛季中小周期2，比赛阶段II

全身力量推和拉的训练（第1天）

顺序	练习	组数	负荷	重复次数或持续时间	节奏	休息时间
1a	颈后深蹲（平均速度0.8~1.0米/秒）	1	53%1RM	10次	2：1：1	1分钟
		2	67%1RM	8次	2：1：1	2分钟
		3	76%1RM	4~5次	1：X：X	3分钟
		4	85%1RM	4~5次	1：X：X	3分钟
1b	箱式跳深	4		4~5次	X：X：X	<30秒
2a	单腿深蹲（借助跳箱）	3		5~6次	2：1：1	<30秒
2b	背阔肌高位下拉（或引体向上）*	3		6~8次	2：1：X	<30秒
3a	土耳其起立	3		1~2次	缓慢，稳定	<30秒
3b	绳索推出保持（侧跨步）	3		4~5次	1：1：1	2分钟
额外的高级复合训练——为季后赛准备						
4a	DB弓步走	2		5~6次	2：1：1	<30秒
4b	单腿深蹲伸展（专注于耐力）	2		10~15次	1：2：1	60秒

*表示缓慢且有控制的离心阶段，爆发性的向心阶段。

全身力量推和拉的训练（第2天）

顺序	练习	组数	负荷	重复次数或持续次数	节奏	休息时间
1a	登阶	4		4~5次	1：1：1	<30秒
1b	DB卧推*	1	53%1RM	10次	2：1：1	1分钟
		2	67%1RM	8次	2：1：1	2分钟
		3	76%1RM	4~5次	1：X：X	3分钟
		4	76%1RM~85%1RM	4~5次	1：X：X	3分钟
2a	单臂借力推举	3		5~6次	X：X：X	<30秒
2b	T形杠铃深蹲旋转推举**	3		4~5次	2：1：X	<30秒
3a	RDL	3		6~8次	2：1：1	<30秒
3b	鸟狗式平板支撑（对侧手臂和腿抬起）（矢状面）	3		10~12次	1：1：1	2分钟
额外的高级复合训练——为季后赛准备						
4a	D2模式，单腿站姿***	2		10~15次	1：2：1	<30秒
4b	侧平板支撑（专注于耐力）	2		45~60秒	等长保持	<30秒

*表示缓慢且有控制的离心阶段，快速过渡，然后是爆发性的向心阶段。**表示缓慢且有控制的离心阶段，爆发性的向心阶段。***表示手臂伸过头顶时停顿2秒。

参考文献

第1章

[1] Atkins, S, Bentley, I, Hurst, H, Sinclair, J, and Hesketh, C. The presence of bilateral imbalance of the lower limbs in elite youth soccer players of differentages. *J Strength Cond Res* 30(4): 1007–1013, 2016.

[2] Allerton, TD, Earnest, CP, and Johannsen, NM. Metabolic and mechanical effects of laddermill graded exercise testing. *J Strength Cond Res* 32(1): 195–200, 2018.

[3] Baptista, F, Mil-Homens, P, Carita, A, Janz, K, and Sardinha, L. Peak vertical jump power as a marker of bone health in children. *Int J Sports Med* 37(8): 653–658, 2016.

[4] Barker, LA, Harry, JR, and Mercer, JA. Relationships between countermovement jump ground reaction forces and jump height, reactive strengthindex, and jump time. *J Strength Cond Res* 32(1): 248–254, 2018.

[5] Beck, BR, Daly, RM, Singh, MA, and Taaffe, DR. Exercise and Sports Science Australia (ESSA) position statement on exercise prescription for the prevention and management of osteoporosis. *J Sci Med Sport* 20(5): 438–445, 2017.

[6] Bolotin, A, and Bakayev, V. Efficacy of usingisometric exercises to prevent basketball injuries. *Journal of Physical Education and Sport* 16(4): 1177, 2016.

[7] Bridgeman, LA, McGuigan, MR, Gill, ND, andDulson, DK. Relationships between concentric and eccentric strength and countermovement jumpperformance in resistance trained men. *J Strength Cond Res* 32(1): 255–260, 2018.

[8] Brigatto, FA, Braz, TV, Cristina da Costa Zanini, T, Germano, MD, Aoki, MS, Schoenfeld, BJ, Marchetti, PH, and Lopes, CR. Effect of resistance training frequency on neuromuscular performance and muscle morphology after eight weeks in trained men. *J Strength Cond Res*. Post acceptance, March 6, 2018.

[9] Caia, J, Weiss, LW, Chiu, LZF, Schilling, BK, Paquette, MR, and Relyea, GE. Do lower-body dimensions and body composition explain vertical jump ability? *J Strength Cond Res* 30(11): 3073–3083, 2016.

[10] Campbell, BI, Bove, D, Ward, P, Vargas, A, Dolan, J. Quantification of training load and training response for improving athletic performance. *Strength and Conditioning Journal* 39(5): 3–13, 2017.

[11] Cholewa, JM, Rossi, FE, MacDonald, C, Hewins, A, Gallo, S, Micenski, A, Norton, L, and Campbell, BI. The effects of moderate– versus highload resistance training on muscle growth, body composition, and performance in collegiate women. *J Strength Cond Res* 32(6): 1511–1524, 2018.

[12] Colquhoun, RJ., Gai, CM, and Aguilar, D. Training volume, not frequency, indicative of maximal strength adaptations to resistance training. *J Strength Cond Res* 32(5): 1207–1213, 2018.

[13] Contreras, B, Vigotsky, AD, Schoenfeld, BL, Beardsley, C, McMaster, DT, Reyneke, JHT, and Cronin, JB. Effects of a six-week hip thrust vs. front squat resistance training program on performance in adolescent males: A randomized controlled trial. *J Strength Cond Res* 31(4), 999–1008, 2017.

[14] Cormie, P, McBride, JM, and McCaulley, GO. Power-time, force-time, and velocity-time curve analysis of the CMJ: Impact of training. *J Strength Cond Res* 23(1): 177–186, 2009.

[15] Costigan, SA, Eather, N, Plotnikoff, RC, Hillman, CH, and Lubans, DR. High-intensity interval training for cognitive and mental health in adolescents. *Medicine and Science in Sports and*

Exercise 48(10): 1985–1993, 2016.

[16] de Freitas, MC, Gerosa-Neto, J, Zanchi, NE, Lira, FS, and Rossi FE. Role of metabolic stress for enhancing muscle adaptations: Practical applications. *World J Methodol* 7(2): 46, 2107.

[17] de Paula Simola, RÅ, Harms, N, Raeder, C, Kellmann, M, Meyer, T, Pfeiffer, M, and Ferrauti, A. Assessment of neuromuscular function after different strength training protocols using tensiomyography. *J Strength Cond Res* 29(5): 1339–1348, 2015.

[18] Douglas, J, Pearson, S, Ross, A, and McGuigan, M. Effects of accentuated eccentric loading on muscle properties, strength, power, and speed in resistance-trained rugby players. *J Strength Cond Res* 32(10): 2750–2761, 2018.

[19] Duplanty, AA, Levitt, DE, Hill, DW, McFarlin, BK, DiMarco, NM, and Vingren, JL. Resistance training is associated with higher bone mineral density among young adult male distance runners independent of physiological factors. *J Strength Cond Res* 32(6): 1594–1600, 2018.

[20] Fahs, CA, Rossow, LM, and Zourdos, MC. Analysis of factors related to back squat concentric velocity. *J Strength Cond Res* 32(9): 2435–2441, 2018.

[21] Farrar, RE, Mayhew, JL, and Koch, AJ. Oxygen cost of kettlebell swings. *J Strength Cond Res* 24(4): 1034–1036, 2010.

[22] Figueroa A, Okamoto T, Jaime SJ, Fahs CA. Impact of high– and low-intensity resistance training on arterial stiffness and blood pressure in adults across the lifespan: A review. *Pflugers Arch* 471(3): 467–478, 2019.

[23] Frost, DM, Bronson, S, Cronin, JB, and Newton, RU. Changes in maximal strength, velocity, and power after 8 weeks of training with pneumatic or free weight resistance. *J Strength Cond Res* 30(4): 934–944, 2016.

[24] Gothe, NP, Keswani, RK, and McAuley, E. Yoga practice improves executive function by attenuating stress levels. *Biological Psychology* 121: 109–116, 2016.

[25] Gual, G, Fort-Vanmeerhaeghe, A, and Romero-Rodríguez, D. Volleyball and basketball players can be considered as a population at risk for patellar tendinopathy. *J Strength Cond Res* 30(7): 1834–1842, 2016.

[26] Gomes, APF, Correia, MA, Soares, AHG, Cucato, GG, Lima, AHRA, Cavalcante, BR, Sobral-Filho, DC, and Ritti-Dias, RM. Effects of resistance training on cardiovascular function in patients with peripheral artery disease: A randomized controlled trial. *J Strength Cond Res* 32(4): 1072–1080, 2018.

[27] Gonzalez-Badillo, J, Marques, M, and Sanchez-Medina, L. The importance of movement velocity as a measure to control resistance training intensity. *Journal of Human Kinetics* 29(special issue): 15–19, 2011.

[28] Groennebaek, T, and Vissing, K. Impact of resistance training on skeletal muscle mitochondrial biogenesis, content, and function. *Front Physiol* 8: 713, 2017.

[29] Haff, G, and Triplett, NT. *Essentials of Strength Training and Conditioning*. 4th ed. Champaign, IL: Human Kinetics, 2016.

[30] Hartley, DR, and McMahon, JJ. The role of strength training for lower extremity tendinopathy. *Strength and Conditioning Journal* 40(4): 85–95, 2018.

[31] Haun, CT, Mumford, PW, Roberson, PA, Romero, MA, Mobley, CB, Kephart, WC, Anderson, RG, Colquhoun, RJ, Muddle, TW, Luera, MJ, and Mackey, CS. Molecular, neuromuscular, and recovery responses to light versus heavy resistance exercise in young men. *Physiological Reports* 5(18), 2017.

[32] Hausswirth, C, and Mujika, I. *Recovery for Performance in Sport*. Champaign, IL: Human Kinetics, 2013.

[33] Hernández-Preciado, JA, Baz, E, Balsalobre-Fernández, C, Marchante, D, and Santos-Concejero, J. Potentiation effects of the French contrast method on vertical jumping ability. *J Strength Cond Res* 32(7): 1909–1914, 2018.

[34] Hill, EC, Housh, TJ, Smith, CM, Keller, JL, Schmidt, RJ, and Johnson, GO. High-vs. low-intensity fatiguing eccentric exercise on muscle thickness, strength, and blood flow. *J Strength*

Cond Res 13: 15, 2018.

[35] Jenkins, ND, Housh, TJ, Buckner, SL, Bergstrom, HC, Cochrane, KC, Hill, EC, Smith, CM, Schmidt, RJ, Johnson, GO, and Cramer, JT. Neuromuscular adaptations after 2 and 4 weeks of 80% versus 30% 1 repetition maximum resistance training to failure. *J Strength Cond Res* 30(8): 2174–2185, 2016.

[36] Jenkins, ND, Miramonti, AA, Hill, EC, Smith, CM, Cochrane-Snyman, KC, Housh, TJ, and Cramer, JT. Greater neural adaptations following high-vs. low-load resistance training. *Front Physiol* 8: 331, 2017.

[37] Kraemer, W, Ratamess, N, Nindl, B. Recovery responses of testosterone, growth hormone, and IGF-1 after resistance exercise. *J Appl Physiol* 122: 549–558, 2017.

[38] Lesinski, M, Prieske, O, and Granacher, U. Effects and dose-response relationships of resistance training on physical performance in youth athletes: A systematic review and meta-analysis. *British Journal of Sports Medicine* 50: 781–795, 2016.

[39] Luk, HY, Winter, C, O'Neill, E, and Thompson, BA. 2014. Comparison of muscle strength imbalance in powerlifters and jumpers. *J Strength Cond Res* 28(1): 23–27.

[40] Mann, B, Ivey, P, and Sayers, S. Velocity-based-training in football. *Strength and Conditioning Journal* 37(6): 52–57, 2015.

[41] McBride, JM, Nimphius, S, and Erickson, TM. The acute effects of heavy-load squats and loaded countermovement jumps on sprint performance. *J Strength Cond Res* 19(4): 893–897, 2005.

[42] McGill, SM. *Ultimate Back Fitness and Performance*. 5th ed. Waterloo, Canada: Backfitpro, 2014.

[43] Mikkelsen, K, Stojanovska, L, Polenakovic, M, Bosevski, M, and Apostolopoulos, V. Exercise andmental health. *Maturitas* 106: 48–56, 2017.

[44] Mitchell, CJ, Churchward-Venne, TA, West, DW, Burd, NA, Breen, L, Baker, SK, and Phillips, SM. Resistance exercise load does not determine training-mediated hypertrophic gains in young men. *Journal of Applied Physiology* 113(1): 71–77, 2012.

[45] Muddle, TW, Colquhoun, RJ, Magrini, MA, Luera, MJ, DeFreitas, JM, and Jenkins, ND. Effects of fatiguing, submaximal high-versuslow-torque isometric exercise on motor unit recruitment and firing behavior. *Physiological Reports* 6(8): 13675, 2018.

[46] Neto, GR, Novaes, JS, Dias, I, Brown, A, Vianna, J, and Cirilo-Sousa, MS. Effects of resistance training with blood flow restriction on haemodynamics: A systematic review. *Clinical Physiology and Functional Imaging* 37(6): 567–574, 2017.

[47] Silva, JCG, Aniceto, RR, Oliota-Ribeiro, LS, Neto, GR, Leandro, LS, and Cirilo-Sousa, MS. Mood effects of blood flow restriction resistance exercise among basketball players. *Percept Mot Skills* 125(4): 788–801, 2018.

[48] Paulo, AC, Tricoli, V, Queiroz, ACC, Laurentino, G, and Forjaz, CLM. Blood pressure response during resistance training of different work to rest ratio. *J Strength Cond Res* 33(2): 399–407, 2017.

[49] Patil, SG, Mullur, LM, Khodnapur, JP, Dhanakshirur, GB, and Aithala, MR. Effect of yoga on short-term heart rate variability measure as a stress index in subjunior cyclists: A pilot study. *Indian J Physiol Pharmacol* 57(2): 153–8, 2013.

[50] Prestes, J, Tibana, RA, de Araujo Sousa, E, da Cunha Nascimento, D, de Oliveira Rocha, P, Camarço, NF, de Sousa, NMF, and Willardson, JM. Strength and muscular adaptations following 6 weeks of rest-pause versus traditional multiple-sets resistance training in trained subjects. *J Strength Cond Res* (published ahead of print), 1–28, 2019.

[51] Ratamess, NA, Rosenberg, JG, Klei, S, Dougherty, BM, Kang, J, Smith, CR, Ross, RE, and Faigenbaum, AD. Comparison of the acute metabolic responses to traditional resistance, bodyweight, and battling rope exercises. *J Strength Cond Res* 29(1): 47–57, 2015.

[52] Romero-Arenas, S, Ruiz, R, Vera-Ibanez, A, Colomer-Poveda, D, Guadalupe-Grau, A, and Marquez, G. Neuromuscular and cardiovascular adaptations in response to high–intensity interval power training. *J Strength Cond Res* 32(1): 130–138, 2018.

[53] Salonikidis, K, and Zafeiridis, A. The effects of plyometric, tennis drills, and combined training on reaction, lateral and linear speed, power, and strength in novice tennis players. *J Strength Cond Res* 22(1): 182–191, 2008.

[54] Sanz-Lopez, F, Berzosa, C, Hita-Contreras, F, Cruz-Diaz, D, and Martinez-Amat, A. Ultrasound changes in Achilles tendon and gastrocnemius medialis muscle on squat eccentric overload and running performance. *J Strength Cond Res* 30(7): 2010–2018, 2016.

[55] Secomb, JL, Lundgren, LE, Farley, ORL, Tran, TT, Nimphius, S, and Sheppard, JM. Relationships between lower-body muscle structure andlower-body strength, power, and muscle-tendoncomplex stiffness. *J Strength Cond Res*, 29(8): 2221–2228, 2015.

[56] Schelling, X, Calleja-González, J, and Torres-Ronda, L. Using testosterone and cortisol as biomarkerfor training individualization in elite basketball: A 4-year follow-up study. *J Strength Cond Res* 29(2): 368–378, 2015.

[57] Schoenfeld, BJ, Grgic, J, Ogborn, D, and Krieger, JW. Strength and hypertrophy adaptations between low– vs. high-load resistance training: A systematic review and meta-analysis. *J Strength Cond Res* 31(12): 3508–3523, 2017.

[58] Sole, CJ, Moir, GL, Davis, SE, and Witmer, CA. Mechanical analysis of the acute effects of a heavy resistance exercise warm-up on agility performancein court-sport athletes. *Journal of Human Kinetics* 39: 147–156, 2013.

[59] Spiteri, T, Nimphius, S, Hart, NH, Specos, C, Sheppard, JM, and Newton, RU. Contribution of strength characteristics to change of direction andagility performance in female basketball athletes. *J Strength Cond Res* 28(9): 2415–2423, 2014.

[60] Styles, WJ, Matthews, MJ, and Comfort, P. Effects of strength training on squat and sprint perfor-mance in soccer players. *J Strength Cond Res* 30(6): 1534–1539, 2016.

[61] Townsend, J, Bender, D, Vantrease, W, Hudy, J, Huet, K, Williamson, C, Bechke, E, Serafini, P, and Mangine, G. Isometric mid-thigh pull performance is associated with athletic performance and sprinting kinetics in Division I men and women's basketball players. *J Strength Cond Res* (Epub ahead of print), 2017.

[62] Wagle, JP, Cunanan, AJ, and Carroll, KM. Accen-tuated eccentric loading and cluster set configu-rations in the back squat: A kinetic and kinematic analysis. *J Strength Cond Res* (Epub ahead of print), 2018.

[63] Wen, N, Dalbo, VJ, Burgos, B. Power testing in basketball: Current practice and future recommen-dations. *J Strength Cond Res* 32(9): 2677–2691, 2018.

[64] Wilson, JM, and Flanagan, EP. The role of elastic energy in activities with high force and power requirements: A brief review. *J Strength Cond Res* 22(5): 1705–1715, 2008.

[65] Zatsiorsky, VM, and Kraemer, WJ. *Science and Practice of Strength Training*. 2nd ed. Champaign, IL: Human Kinetics, 2006.

[66] Zouita, S, Zouita, ABM, Kebsi, W, Dupont, G, Ben Abderrahman, A, Ben Salah, FZ, and Zouhal, H. Strength training reduces injury rate in elite young soccer players during one season. *J Strength Cond Res* 30(5): 1295–1307, 2016.

第2章

[1] Abdelkrim, NB, Castagna, C, Fazaa, SE, Tabka, Z, and Ati, JE. Blood metabolites during basketball competitions. *J Strength Cond Res* 23(3): 765–773, 2009.

[2] Abe, T, Kitaoka, Y, Kikuchi, DM, Takeda, K, Numata, O, and Takemasa, T. High-intensity interval training-induced metabolic adaptation coupled with an increase in Hif-1α and glycolytic protein expression. *Journal of Applied Physiology* 119(11): 1297–1302, 2015.

[3] Bale, P. Anthropometric, body composition and performance variables of young elite female basketball players. *Journal of Sports Medicine and Physical Fitness* 31(2): 173–177, 1991.

[4] Bernstein, NA. *The Coordination and Regulation*

of Movement. Oxford, UK: Pergamon Press, 1967.

[5] Bosch, TA, Steinberger, J, Sinaiko, AR, Moran, A, Jacobs Jr, DR, Kelly, AS, and Dengel, DR. Identification of sex-specific thresholds for accumulation of visceral adipose tissue in adults. *Obesity* 23(2): 375–382, 2015.

[6] Bishop, DC, and Wright, C. A time-motion analysis of professional basketball to determine the relationship between three activity profiles: High, medium and low intensity and the length of the time spent on court. *International Journal of Performance Analysis in Sport* 6(1): 130–139, 2006.

[7] Buytendijk, FJJ. *Les Différences essentielles des Fonctions psychiques de L'homme et des Animaux*. Paris: Librairie philosophique J. Vrin., 1930.

[8] Caprio, S. Relationship between abdominal visceral fat and metabolic risk factors in obese adolescents. *American Journal of Human Biology: The Official Journal of the Human Biology Association* 11(2): 259–266, 1999.

[9] Chow, JY, Davids, K, Button, C, and Renshaw, I. *Nonlinear Pedagogy in Skill Acquisition*. An Introduction. New York: Routledge, 2016.

[10] Davids, K. The constraints-based approach to motor learning: Implications for a non-linear pedagogy in sport and physical education. In *Motor Learning in Practice*. New York: Routledge, 23–36, 2010.

[11] Davids, K, Araújo, D, Correia, V, and Vilar, L. How small-sided and conditioned games enhance acquisition of movement and decision-making skills. *Exercise and Sport Sciences Reviews* 41(3): 154–161, 2013.

[12] Deneweth, JM, Pomeroy, SM, Russell, JR, McLean, SG, Zernicke, RF, Bedi, A, and Goulet, GC. Position-specific hip and knee kinematics in NCAA football athletes. *Orthopaedic Journal of Sports Medicine* 2: 6, 2014.

[13] Drakos, MC, Domb, B, Starkey, C, Callahan, L, and Allen, AA. Injury in the National Basketball Association: A 17-year overview. *Sports Health* 2(4): 284–290, 2010.

[13b] ESPN. NBA player stats. Accessed September 10, 2019.

[14] Flatt, AA, Esco, MR, Allen, JR, Robinson, JB, Earley, RL, Fedewa, MV, Bragg, A, Keith, CM, and Wingo, JE. Heart rate variability and training load among National Collegiate Athletic Association Division 1 college football players throughout spring camp. *J Strength Cond Res* 32(11): 3127–3134, 2018.

[15] Hartley, EM, Hoch MC, and Boling MC. Y-balance test performance and BMI are associated with ankle sprain injury in collegiate male athletes. *Journal of Science and Medicine in Sport* 21(7): 676–680, 2018.

[16] Hewett TE, Myer GD, Ford KR, Paterno MV, and Quatman CE. Mechanisms, prediction, and prevention of ACL injuries: Cut risk with three sharpened and validated tools. *J Orthopaedic Research* 34: 1843–1855, 2016.

[17] Kim, S, Cho, B, Lee, H, Choi, K, Hwang, SS, Kim, D, Kim, K, and Kwon, H. Distribution of abdominal visceral and subcutaneous adipose tissue and metabolic syndrome in a Korean population. *Diabetes Care* 34(2): 504–506, 2011.

[18] Moran, LR, Hegedus, EJ, Bleakley, CM, and Taylor, JB. Jump load: Capturing the next great injury analytic. *Br J Sports Med* 53(1): 8–9, 2019.

[19] Narazaki K, Berg K, Stergiou N, Chen B. Physiological demands of competitive basketball. *Scand J Med Sci Sports* 19(3): 425–432, 2009.

[19b] National Heart, Lung, and Blood Institute. Classification of overweight and obesity by BMI, waist circumference, and associated disease risks. Accessed September 10, 2019.

[19c] NBA Advanced Stats. Draft combine. Accessed September 10, 2019.

[20] Nye, NS, Carnahan, DH, Jackson, JC, Covey, CJ, Zarzabal, LA, Chao, SY, Bockhorst, AD, and Crawford, PF. Abdominal circumference is superior to body mass index in estimating musculoskeletal injury risk. *Medicine & Science in Sports & Exercise* 46(10): 1951–1959, 2014.

[21] Padua DA, DiStefano LJ, Beutler AI, De La

Motte SJ, DiStefano MJ, and Marshall SW. The landing error scoring system as a screening tool for an anterior cruciate ligament injury-prevention program in elite-youth soccer athletes. *Journal of Athletic Training* 50(6): 589–595, 2015.

[22] Parolin, ML, Chesley, A, Matsos, MP, Spriet, LL, Jones, NL, and Heigenhauser, GJF. Regulation of skeletal muscle glycogen phosphorylase and PDH during maximal intermittent exercise. *American Journal of Physiology-Endocrinology and Metabolism* 277(5): E890–900, 1999.

[23] Paterno, MV, Schmitt, LC, Ford, KR, Rauh, MJ, Myer, GD, Huang, B, and Hewett TE. Biomechanical measures during landing and postural stability predict second anterior cruciate ligament injury after anterior cruciate ligament reconstruction and return to sport. *American Journal of Sports Medicine* 38(10): 1968–1978, 2010.

[24] Richmond, SA., Kang, J, Doyle-Baker, PK, Nettel-Aguirre, A, and Emery, CA. A school-based injury prevention program to reduce sport injury risk and improve healthy outcomes in youth: A pilot cluster-randomized controlled trial. *Clinical Journal of Sport Medicine* 26(4): 291–298, 2016.

[25] Roos, KG, Kerr, ZY, Mauntel, TC, Djoko, A, Dompier, TP, and Wikstrom, EA. The epidemiology of lateral ligament complex ankle sprains in National Collegiate Athletic Association sports. *Am J Sports Med* 45(1): 201–209, 2017.

[26] Scanlan, A, Dascombe, B, and Reaburn, P. A comparison of the activity demands of elite and sub-elite Australian men's basketball competition. *Journal of Sports Sciences* 29(11): 1153–1160, 2011.

[27] Schinkel-Ivy, A, Burkhart, TA, and Andrews, DM. Differences in distal lower extremity tissue masses and mass ratios exist in athletes of sports involving repetitive impacts. *Journal of Sports Sciences* 32(6): 533–541, 2014.

[28] Skazalski C. A valid and reliable method to measure jump-specific training and competition load in elite volleyball players. *Scand J Med Sci Sports* 28(5): 1578–1585, 2018.

[29] Solfest, AL, Raymond-Pope, CJ, Carbuhn, A, Stanforth, PR, Oliver, JM, Ransone, JW, Bosch, TA, and Dengel, DR. Body composition of Division I collegiate basketball athletes, Consortium of College Athlete Research (C–CAR) Study: 1647 Board# 5 May 31. *Medicine & Science in Sports & Exercise* 50: 382, 2018.

[30] Stojanović, E, Stojiljković, N, Scanlan, AT, Dalbo, VJ, Berkelmans, DM, and Milanović, Z. The activity demands and physiological responses encountered during basketball match-play: A systematic review. *Sports Medicine* 48(1): 111–135, 2018.

[31] Weber, DR, Leonard, MB, Shults, J, and Zemel, BS. A comparison of fat and lean body mass index to BMI for the identification of metabolic syndrome in children and adolescents. *Journal of Clinical Endocrinology & Metabolism* 99(9): 3208–3216, 2014.

[32] Visnes, H. Training volume and body composition as risk factors for developing jumper's knee among young elite volleyball players. *Scand J Med Sci Sports* 23: 607–613, 2013.

[33] Zazulak BT, Hewett TE, Reeves NP, Goldberg B, and Cholewicki J. Deficits in neuromuscular control of the trunk predict knee injury risk. A prospective biomechanical-epidemiologic study. *American Journal of Sports Medicine* 35(7): 1123–1130, 2009.

[34] Ziv, G, and Lidor, R. Physical attributes, physiological characteristics, on-court performances and nutritional strategies of female and male basketball players. *Sports Med* 39(7): 547–568, 2009.

[35] Žumbakytėermukšnienė, R, Kajėnienė, A, Berškienė, K, Daunoravičienė, A, and Sederevičiūtė-Kandratavičienė, R. Assessment of the effect of anthropometric data on the alterations of cardiovascular parameters in Lithuanian elite male basketball players during physical load. *Medicina* 48(11): 83, 2012.

第3章

[1] Alemdaroğlu, U. The relationship between muscle strength, anaerobic performance, agility, sprint ability and vertical jump performance in professional basketball players. *Journal of Human Kinetics* 31: 149–158, 2012.

[2] Almuzaini, KS, and Fleck, SJ. Modification of the standing long jump test enhances ability to predict anaerobic performance. *J Strength Cond Res* 22: 1265–1272, 2008.

[3] Andrews, AW, Thomas, MT, and Bohannon, RW. Normative values for isometric muscle force obtained with hand-held dynamometers. *Physical Therapy* 76(3): 248–259, 1996.

[4] Ashworth, B, Hogben, P, Singh, N, Tulloch, L, and Cohen, DD. The athletic shoulder (ASH) test: Reliability of a novel upper body isometric strength test in elite rugby players. *BJM Open Sport Exerc Med*, 2018.

[5] Brady, CJ, Harrison, AJ, Flanagan, EP, Haff, GG, and Comyns, TM. A comparison of the isometric midthigh pull and isometric squat: Intraday reliability, usefulness, and the magnitude of difference between tests. *IJSPP* 13: 844–852, 2018.

[6] Brown, AE. *The reliability and validity of the lane agility test for collegiate basketball players*. Doctoral dissertation, University of Wisconsin–La Crosse, 2012.

[7] Bruce, R, Kusumi, F, and Hosmer, D. Maximal oxygen intake and nomographic assessment of functional aerobic impairment in cardiovascular disease. *American Heart Journal* 85(4): 546–562, 1973.

[8] Chaouachi, A, Brughelli, M, Chamari, K, Levin, GT, Abdelkrim, NB, Laurencelle, L, and Castagna, C. Lower limb maximal dynamic strength and agility determinants in elite basketball players. *J Strength Cond Res* 23(5): 1570–1577, 2009.

[9] Comfort, P, Jones, PA, McMahon, JJ, and Newton, R. Effect of knee and trunk angle on kinetic variables during the isometric midthigh pull: Test-retest reliability. *IJSPP* 10: 58–63, 2014.

[10] Cormack, SJ, Newton, RU, and McGuigan, MR. Neuromuscular and endocrine responses of elite players to an Australian rules football match. *Int J Sports Physiol Perform* 3: 359–374, 2008.

[11] Dawes, JJ, Marshall, M, and Spiteri, T. Relationship between pre-season testing performance and playing time among NCAA DII basketball players. *Sports Exer Med* 2(2): 47–54, 2016.

[12] Delextrat, A, and Cohen, D. Physiological testing of basketball players: Toward a standard evaluation of anaerobic fitness. *J Strength Cond Res* 22: 1066–1072, 2008.

[13] Delextrat, A, and Cohen, D. Strength, power, speed, and agility of women basketball players according to playing position. *J Strength Cond Res* 23(7): 1974–1981, 2009.

[14] Dos' Santos, T, Thomas, C, Jones, PA, McMahon, JJ, and Comfort, P. The effect of hip joint angle on isometric midthigh pull kinetics. *J Strength Cond Res* 31(10): 2748–2757, 2017.

[15] Ebben, WP, and Petushek, EJ. Using the reactive strength index modified to evaluate plyometric performance. *J Strength Cond Res* 24:1983–1987, 2010.

[16] Flanagan, EP, and Comyns, TM. The use of contact time and the reactive strength index to optimize fast stretch-shortening cycle training. *Strength & Conditioning Journal* 30(5): 32–38, 2008.

[17] Frank, B, Bell, DR, Norcross, MF, Blackburn, JT, Goerger, BM, and Pauda, DA. Trunk and hip biomechanics influence anterior cruciate loading mechanism in physical active participants. *Am J Sports Med* 41(11): 2676–83, 2013.

[18] Gabbett, TJ, Kelly, JN, and Sheppard, JM. Speed, change of direction speed, and reactive agility of rugby league players. *J Strength Cond Res* 22: 174–181, 2008.

[19] Giffin, VC, Everett, T, and Horsley, IG. A comparison of hip adduction and abduction strength ratios, in the dominant and non–dominant limb, of elite football academy players. *Journal of Biomedical Engineering and Informatics* 2:(1), 2016.

[20] Harper, D, Hobbs, S, and Moore, J. The ten to five

repeated jump test: A new test for evaluating reactive strength. *British Association of Sports and Exercises Sciences Student Conference*, Chester, 2011.

[21] Hoffman, J. *Norms for Fitness, Performance, and Health*. Champaign, IL: Human Kinetics, 2006.

[22] Hunter, JP, Marshall, RN, and McNair, PJ. Relationship between ground reaction force impulse and kinematics of sprint-running acceleration. *J Appl Biomech* 21: 31–43, 2005.

[23] Jackson, TJ, Starkey, C, McElhiney, D, and Domb, BG. Epidemiology of hip injuries in the National Basketball Association: A 24-year overview. *Orthop J Sports Med*, 2013.

[24] Jakovljevic, ST, Karalejic, MS, Pajic, ZB, Macura, MM, and Erculj, FF. Speed and agility of 12– and 14-year-old elite male basketball players. J *Strength Cond Res* 26(9): 2453–2459, 2012.

[25] Kaminsky, LA, Arena, R, and Myers, J. Reference standards for cardiorespiratory fitness measured with cardiopulmonary exercise testing: Data from the fitness registry and the importance of exercise national database. *Mayo Clinic Proceedings* 90(11): 1515–1523, 2015

[26] Latin, RW, Berg, K, and Baechle, T. Physical and performance characteristics of NCAA divisionI male basketball players. *J Strength Cond Res* 8(4): 214–218, 1994.

[27] Leger, LA, Mercier, D, Gadoury, C, and Lambert, J. The multistage 20-meter shuttle run test for aerobic fitness. *J Sport Sci* 6: 93–101, 1988.

[28] Manske, R, and Reiman, M. Functional performance testing for power and return to sports. *Athletic Training*, 2013.

[29] National Basketball Conditioning Coaches Association. *Complete Conditioning for Basketball*. Champaign, IL: Human Kinetics, 2007.

[30] Noyes, FR, Barber-Westin, SD, Smith, ST, Campbell, T. and Garrison, TT. A training program to improve neuromuscular performance indices in female high school basketball players. *J Strength Cond Res* 26: 709–719, 2012.

[31] Paine, R and Voight, ML. The role of the scapula. *Int J Sports Phys Ther* 8(5): 617–629, 2013.

[32] Pehar, M, Sekulic, D, Sisic, N, Spasic, M, Uljevic, O Krolo, A, Milanovic, Z, and Sattler, T. Evaluation of different jumping tests in defining position-specific and performance-level differences in high level basketball players. *Biol Sport* 34(3): 263–27, 2017.

[33] Roe, G, Shaw, W, Darrall-Jones, J, Phibbs, PJ, Read, D, Weakley, JJ, Till, K, and Jones, B. Reliability and validity of a medicine ball-contained accelerometer for measuring upper-body neuromuscular performance. *J Strength Cond Res* 32(7): 1915–1918, 2018.

[34] Scanlan, A, Madueno, M, Guy, J, Giamarelos, K, Spiteri, T, and Dalbo, V. Measuring decrement in change-of-direction speed across repeated sprints in basketball: Novel vs. traditional approaches. *J Strength Cond Res*. Published ahead of print, 2018.

[35] Scanlan, AT, Dascombe, BJ, Reaburn, P, and Dalbo, VJ. The physiological and activity demands experienced by Australian female basketball players during competition. *J Sci Med Sport* 14: 341–347, 2012.

[36] Scanlan, AT, Wen, N, Pyne, DB, Stojanović, E, Milanović, Z, Conte, D, Vaquera, A, and Dalbo, VJ. Power-related determinants of modified agility T-test performance in male adolescent basketball players. *J Strength Cond Res* (Published ahead of print), March 2019.

[37] Schweigert, D. Normative values for common preseason testing protocols: NCAA Division II women's basketball. *Strength & Conditioning Journal* 18(6): 7–10, 1996.

[38] Sekulic, D, Pehar M, Krolo A, Spasic M, Uljevic O, Calleja-González J, and Sattler, T. Evaluation of basketball-specific agility: Applicability of preplanned and nonplanned agility performances for differentiating playing positions and playing levels. *J Strength Cond Res* 31(8): 2278–2288, 2017.

[39] Spiteri, T, Binetti, M, Scanlan, A, Dalbo, V, Dolci, F, and Specos, C. Physical determinants of Division 1 collegiate basketball, Women's National Basketball League, and Women's

National Basketball Association athletes: With reference to lower body sidedness. *J Strength Cond Res* (Published ahead of print), 2017.

[40] Spiteri, T, McIntyre, F, Specos, C, and Myszka, S. Cognitive training for agility: The integration between perception and action. *Strength & Conditioning Journal* 40(1): 39–46, 2018.

[41] Spiteri, T, Newton, RU, Binetti, M, Hart, NH, Sheppard, JM, and Nimphius, S. Mechanical determinants of faster change of direction and agility performance in female basketball athletes. *J Strength Cond Res* 29: 2205–2214, 2015.

[42] Spiteri, T, Nimphius, S, Hart, NH, Specos, C, Sheppard, JM, and Newton, RU. Contribution of strength characteristics to change of direction and agility performance in female basketball athletes. *J Strength Cond Res* 28(9): 2415–2423, 2014.

[43] Sugimoto, D, Mattacola, CG, Millineaux, DR, and Palmer, TG, and Hewett, TE. Comparison of isokinetic hip adduction and adduction peak torques and ratios between sexes. *Clin J Sports Med* 24(5): 422–428, 2014.

[44] Thorborg, K, Serner, A, Petersen, J, Madsen, TM, Magnusson, P, and Hölmich, P. Hip adduction and abduction strength profiles in elite soccer players: Implications for clinical evaluation of hip adductor muscle recovery after injury. *Am J Sports Med* 39(1): 121–6, 2011.

[45] Toohey, LA, De Noronha, M, Tayler, C, and Thomas J. Is a sphygmomanometer a valid and reliable tool to measure the isometric strength of hip muscles? A systematic review. *Physiother Theory Pract* 31: 2114–119, 2015.

[46] Townsend, RJ, Bender, D, Vantrease, W, Hudy, J, Heut, K, Williamson, C, Bechke, E, Serafini, P, and Mangine, GT. Isometric mid-thigh pull performance is associated with athletic performance and sprinting kinetics in Division I men and women's basketball players. *J Strength Cond Res*, July 2017.

[47] Walker, O. Reactive strength index. Accessed August 27, 2019.

[48] Wang, R, Hoffman, JR, Sadres, E, Bartolomei, S, Muddle, TWD, Fukuda, DH, and Stout, JR. Evaluating upper-body strength and power from a single test: The ballistic push-up. *J Strength Cond Res* 31(5): 1338–1345, 2017.

[49] Wen, N, Dalbo, VJ, Burgos, B, Pyne, DB, and Scanlan, AT. Power testing in basketball: Current practice and future recommendations. *J Strength Cond Res* 32(9): 2677–2691, 2018

第4章

[1] Balyi, I, Way, R, and Higgs, C. *Long-Term Athlete Development*. Champaign, IL: Human Kinetics, 2013.

[2] Bird, S, and Markwick, WJ. Musculoskeletal screening and functional testing: Considerations for basketball athletes. *Int J Sports Phys Ther* 11(5): 784–802, 2016.

[3] Bompa, T, and Buzzichelli, C. Periodization: *Theory and Methodology of Training*. 6th ed. Champaign, IL: Human Kinetics, 2018.

[4] Bondarchuk, AP. *Transfer of Training*. Michigan: Ultimate Athlete Concepts, 2007.

[5] Boone J, and Bourgois, J. Morphological and physiological profile of elite basketball players in Belgian. *Int J Sports Physiol Perform* 8(6): 630–8.

[6] Brenner, JS. Sports specialization and intensive training in young athletes. *American Academy of Pediatrics* 138(3), 2016.

[7] Burd, N. Muscle time under tension during resistance exercise stimulates differential muscle protein sub-fractional synthetic responses in men. *J Physiol* 590(Pt 2): 351–362, 2012.

[8] Clemente, FM, González-Víllora, S, Delextrat, A, Martins, FML, and Vicedo, JCP. Effects of the sports level, format of the game and task condition on heart rate responses, technical and tactical performance of youth basketball players. *Journal of Human Kinetics* 58(1): 141–155, 2017.

[9] Dietz, C, and Peterson, B. *Triphasic Training: A Systematic Approach to Elite Speed and Explosive Strength Performance*. Vol 1. Hudson, WI: Bye Dietz Sports Enterprise, 2012.

[10] Edwards, T, Spiteri, T, Piggott, B, Bonhotal, J,

Haff, G, and Joyce, C. Monitoring and managing fatigue in basketball. *Sports* 6(1): 19, 2018.

[11] Epstein, D. *The Sports Gene*. New York: Penguin Books, 2013.

[12] Haff, GG, and Triplett, NT, eds. *Essentials of Strength and Conditioning*. 4th ed. Champaign, IL: Human Kinetics, 2016.

[13] Fox, JL, Stanton, R, and Scalan, AST. A comparison of training and competition demands in semi-professional male basketball players. *Res Q Exerc Sport* 89: 103–111, 2018.

[14] Fyfe, JJ, Bishop, DJ, and Stepto, NK. Interference between concurrent resistance and endurance exercise: Molecular bases and the role of individual training variables. *Sports Medicine* 44(6): 743–762, 2014.

[15] Gabbe, BJ, Finch, CF, Bennell, KL, and Wajswelner, H. How valid is a self-reported 12-month sports injury history? *British Journal of Sports Medicine* 37(6): 545–547, 2003.

[16] Gambetta, V. *Athletic Development: The Art and Science and Functional Sports Conditioning*. Champaign, IL: Human Kinetics, 2007.

[17] Grabara, M. Comparison of posture among adolescent male volleyball players and non-athletes. *Biol Sport* 32(1): 79–85, 2015.

[18] Harries, SK, Lubans, DR, and Callister, R. Systematic review and meta-analysis of linear and undulating periodized resistance training programs on muscular strength. *J Strength Cond Res* 29(4): 1113–1125, 2015.

[19] Hawley, JA. Specificity of training adaptation: time for a rethink? *Journal of Physiology* 586(1): 1–2, 2008.

[20] Jones, TW, Smith, A, Macnaughton, LS, and French, DN. Strength and conditioning and concurrent training practices in elite rugby union. *J Strength Cond Res* 30(12): 3354–3366, 2016.

[21] Kawamori, N, and Haff, GG. The optimal training load for the development of muscular power. *J Strength Cond Res* 18(3): 675–684, 2004.

[22] Koklu, Y, Alemdaroglu, U, Kocak, FU, Erol, AE, and Findikoglu, G. Comparison of chosen physical fitness characteristics of Turkish professional basketball players by division and playing position. *J Hum Kinet* 30: 99–106, 2011.

[23] Komi, P. Stretch shortening cycle: A powerful model to study normal and fatigued muscle. *J Biomech* 33(10): 1197–206, 2000.

[24] Kraemer, WJ, Ratamess, NA, and French, DN. Resistance training for health and performance. *Current Sports Medicine Reports* 1(3): 165–171, 2002.

[25] Kravitz, L, and Bubbico, A. *Essentials of Eccentric Training*. Champaign, IL: Human Kinetics, 2015.

[26] Kucera, KL, Marshall, SW, Kirkendall, DT, Marchak, PM, and Garrett, WE. Injury history as a risk factor for incident injury in youth soccer. *British Journal of Sports Medicine* 39(7): 462–462, 2005.

[27] Lindh, M. Increase of muscle strength from isometric quadriceps exercises at different knee angles. *Scandinavian Journal of Rehabilitation Medicine* 11(1): 33–36, 1979.

[28] McGuine, TA, Post, EG, Hetzel, SJ, Brooks, MA, Trigsted, S, and Bell, DR. A prospective study on the effect of sport specialization on lower extremity injury rates in high school athletes. *American Journal of Sports Medicine* 45(12): 2706–2712, 2017.

[29] Mendell, L. The size principle: A rule describing the recruitment of motoneurons. *J Neurophysiol* 93: 3024–3026, 2005

[30] Narazaki, K, Berg, K, Stergiou, N, and Chen, B. Physiological demands of competitive basketball. *Scandinavian Journal of Medicine & Science in Sports* 19(3): 425–432, 2009.

[31] National Strength and Conditioning Association. *NSCA's Guide to Tests and Assessments*. Champaign, IL: Human Kinetics, 2012.

[32] Nikolaos, K. Anthropometric and fitness profiles of young basketball players according to their playing position and time. *Journal of Physical Education and Sport* 15(1): 82, 2015.

[33] Plisk, SS, and Stone, MH. Periodization strategies. *Strength & Conditioning Journal* 25(6): 19–37,

2003.

[34] Sabag, A, Najafi, A, Michael, S, Esgin, T, Halaki, M, and Hackett, D. The compatibility of concurrent high intensity interval training and resistance training for muscular strength and hypertrophy: A systematic review and meta-analysis. *J Sports Sci* 36(21): 2472–2483, 2018.

[35] Sapolsky, RM. *Why Zebras Don't Get Ulcers.* New York: Owl Book/Henry Holt, 2004.

[36] Schelling, X, and Torres-Ronda, L. Accelerometer load profiles for basketball specific drills in elite players. *J Sports Sci Med* 15: 585–591, 2016.

[37] Siff, M, and Verkhoshansky, Y. *Supertraining.* 6th ed, 2009.

[38] Taylor, K. Fatigue monitoring in high performance sport: A survey of current trends. *J Aust Strength Cond* 20(1): 12–23, 2012.

[39] USA Basketball. *Defining the Positions.*

[40] Weiss, KJ, Allen, SV, McGuigan, MR, and Whatman, CS. The relationship between training load and injury in men's professional basketball. *International Journal of Sports Physiology and Performance* 12(9): 1238–1242. 2017.

[41] Williams, TD, Tolusso, DV, Fedewa, MV, and Esco, MR. Comparison of periodized and non-periodized resistance training on maximal strength: A meta-analysis. *Sports Medicine* 47(10): 2083–2100, 2017.

[42] Zatsiorsky, V, and Kraemer, W. *Science and Practice of Strength Training.* 2nd ed. Champaign, IL: Human Kinetics. 2006.

第5章

[1] Hori, N, Newton, RU, Nosaka, K, and Stone, MH. Weightlifting exercises enhance athletic performance that requires high-load speed strength. *Strength and Conditioning Journal* 24(4): 50–55, 2005.

[2] National Basketball Conditioning Coaches Association. *Complete Conditioning for Basketball.* Champaign, IL: Human Kinetics, 63, 127, 171, 2007.

[3] Sigmon, C. *52-Week Basketball Training.* Cham-

paign, IL: Human Kinetics, 127, 187, 2003.

[4] Ziv, G, and Lidor, R. Physical attributes, physiological characteristics, on-court performances and nutritional strategies of female and male basketball players. *Sports Medicine* 39(7): 547–568, 2009.

第6章

[1] Caulfield, S, and Berninger, D. Exercise technique for free weight and machine training. In *Essentials of Strength Training and Conditioning.* 4th ed. Haff, G, and Triplett, T, eds. Champaign, IL: Human Kinetics, 352–357, 2016.

[2] McBride, J. Nature of power. In *Developing Power.* McGuigan, M, ed. Champaign, IL: Human Kinetics, 11–12, 2017.

[3] Sato, K, and Shimokochi, Y. Basketball. In *Functional Training Handbook.* Liebenson, C, ed. Tokyo, Japan: Wolters Kluwer Health, 135–136, 2014.

第7章

[1] Chen, WH, Wu, HJ, Lo, SL, Chen, H, Yang, WW, Huang, CF, and Liu, C. Eight-week battle rope training improves multiple physical fitness dimensions and shooting accuracy in collegiate basketball players. *J Strength Cond Res* 32(10): 2715–2724, 2018.

[2] Erculj, F, and Supej, M. Impact of fatigue on the position of the release arm and shoulder girdle over a longer shooting distance for an elite basketball player. *J Strength Cond Res* 23(3): 1029–1036, 2009.

[3] Ikeda, ER, Borg, A, Brown, D, Malouf, J, Showers, KM, and Li, S. The Valsalva maneuver revisited: The influence of voluntary breathing on isometric muscle strength. *J Strength Cond Res* 23(1): 127, 2009.

[4] Pryor, RR, Sforzo, GA, and King, DL. Optimizing power output by varying repetition tempo. *J Strength Cond Res* 25(11): 3029–3034, 2011.

第8章

[1] Boyle, M. *New Functional Training for Sports.*

2nd ed. Champaign, IL: Human Kinetics, 115–120, 2016.

[2] Cole, B, and Panariello, R. *Basketball Anatomy*. Champaign, IL: Human Kinetics, 31–32, 2016.

[3] Komi, P. *Strength and Power in Sport*. 2nd ed. Malden, MA: Blackwell Science, 5, 2003.

[4] McGill, S. Core training: Evidence translating to better performance and injury prevention. *Strength and Conditioning Journal* 32: 33–46, 2010.

第9章

[1] Alcaraz, PE, Perez-Gomez, J, Chavarrias, M, and Blazevich, AJ. Similarity in adaptations to high-resistance circuit vs. traditional strength training in resistance-trained men. *J Strength Cond Res* 25(9): 2519–2527, 2011.

[2] Bogdanis, G, Nevill, M, Boobis, L, and Lakomy, H. Contribution of phosphocreatine and aerobic metabolism to energy supply during repeated sprint exercise. *J Appl Physiol* 80: 876–884, 1996.

[3] Buchheit, M, Morgan, W, Wallace, J, Bode, M, and Poulos, N. Physiological, psychometric, and performance effects of the Christmas break in Australian football. *Int J Sports Physiol Perform* 10(1): 120–3, 2015.

[4] DePhillipo, NN, Kennedy, MI, Aman, ZS, Bernhardson, AS, O'Brien, L, and LaPrade, RF. Blood flow restriction therapy after knee surgery: Indications, safety considerations, and postoperative protocol. *Arthrosc Tech* 7(10): e1037–e1043, 2018.

[5] Franchi, MV, Reeves, ND, and Narici, MV Skeletal muscle remodeling in response to eccentric vs. concentric loading: Morphological, molecular, and metabolic adaptations. *Front Physiol* 8: 447, 2017.

[6] Gastin, P. Energy system interaction and relative contribution during maximal exercise. *Sports Med* 31: 725–741, 2001.

[7] Gettman, L, Ward, P, and Hagan, RD. Conditioning report: Strength and endurance changes through circuit weight training. *NSCA J* 3: 12–14, 1981.

[8] Iodice, P, Ripari, P, and Pezzulo, G. Local high-frequency vibration therapy following eccentric exercises reduces muscle soreness perception and posture alterations in elite athletes. *Eur J Appl Physiol* 119(2): 539–549, 2019.

[9] Joo, CH. The effects of short-term detraining and retraining on physical fitness in elite soccer players. *PLoS One* 13(5), 2018.

[10] Lixandrão, ME, Ugrinowitsch, C, Berton, R, Vechin, FC, Conceição, MS, Damas, F, Libardi, CA, and Roschel, H. Magnitude of muscle strength and mass adaptations between high-load resistance training versus low-load resistance training associated with blood-flow restriction: A systematic review and meta-analysis. *Sports Med* 48(2): 361–378, 2018.

[11] Lloyd, RS, Faigenbaum, AD, Stone, MH, Oliver, JL, Jeffreys, I, Moody, JA, Brewer, C, Pierce, KC, McCambridge, TM, Howard, R, Herrington, L, Hainline, B, Micheli, LJ, Jaques, R, Kraemer, WJ, McBride, MG, Best, TM, Chu, DA, Alvar, BA, and Myer, GD. Position statement on youth resistance training: The 2014 International Consensus. *Br JSports Med* 48(7): 498–505, 2014.

[12] Magallón, S, Narbona, J, and Crespo-Eguílaz, N. Acquisition of motor and cognitive skills through repetition in typically developing children. *PLoS One* 11(7), 2016.

[13] Magoffin, RD, Parcell, AC, Hyldahl, RD, Fellingham, GW, Hopkins, JT, and Feland, JB. Whole body vibration as a warmup before exercise-induced muscle damage on symptoms of delayed-onset muscle soreness in trained subjects. *J Strength Cond Res* (Epub ahead of print), 2018.

[14] Mattocks, KT, Buckner, SL, Jessee, MB, Dankel, SJ, Mouser, JG, and Loenneke, JP. Practicing the test produces strength equivalent to higher volume training. *Med Sci Sports Exerc* 49(9): 1945–1954, 2017.

[15] Maughan, R, and Gleeson, M. *The Biochemical Basis of Sports Performance*. New York, NY: Oxford University Press, 2004.

[16] Miller, T, Mull, S, Aragon, AA, Krieger, J, and

Schoenfeld, BJ. Resistance training combined with diet decreases body fat while preserving lean mass independent of resting metabolic rate: A randomized trial. *Int J Sport Nutr Exerc Metab* 28(1): 46–54, 2018.

[17] Peitz, M, Behringer, M, and Granacher, U. A systematic review on the effects of resistance and plyometric training on physical fitness in youth: What do comparative studies tell us? *PLoS ONE* 13(10), 2018.

[18] Pope, ZK, Willardson, JM, and Schoenfeld, BJ. Exercise and blood flow restriction. *J Strength Cond Res* 27(10): 2914–2926, 2013.

[19] Ratel, S, Kluka, V, Vicencio, SG, Jegu, AG, Cardenoux, C, Morio, C, Coudeyre, E, and Martin, V Insights into the mechanisms of neuromuscular fatigue in boys and men. *Med Sci Sports Exerc* 47(11): 2319–28, 2015.

[20] Rodríguez-Fernández, A, Sánchez-Sánchez, J, Ramirez-Campillo, R, Rodríguez-Marroyo, JA, Villa Vicente, JG, and Nakamura, FY. Effects of short-term in-season break detraining on repeated-sprint ability and intermittent endurance according to initial performance of soccer player. *PLoS One* 13(8), 2018.

[21] Sabag, A, Najafi, A, Michael, S, Esgin, T, Halaki, M, and Hackett, D. The compatibility of concurrent high intensity interval training and resistance training for muscular strength and hypertrophy: A systematic review and meta-analysis, *Journal of Sports Sciences* 36(21): 2472–2483, 2018.

[22] Sakai, K, Sheahan, J, and Takamatsu, K. The relationship between high power output during intermittent exercise and three energy delivery systems. *Japanese Journal of Physical Fitness and Sports Medicine* 48: 453–466, 1999.

[23] Slimani, M, Paravlic, A, and Granacher, U. A meta-analysis to determine strength training related dose-response relationships for lower-limb muscle power development in young athletes. *Frontiers of Physiol* 9: 1155, 2018.

[24] Steele, J, Fisher, JP, Assunção, AR, Bottaro, M, and Gentil, P. The role of volume-load in strength and absolute endurance adaptations in adolescent's performing high– or low-load resistance training. *Appl Physiol Nutr Metab* 42(2): 193–201, 2017.

[25] Sternad, D. It's not (only) the mean that matters: Variability, noise and exploration in skill learning. *Current Opinion in Behavioral Science* 20: 183–195, 2018.

[26] Stone, WJ, and Steingard, P. Year-round conditioning for basketball. *Clinics in Sports Medicine* 12: 173–191, 1993.

[27] Taipale, RS, Mikkola, J, Salo, T, Hokka, L, Vesterinen, V, Kraemer, WJ, Nummela, A, and Hakkinen, K. Mixed maximal and explosive strength training in recreational endurance runners. *J Strength Cond Res* 28(3): 689–699, 2014.

[28] Veqar, Z, and Imtiyaz S. Vibration therapy in management of delayed onset muscle soreness (DOMS). *J Clin Diagn Res* 8(6), 2014.

[29] Walker, S, Hulmi, JJ, Wernbom, M, Nyman, K, Kraemer, WJ, Ahtiainen, JP, and Häkkinen, K. Variable resistance training promotes greater fatigue resistance but not hypertrophy versus constant resistance training. *European Journal of Applied Physiology* 113(9): 2233–44, 2013.

[30] Wiesinger, HP, Kosters, A, Muller, E, and OR Seyennes. Effects of increased loading on in vivo tendon properties: A systematic review. *Med Sci Sports Exerc* 47(9): 1885–1895, 2015.

[31] Yessis, M. *Biomechanics and Kinesiology of Exercise*. Muskegon, MI: Ultimate Athlete Concepts, 2013.

第10章

[1] Aagard, P, Simonsen, E, Andersen, J, Magnusson P, and Dyhre-Poulsen, P. Increased rate of force development and neural drive of human skeletal muscle following resistance training. *J Appl Physiol* 93:1318–1326, 2002.

[2] American College of Sports Medicine. American College of Sports Medicine position stand: Progression models in resistance training for healthy adults. *Med Sci Sports Exerc* 41(3): 687–708, 2009.

[3] Andersen, LL, and Aagard, P. Influence of

maximal muscle strength and intrinsic muscle contractile properties on contractile rate of force development. *Eur J Appl Physiol* 96(1): 46–52, 2006.

[4] Asadi, A, Arazi, H, Young, WB, and S á ez de Villarreal, E. The effects of plyometric training on change-of-direction ability: A meta-analysis. *Int J Sports Physiol Perform* 11(5): 563–73, 2016.

[5] Asadi, A, Ramirez-Campillo, R, Meylan, C, Nakamura, FY, Cañas-Jamett, R, and Izquierdo, M. Effects of volume-based overload plyometric training on maximal-intensity exercise adaptations in young basketball players. *J Sports Med Phys Fitness* 57(12): 1557–1563, 2017.

[6] Bailey, CA, Suchomel, TJ, and Beckham GK. A comparison of reactive strength index-modified between six U.S. collegiate athletic teams. *J Strength Cond Res* 29(5): 1310–1316, 2015.

[7] Baker, D, and Newton, RU. Methods to increase the effectiveness of maximal power training for the upper body. *Strength Cond J* 27: 24–32, 2005.

[8] Bartolomei S, Fukuda DH, Hoffman JR, Stout JR, and Merni F. The influence of isometric preload on power expressed during bench press in strength-trained men. *Eur J Sport Sci* 17(2): 195–199, 2017.

[9] Beckham, G, Sato, K, Santana, HA, Mizuguchi, S, Haff, GG, and Stone, MH. Effect of body position on force production during the isometric midthigh pull. *J Strength Cond Res* 32(1): 48–56, 2018.

[10] Behm, DG, Young, JD, Whitten, JHD, Reid, JC, Quigley, PJ, Low, J, Li, Y, Lima, CD, Hodgson, DD, Chaouachi, A, Prieske, O, and Granacher, U. Effectiveness of traditional strength vs. power training on muscle strength, power and speed with youth: A systematic review and meta-analysis. *Front Physiol* 30(8): 423, 2017.

[11] Boffey, D, Sokmen, B, Sollanek, K, Boda, W, and Winter, S. Effects of load on peak power output fatigue during the bench throw. *J Strength Cond Res* 33(2): 355–359, 2019.

[12] Bompa, T. *Periodization: Theory and Methodology of Training*. 4th ed. Champaign, IL: Human Kinetics, 1999.

[13] Byrne, PJ, Moody, JA, Cooper, SM, Callanan, D, and Kinsella, S. Potentiating response to drop jump protocols on sprint acceleration: Drop-jump volume and intrarepetition recovery duration. *J Strength Cond Res* (Epub ahead of print), July, 2018.

[13b] Colquhoun, RJ, Gai, CM, Aguilar, D, Bove, D, Dolan, J, Vargas, A, Couvillion, K, Jenkins, ND, and Campbell, BI. Training volume, not frequency, indicative of maximal strength adaptations to resistance training. *J Strength Cond Res* 32(5): 1207–1213, 2018.

[14] Del Balso, C, and Cafarelli, E. Adaptations in the activation of human skeletal muscle induced by short-term isometric resistance training. *J Appl Physiol* 103: 402–411, 2007.

[15] Dos' Santos, T, Thomas, C, Jones, PA, McMahon, JJ, and Comfort, P. The effect of hip joint angle on isometric midthigh pull kinetics. *J Strength Cond Res* 31(10): 2748–2757, 2017.

[16] Douglas J, Pearson S, Ross A, and McGuigan M. Chronic adaptations to eccentric training: A systematic review. *Sports Med* 47(5): 917–941, 2017.

[17] Fleck, SJ, and Falkel, JE. Value of resistance training for the reduction of sports injuries. *Sports Med* 3(1): 61–68, 1986.

[18] Ford, P, De Ste Croix, M, Lloyd, R, Meyers, R, Moosavi, M, Oliver, J, Till, K, and Williams, C. The long-term athlete development model: Physiological evidence and application. *J Sports Sci* 29(4): 389–402, 2011.

[19] Garhammer, J, and Gregor, R. Propulsion forces as a function of intensity for weightlifting and vertical jumping. *J Strength Cond Res* 6(10): 1519, 1992.

[20] Häkkinen, K, Pakarinen A, Alen, M, Kauhanen, H, and Komi, P. Neuromuscular and hormonal adaptations in athletes to strength training in two years. *J Appl Physiol* 65: 2406–2412, 1988.

[21] Häkkinen, K, Komi, P, Alen, M, and Kauhanen, H. EMG, muscle fibre and force production characteristics during a 1-year training period in elite

weightlifters. *Eur J Appl Phys* 56: 419–427, 1987.

[22] Harden, M, Wolf, A, Russell, M, Hicks, K, French, D, and Howatson, G. An evaluation of supra-maximally loaded eccentric leg press exercise. *J Strength Cond Res* 32(10): 2708–2714, 2018.

[23] Jeffreys, MA, Croix, MBDS, Lloyd, RS, Oliver, JL, and Hughes, JD. The effect of varying plyometric volume on stretch-shortening cycle capability in collegiate male rugby players. *J Strength Cond Res* 33(1): 139–145, 2019.

[23b] Jenkins, N, Miramonti, AA, Hill, EC, Smith, CM, Cochrane-Snyman, KC, Housh, TJ, and Cramer, JT. Greater neural adaptations following high– vs. low-load resistance training. *Front Physiol* 8: 331, 2017.

[24] Jensen, RL, and Ebben, WP. Impulses and ground reaction forces at progressive intensities of weight lifting variations. In *ISBS-Conference Proceedings Archive* (Vol. 1, No. 1), 2002.

[25] Johnson, BA, Salzberg, CL, and Stevenson, DA. A systematic review: Plyometric training programs for young children. *J Strength Cond Res* 25(9): 2623–2633, 2011.

[26] Kawamori, N, and Haff, G. The optimal training load for the development of muscular power. *J Strength Cond Res* 18: 675–684, 2004.

[27] Lee, BCY, and McGill, SM. Effect of long-term isometric training on core/torso stiffness. *J Strength Cond Res* 29(6): 1515–1526, 2015.

[28] Lepley, LK, Lepley, AS, Onate, JA, and Grooms, DR. Eccentric exercise to enhance neuromuscular control. *Sports Health* 9(4): 333–340, 2017.

[29] Maffiuletti, NA, Aagaard, P, Blazevich, AJ, Folland, J, Tillin, N, and Duchateau, J. Rate of force development: Physiological and methodological considerations. *Eur J Appl Physiol* 116(6): 1091–116, 2016.

[30] McMaster, DT, Gill, N, Cronin, J, and McGuigan, M. The development, retention and decay rates of strength and power in elite rugby union, rugby league and American football. *Sports Medicine* 43(5): 367–384, 2013.

[31] Mike, JN, Cole, N, Herrera, C, Van Dusseldorp, T, Kravitz, L, and Kerksick, CM. The effects of eccentric contraction duration on muscle strength, power production, vertical jump, and soreness. *J Strength Cond Res* 31(3): 773–786, 2017.

[32] Munger, CN, Archer, DC, Leyva, WD, Wong, MA, Coburn, JW, Costa, PB, and Brown, LE. Acute effects of eccentric overload on concentric front squat performance. *J Strength Cond Res* 31(5): 1192–1197, 2017.

[33] Newton, R, and Dugan, E. Application of strength diagnosis. *Strength Cond J* 24: 50–59, 2002.

[34] Nosaka, K., and Newton, M. Concentric or eccentric training effect on eccentric exercise-induced muscle damage. *Med Sci Sports Exerc* 34: 63–69, 2002.

[35] Pearson, S, Stadler, S, Menz, H, Morrissey, D, Scott, I, Munteanu, S, and Malliaras, P. Immediate and short-term effects of short– and long-duration isometric contractions in patellar tendinopathy. *Clin J Sport Med Aug*, 2018.

[36] Sabag A, Najafi A, Michael S, Esgin T, Halaki M, and Hackett D. The compatibility of concurrent high intensity interval training and resistance training for muscular strength and hypertrophy: A systematic review and meta-analysis. *Journal of Sports Sciences* 36(21): 2472–2483, 2018.

[36b] Schoenfeld, BJ, Grgic, J, and Krieger, J. How many times per week should a muscle be trained to maximize muscle hypertrophy? A systematic review and meta-analysis of studies examining the effects of resistance training frequency. *Journal of Sports Sciences* 37(11): 1286–1295, 2019.

[37] Schoenfeld, BJ, Ogborn, D, and Krieger, JW. Effect of repetition duration during resistance training on muscle hypertrophy: A systematic review and meta-analysis. *Sports Med* 45(4): 577–85, 2015.

[38] Schoenfeld, BJ, Ogborn, D, and Krieger, JW. Effects of resistance training frequency on measures of muscle hypertrophy: A systematic review and meta-analysis. *Sports Med* 46(11): 1689–1697, 2016.

[39] Stone, MH, Stone, M, and Sands, W. *Principles and Practice of Resistance Training*. Champaign, IL: Human Kinetics, 2007.

[40] Thibaudeau, C, and Schwartz, T. Theory and Application of Modern Strength and Power Methods. *Lepine*, 2007.

[41] Tillin, NA, and Folland, JP. Maximal and explosive strength training elicit distinct neuromuscular adaptations, specific to the training stimulus. *Eur J Appl Physiol* 114(2): 365–74, 2014.

[42] Tsoukos, A, Bogdanis, GC, Terzis, G, and Veligekas, P. Acute improvement of vertical jump performance after isometric squats depends on knee angle and vertical jumping ability. *J Strength Cond Res* 30(8): 2250–2257, 2016.

[43] Wagle, JP, Taber, CB, Cunanan, AJ, Bingham, GE, Carroll, KM, DeWeese, BH, Sato, K, and Stone, MH. Accentuated eccentric loading for training and performance: A review. *Sports Med* 47(12): 2473–2495, 2017.

[43b] Walker, S, Blazevich, AJ, Haff, GG, Tufano, JJ, Newton, RU, and Häkkinen, K. Greater strength gains after training with accentuated eccentric than traditional isoinertial loads in already strength trained men. *Front Physiol* 7: 149, 2016.

[44] Williams, TD, Tolusso, DV, Fedewa, MV, and Esco, MR. Comparison of periodized and non-periodized resistance training on maximal strength: A meta-analysis. *Sports Med* 47: 2083–2100, 2017.

[45] Xenofondos, A, Bassa, E, Vrabas, IS, Kotzamanidis, C, and Patikas, D. Muscle twitch torque during two different in volume isometric exercise protocols: Fatigue effects on postactivation potentiation. *J Strength Cond Res* 32(2): 578–586, 2018.

[46] Zając A, Chalimoniuk M, Maszczyk A, Gołaś A, and Lngfort, J. Central and peripheral fatigue during resistance exercise: A critical review. *Journal of Human Kinetics* 49: 159–69, 2015.

[47] Zatsiorsky, V, and Kraemer, W. *Science and Practice of Strength Training*. 2nd ed. Champaign, IL: Human Kinetics, 2006.

第11章

[1] Balabinis, CP, Psarakis, CH, Moukas, M, Assiliou, MP, and Behrakis, PK. Early phase changes by concurrent endurance and strength training. *J Strength Cond Res* 17(2): 393–401, 2003.

[2] Bridgeman, LA, McGuigan, MR, Gill, ND, and Dulson, DK. The effects of accentuated eccentric loading on the drop jump exercise and the subsequent postactivation potentiation response. *J Strength Cond Res* 31(6): 1620–1626, 2017.

[3] Douglas, J, Pearson, S, Ross, A, and McGuigan, M. Effects of accentuated eccentric loading on muscle properties, strength, power, and speed in resistance-trained rugby players. *J Strength Cond Res* 32(10): 2750–2761, 2018.

[3b] French, DN. Advanced power techniques. In *Developing Power*. McGuigan, M. ed. Champaign, IL: Human Kinetics, 195–196, 2017.

[4] Gołaś, A, Maszczyk, A, Zajac, A, Mikołajec, K, and Stastny, P. Optimizing post activation potentiation for explosive activities in competitive sports. *J Hum Kinet* 52: 95–106, 2016.

[5] Haff, GG, Burgess, S, and Stone, MH. Cluster training: Theoretical and practical applications for the strength and conditioning professionals. *Prof Strength and Conditioning* 12: 12–17, 2008.

[6] Haff, GG, Hobbs, RT, Haff, EE, Sands, WA, Pierce, KB, and Stone, MH. Cluster training: A novel method for introducing training program variation. *Strength and Conditioning Journal* 30: 60–76, 2008.

[7] Haff, GG, Whitley, A, McCoy, LB, O'Bryant, HS, Kilgore, JL, Haff, EE, Pierce, K, and Stone, MH. Effects of different set configurations on barbell velocity and displacement during a clean pull. *J Strength Cond Res* 17: 95–103, 2003.

[8] Haff, GG. Periodization and power integration. In *Developing Power*. McGuigan, M, ed. Champaign, IL: Human Kinetics, 33–61, 2017.

[9] Hernandez-Preciado, JA, Baz, E, Balsalobre-Fernández, C, Marchante, D, and Santos-Concejero, J. Potentiation effects of the French contrast method on the vertical jumping ability. *J Strength Cond Res* 32(7): 1909–1914, 2018.

[10] Hough, P, Ross, E, and Howatson, G. Effects of dynamic and static stretching on vertical jump performance and electromyographic activity. *J*

Strength Cond Res 23(2): 507–512, 2009.

[11] Lim, JJ, and Barley, CI. Complex training for power development. *Strength and Conditioning Journal* 38(6): 33–43, 2016.

[12] Lorenz, D. Post-activation potentiation: An introduction. *International Journal of Sports Physical Therapy* 6(3): 234–40, 2011.

[13] Mann, JB. Olympic lifts: The importance of peak velocity and recommended guidelines. Accessed July 17, 2019.

[14] Mann, JB. Power and bar velocity measuring devices and their use for autoregulation. *NSCA's Hot Topic Series*, 2011.

[15] Ratamess, N, Alvar, B, Evetoch, T, Housh, T, Kibler, W, and Kraemer, W. Progression models in resistance training for healthy adults. *Med Sci Sports Exerc* 41(3): 687–708, 2009.

[16] Rivière, M, Louit, L, Strokosch, A, and Seitz, LB. Variable resistance training promotes greater strength and power adaptations than traditional resistance training in elite youth rugby league players. *J Strength Cond Res* 31(4): 947–955, 2017.

[17] Seitz, L, and Haff, G. Factors modulating post-activation potentiation of jump, sprint, throw, and upper-body ballistic performances: A systematic review with meta-analysis. *Sports Medicine* 46(2), 2016.

[18] Soria-Gila, MA, Chirosa, IJ, Bautista, IJ, Baena, S, and Chirosa, LJ. Effects of variable resistance training on maximal strength: A meta-analysis. *J Strength Cond Res* 29(11): 3260–3270, 2015

[19] Turki, O, Chaouachi, A, Drinkwater, E, Chtara, M, Chamari, K, Amri, M, and Behm, D. Ten minutes of dynamic stretching is sufficient to potentiate vertical jump performance characteristics. *J Strength Cond Res* 25(9): 2453–63, 2011.

第12章

[1] Boucher, D. *Citadel Football S&C*. Presented at the NSCA Coaches Conference, Indianapolis, IN, January 2014.

[2] Bridgeman, LA, McGuigan, MR, Gill, ND, and Dulson, DK. The effects of accentuated eccentric loading on the drop jump exercise and the subsequent postactivation potentiation response. *J Strength Cond Res* 31(6): 620–1626, 2017.

[3] Cushion, EJ, Goodwin, JE, and Cleather, DJ. Relative intensity influences the degree of correspondence of jump squats and push jerks to countermovement jumps. *J Strength Cond Res* 30(5): 1255–1264, 2016.

[4] Day, ML, McGuigan, MR, Brice, G, and Foster, C. Monitoring exercise intensity during resistance training using the session RPE scale. *J Strength Cond Res* 18(2): 353–358, 2004.

[5] French, DN. Advanced power techniques. In *Developing Power*. McGuigan, M, ed. Champaign, IL: Human Kinetics, 191, 2017.

[6] Helms, ER, Cronin J, Storey, A, and Zourdos, MC. Application of the repetitions in reserve-based rating of perceived exertion scale for resistance training. *Strength and Conditioning Journal* 38(4): 42–49, 2016.

[7] Laputin, NP, and Oleshko, VG. *Managing the Training of Weightlifters*. Kiev, Ukraine: Zdorov' ya, 1982.

[8] Mann, B. *Developing Explosive Athletes: Use of Velocity Based Training in Training Athletes.* CreateSpace Independent Publishing Platform, 2016.

[9] Mann, J, Ivey, P, and Sayers, S. Velocity-based training in football. *Strength and Conditioning Journal* 37(6): 52–57, 2015.

[10] McMaster, DT, Gill, N, Cronin, J, and McGuigan, M. The development, retention, and decay rates of strength and power in elite rugby union, rugby league and American football. *Sports Medicine* 43(5): 367–384, 2013.

[11] Seitz, L, and Haff, G. Factors modulating post-activation potentiation of jump, sprint, throw, and upper-body ballistic performances: A systematic review with meta-analysis. *Sports Medicine* 46(2), 2016.

[12] Sole, CJ, Moir, GL, Davis, SE, and Witmer, CA. Mechanical analysis of the acute effects of

a heavy resistance exercise warm-up on agility performance in court-sport athletes. *Journal of Human Kinetics* 39: 147–156, 2013.

[13] Soria-Gila, MA, Chirosa, IJ, Bautista, IJ, Baena, S, and Chirosa, LJ. Effects of variable resistance training on maximal strength: A meta-analysis. *J Strength Cond Res* 29(11): 3260–3270, 2015.

[14] Sweet, TW, Foster, C, McGuigan, MR, and Brice, G. Quantitation of resistance training using the session rating of perceived exertion method. *J Strength Cond Res* 18(4): 796–802, 2004.

[15] Turki, O, Chaouachi, A, Drinkwater, E, Chtara, M, Chamari, K, Amri, M, and Behm, D. Ten minutes of dynamic stretching is sufficient to potentiate vertical jump performance characteristics. *J Strength Cond Res* 25(9): 2453–63, 2011.

[16] Zourdos, MC, Klemp, A, Dolan, C, Quiles, JM, Schau, KA, Jo, E, Helms, E, Esgro, B, Duncan, S, Merino, SG, and Blanco, R. Novel resistance training-specific rating of perceived exertion scale measuring repetitions in reserve. *J Strength Cond Res* 30: 267–275, 2016.

关于NSCA

美国国家体能协会（National Strength and Conditioning Association，NSCA）是全球体能训练领域内的领先组织。NSCA拥有体能训练、运动科学、运动表现研究、教育和运动医学等领域的专业资源和知识体系，是值得全世界教练和运动员信赖的专业知识和训练指导的来源。NSCA架起了实验室和训练场之间的关键桥梁。

关于主编

贾维尔·吉勒特（Javair Gillett），理学硕士（MS），认证体能训练专家（CSCS），注册体能教练（拥有10年以上的专业领域执教经验）（RSCC*E）。他是休斯敦火箭队的运动表现训练总监，有20年的大学队伍和职业队伍的体能教练工作经验。在加入火箭队之前，吉勒特在底特律老虎队工作了14年，他曾在奥兰多魔术队、印第安纳大学和宾夕法尼亚州立大学工作。

图片由休斯敦火箭队提供

吉勒特是NSCA认证的注册体能教练。他在迪堡大学获得学士学位，主修健康与人体表现专业，研究领域为运动科学，并在A.T.斯蒂尔健康科学大学获得人体运动理学硕士学位。吉勒特在迪堡大学的棒球队度过了4个赛季，在这4年中，他获得了两次全联盟荣誉，并在最后一个赛季获得全美优秀奖。

吉勒特致力于与年轻运动员、家长和教练分享他在体育和运动科学方面的知识。在2017年，他被提名为美国篮球体能训练协会的体能训练年度教练。吉勒特与同事合著了几本关于体能训练的图书，在许多教育活动中做过演讲，并发表过相关研究论文和其他各种教育方面的知识性文章。

比尔·布尔戈斯（Bill Burgos），理学硕士（MS），认证体能训练专家（CSCS），注册体能教练（拥有20年以上的专业领域执教经验）（RSCC*D），是明尼苏达森林狼队的首席体能教练。布尔戈斯还是奥斯汀佩伊州立大学的副教授，他在该大学开设了一门线上课程，致力于探讨体育科学和体能训练领域的当前趋势。他有超过15年的大学体育和职业体育执教经验，同时担任着奥兰多魔术队和纽约尼克斯队的体能训练主管。

图片由辛西娅·金（Cynthia King）提供

布尔戈斯已经获得了两个理学硕士学位。其中的一个学位来自奥斯汀佩伊州立大学，同时他也从这所大学获得了运动科学的学士学位。他在A.T. 斯蒂尔健康科学大学获得第2个硕士学位——人体运动学硕士学位。目前，他正在A.T. 斯蒂尔健康科学大学攻读健康科学博士学位，主攻领导力和组织行为及电子医疗记录（EMR）现代化领域。此外，布尔戈斯还通过了NSCA的认证，成为认证体能训练专家和注册体能教练。布尔戈斯还拥有功能性动作筛查（FMS）认证，他是EXOS（影响力较大的综合训练机构之一）的运动表现专家，并通过了MWOD认证，以及姿势恢复研究所（PRI）的肌肉动力学相关课程的认证。

布尔戈斯是美国篮球体能训练协会（NBSCA）的前任主席，曾在NBA的几个委员会任职，如NBA体育科学委员会和NBA青年领导委员会。此外，布尔戈斯还是NBA佳得乐咨询委员会的成员。布尔戈斯和他的妻子诺埃米（Noemi），以及两个儿子——杰西（Jesus）和乔尔（Joel），女婿和女儿——夸德（Quandre）和辛西娅·金（Cynthia King）一起住在明尼阿波利斯。他的大女儿阿蒂亚（Atia）住在加州的洛杉矶。

关于撰稿人

安德鲁·巴尔（Andrew Barr），物理治疗医生（DPT），认证体能训练专家（CSCS）。此外，他是优化运动员表现和减少受伤风险领域公认的领导者，已在专业运动领域有超过20年的工作经验。他曾在英超联赛（EPL）的博尔顿漫游者队、南安普顿队和曼城队等足球俱乐部，NBA的纽约尼克斯队，以及美国职业足球大联盟（MLS）的纽约市队担任医疗和运动表现总监。巴尔是Quantum Performance的创始人，Quantum Performance是一家总部位于洛杉矶的物理治疗和优化运动表现咨询公司。他拥有物理治疗学学士学位、体育科学硕士学位、物理治疗学博士学位。

安德鲁·巴尔（Andrew Barr）

约书亚·博霍塔尔（Joshua Bonhotal），理学硕士（MS），认证体能训练专家（CSCS），是新兴健身技术初创公司Future的运营副总裁，迄今为止，该公司已融资近1 200万美元。此前，他是普渡大学男子篮球的运动表现训练总监，负责培训和项目发展，该项目常年排名前25名，赢得了2017年大十联盟冠军，曾在甜蜜16强赛事中亮相2次，任期内多次入选全美最优训练专家。在进入普渡大学之前，博霍塔尔是芝加哥公牛队的体能教练助理。在那段时间里，他与德里克·罗斯（Derrick Rose）共事——罗斯获得了2009年度最佳新人奖和2011年度最有价值球员（MVP）奖，

图片由Future Research提供。摄影师卡雷·艾弗森（Kaare Iverson）

他为球队2010—2011赛季62连胜做出了贡献。娱乐与体育电视网和《体育画报》都刊登了博霍塔尔的专题报道。

泰勒·博施（Tyler Bosch），博士（PhD），在明尼苏达大学运动生理学学院获得硕士和博士学位。获得博士学位后，他在明尼苏达大学医学院完成了为期两年的博士后研究——利用同位素示踪技术来研究运动对葡萄糖和脂质代谢的影响。在攻读硕士和博士学位期间，博施曾担任伊利诺伊州芝加哥健身革命的运动表现训练总监。在攻读博士学位期间，他曾在Leftfoot Coaching学院担任教练和课程主任，该学院是明尼苏达州明尼阿波利斯市的专业足球培训机构。博施是教育与人类发展学院的研究科学家和Dexalytics的共同创始人。Dexalytics是一个与体成分数据相关

图片由明尼苏达大学提供

的应用程序，能为运动员提供特定运动项目和位置的分析。他还与大学和专业运动队合作，帮助其改进收集、分析和解释运动员数据的方法。

布赖斯·道布（Bryce Daub），理学硕士（MS），认证体能训练专家（CSCS），在俄克拉何马大学担任篮球力量与运动表现训练总监。在加入捷足者队（俄克拉何马大学足球队的名称）之前，道布曾在先前4个赛季担任俄勒冈大学男子篮球项目体能教练。此外，在2010—2011赛季中，道布在俄克拉何马雷霆队担任运动表现训练教练。加入雷霆队之前，他曾在西雅图超音速队做过体能训练实习生。道布在中央华盛顿大学获得运动科学学士学位和硕士学位。

图片由俄克拉何马大学提供

布赖恩·D. 杜（Bryan D. Doo），理学硕士（MS），认证体能训练专家（CSCS），注册体能教练（RSCC），曾任波士顿凯尔特人队14个赛季的体能教练。杜经营着他在1997年创立的公司"Optimal Fitness: Professionals in Health and Human Performance"。杜为美国国家篮球运动员协会等的各种项目提供创新、生物力学和人力资源监控等方面的咨询服务。他曾为美国国家冰球联盟（NHL）、英超联赛（EPL）和奥运会运动员提供咨询和训练服务。杜经常在美国地方和国家会议上就体育和运动发展、损伤预防及团队训练等问题发表演讲。

布赖恩·D. 杜（Bryan D. Doo）

比尔·福伦（Bill Foran），理学硕士（MS），认证体能训练专家（CSCS），注册体能教练（RSCC*E），已经为迈阿密热火队效力了32个赛季。在最初的29个赛季里，他担任首席体能教练。在加入热火队之前，福伦是迈阿密大学的首席体能教练，他带队参加过两次全国橄榄球锦标赛。在加入迈阿密旋风队之前，福伦是华盛顿州立大学的首席体能教练。他拥有中央密歇根大学的学士学位和密歇根州立大学的运动生理学硕士学位。2009年，福伦被评为年度NBA最佳力量教练。2014年，他入选美国体能教练名人堂。2017年，福伦被评为NSCA年度专业体能教练。

图片由迈阿密热火队提供

埃里克·福伦（Eric Foran），理学硕士（MS），认证体能训练专家（CSCS），注册体能教练（RSCC*E），已经在迈阿密热火队工作了8个赛季，在第3个赛季中，他担任体能教练。在担任目前的职务之前，福伦曾是球队的体能训练实习生及球队体能训练助理教练。他在佛罗里达大学获得了应用生理学和运动学硕士学位，在那里他作为一名撑竿跳高运动员，参加了美国大学体育协会田径冠军队的比赛。

图片由迈阿密热火队提供

凯蒂·福勒（Katie Fowler），教育学硕士（MEd），认证体能训练专家（CSCS），是一名运动表现训练教练。她曾在NCAA一级女子篮球队工作了7年，目前在北卡罗来纳州夏洛特市为各个年龄段的运动员提供私人训练。她曾在南卡罗来纳大学、马里兰大学和弗吉尼亚大学的女子篮球队工作。福勒曾是NCAA的一支全国冠军球队、三支四强球队、四支常规赛和联盟锦标赛冠军球队的一员。福勒在杜鲁门州立大学获得运动科学学士学位，在华盛顿大学获得硕士学位。

图片由 Just Workout 提供

尼克·希金斯（Nic Higgins），认证体能训练专家（CSCS），在2017年6月加入华盛顿大学奥林匹克体能训练中心，负责男子赛艇、垒球和田径投掷项目，并协助男子篮球队的训练。希金斯从德保罗大学来到华盛顿，担任体育运动表现训练副总监，负责监督女子足球队、男子高尔夫球队和田径队的训练，同时还协助男子篮球队的训练。加入德保罗大学之前，他花了两年半的时间在得克萨斯大学的橄榄球和运动表现系担任助教。2012年，希金斯在威斯康星大学拉克罗斯分校获得了运动科学学士学位。2013年，他在美国宾夕法尼亚大学获得运动科学和健康促进的硕士学位，并专注于提高运动表现和预防损伤的研究。

图片由威斯康星大学提供

阿曼达·D.金博尔（Amanda D.Kimball），教育学硕士（MEd），认证体能训练专家（CSCS），认证按摩理疗师（LMT），是康涅狄格大学女子篮球队的运动表现训练总监。金博尔执教过的女子篮球队获得过6届全国冠军，连续12次进入四强，连续12次参加NCAA锦标赛，并15次夺得常规赛和联盟锦标赛冠军。此前，金博尔曾在女子长曲棍球队、女子划艇队、女子排球队、垒球队，以及两届全美曲棍球冠军球队工作。从事曲棍球项目的工作期间，她指导的运动员获得过2次全国冠军、5次四强，9次亮相NCAA锦标赛，获得过13次常规赛和联盟锦标赛冠军。自2004年以来，金博尔已经执教了50多名全明星运动员。

照片由康涅狄格大学提供

穆巴拉克·马利克（Mubarak Malik），理学硕士（MS），认证体能训练专家（CSCS），已经在纽约尼克斯队担任了5年的运动表现训练总监。在任职期间，他监督体能训练的所有方面，监管体育科学计划的实施，并与球员发展教练密切合作，致力于培养出NBA球员。马利克在美国职业棒球大联盟（MLB）和NBA与职业运动员一起工作的经验均超过10年。他在A.T.斯蒂尔健康科学大学获得硕士学位，并被NSCA认证为认证体能训练专家（以优异的成绩）。马利克曾在美国篮球体能协会担任了4年的财务主管，并撰写了"男性健康与健身"等关于力量训练的文章。他曾被 *Sports Illustrated* 报道。在2018年，马利克被NSCA提名为年度最佳体能教练。

穆巴拉克·马利克（Mubarak Malik）

亚历山大·里泽（Alexander Reeser），理学硕士（MS），认证体能训练专家（CSCS），认证特种行业体能训练教练（TSAC-F），是加州洛杉矶体育康复中心的生物力学总监。里泽以前是Quantum Performance的首席运动表现教练，也是美国国家女子足球队的体能助理教练。他拥有南加州大学的生物运动机能学硕士学位，并在得克萨斯农工大学攻读运动科学博士学位。

亚历山大·里泽（Alexander Reeser）

约翰·沙克尔顿（John Shackleton），理学硕士（MS），认证体能训练专家（CSCS），到2018—2019赛季为止，他已经在维拉诺瓦大学担任了7年的体能教练。在他的任期内，他带领野猫队获得了211场比赛的胜利，7次亮相NCAA锦标赛，获得过5次BIG EAST锦标赛常规赛冠军、4次BIG EAST锦标赛冠军、2次NCAA全国锦标赛冠军（2016年和2018年）。一路走来，沙克尔顿在球员发展和营养方面制定的创新方法备受赞誉。2019年3月，他在美国全国广播公司（NBC）的 *Today Show* 节目中亮相。沙克尔顿与维拉诺瓦大学的教练组在营养、力量训练和恢复方面密切合作。2008年，他在坦普尔大学获得了人体运动学学士学位，2010年在乔治·华盛顿大学获得了运动科学硕士学位。

图片由维拉诺瓦大学提供

罗比·西卡（Robby Sikka），医学博士（MD），是运动医学分析研究团队（SMART）的首席执行官。该团队是一个帮助NBA、美式橄榄球联盟、美国职业棒球大联盟和美国冰球联盟俱乐部处理伤病数据、恢复比赛计划、评估球员及其发展的组织。此外，他目前担任美国篮球运动员协会的顾问，也担任过美式橄榄球联盟的顾问。西卡是梅奥诊所运动医学数据分析的副总监，同时也是首席临床研究科学

罗比·西卡（Robby Sikka）

家，并在特里亚矫形中心担任研究员。他本科就读于宾夕法尼亚大学和南加州大学凯克医学院。2016年、2017年和2018年，西卡分别在 *Minneapolis/St. Paul Magazine* 和麻醉学相关杂志上被评为新星，并在2017年被 *Paul Business Journal* 评为排名前40的新星。

史蒂夫·史密斯（Steve Smith），物理治疗师（PT），物理治疗医生（DPT），力量训练体能教练（SCS），认证体能训练专家（CSCS），职业教练（PnI），是华盛顿奇才队的健康运动表现高级主管。在担任目前的职位前，史密斯先后在洛杉矶道奇队担任过医疗/康复协调员及主要的联盟物理治疗师。在进入专业团队环境前，史密斯是佛罗里达州AP（现在是EXOS）的首席物理治疗师。在那里，他主要与特种部队高水平运动员、美国足球和棒球的职业运动员和大学生运动员、职业橄榄球运动员，以及其他一些国际队和个人运动项目的运动员合作。史密斯在马里兰大学巴尔的摩分校获得物理治疗学硕士学位和博士学位，他是美国物理治疗专业委员会认证的运动物理治疗专家，也是NSCA的认证体能训练专家。

图片由华盛顿奇才队提供

塔尼亚·斯皮泰里（Tania Spiteri），博士（PhD），是世界篮球学院体育科学主任。她获得了埃迪斯科文大学的生物力学博士学位，是澳大利亚体能协会的二级认证体能教练。同时，斯皮泰里也是埃迪斯科文大学运动与体育科学系的兼职讲师。

塔尼亚·斯皮泰里（Tania Spiteri）

斯科特·汤姆（Scott Thom），文学硕士（MA），认证体能训练专家（CSCS），2003年开始了他的教练生涯，在加州纳帕的英特吉高中担任男篮主教练和体育老师。2010年之前，他一直在英特吉高中执教，并被加州大学伯克利分校聘为男子篮球队的首席力量训练教练和球员发展教练。他在加州大学伯克利分校执教至2014年，之后被华盛顿州立大学聘为首席力量训练教练和球员发展教练。2016年，汤姆作为被选中的教练之一，陪同太平洋12校联盟（Pac-12）全明星队前往澳大利亚，协助澳大利亚国家队备战2016年的奥运会。2016年，他写了自己的第一本书——《赛季之力量》（*Season of Strength*），之后离开华盛顿州立大学，成为马林学院的男篮主教练和体能训练总监。

图片由马林学院提供

关于译者

朱昌宇，武汉体育学院体育教育训练学硕士；国家体育总局训练局体能康复中心体能训练师；获得美国国家运动医学学会纠正训练专家（NASM–CES）、MJP青少年运动表现训练专家（MJP–CNDS）认证；曾任中国国家田径队三级跳远项目和跳远项目、中国国家女子乒乓球集训队、中国U18和U19国家青年男子篮球队，以及广州市乒乓球队和武汉市消防队等多支队伍的体能教练。